唐崖镇志

LOCAL RECORDS OF TANGYA

湖北省咸丰县唐崖镇志编纂委员会　编

图书在版编目（CIP）数据

唐崖镇志 / 湖北省咸丰县唐崖镇志编纂委员会编 .—北京：方志出版社，2019.11

（中国名镇志丛书）

ISBN 978-7-5144-3989-2

Ⅰ . ①唐… Ⅱ . ①湖… Ⅲ . ①乡镇—地方志—咸丰县 Ⅳ . ① K296.35

中国版本图书馆 CIP 数据核字（2019）第 256335 号

· 中国名镇志丛书 ·

唐崖镇志

编　　者：湖北省咸丰县唐崖镇志编纂委员会
责任编辑：王海荣

出 版 者：方志出版社
地址　北京市朝阳区潘家园东里 9 号（国家方志馆 4 层）
邮编　100021
网址　http://www.fzph.org
发　　行：方志出版社图书经销中心
电话　（010）67110500
经　　销：各地新华书店
排　　版：北京纺印图文设计制作有限公司
印　　刷：北京中科印刷有限公司

开　　本：787 × 1092　　1/16
印　　张：20.75
字　　数：404 千字
版　　次：2019 年 11 月第 1 版　　2019 年 11 月第 1 次印刷

ISBN 978-7-5144-3989-2　　**定价**：163.00 元

序一

习近平总书记指出："不忘历史才能开辟未来，善于继承才能善于创新……只有坚持从历史走向未来，从延续民族文化血脉中开拓前进，我们才能做好今天的事业。"中国优秀传统文化是在漫长的历史长河中历经无数次涤荡和沉淀而形成的思想精髓，蕴藏着无穷的宝藏和无尽的力量。发掘和继承优秀传统文化，是延续中华文明"根"与"魂"的必由之路。与时俱进，推动传统文化不断开拓创新，是中华文明常葆勃勃生机的重要保证。

"国有史，邑有志。"编修地方志是中国特有的文化现象，是中华民族的优秀文化传统。数千年来，连绵不断的志书编修为保护中华民族根脉，传承中华文明发挥了不可替代的作用。中国现存古志有 8000 余种，占现存古籍的十分之一。中华人民共和国成立以来，编修完成数万种省、市、县三级综合性行政区域志、部门志、行业志、专志等，编纂数万种地方综合年鉴、行业年鉴和专门年鉴等，整理出版数千种历代方志及相关研究成果，发表相当数量的方志理论与年鉴理论研究成果。这既是对我国国情、地情持续开展的大规模普遍调查，也是对各地自然与社会发展状况进行的综合研究，其成果构成了一座丰富的文化资源宝藏，为各级领导科学决策提供了重要参考，为推动经济社会发展和文化建设发挥了重要作用。

当前，中国特色社会主义进入新时代，全国地方志事业也进入新时代。如今的地方志事业围绕党和国家利益、经济社会发展，以人民为中心开拓创新，志、鉴、馆、史"四驾马车"并驾齐驱，志、鉴、馆、网、库、用、会、刊、研、史"十业并举"，加快实现在全国范围内全面推进地方志从一项工作向一项事业转型升级。在党中央、国务院的亲切关怀和各级地方志工作者的共同努力下，一批紧密结合社会发展需求、具有独特创造性的工作逐步开展，涵盖中国名镇志、中国名村志、中国名山志、中国名水志、中国名街志等"名志"系列文化工程是其中代表。作为首个"名志"系列文化工程的中国名镇志文化工程，启动于 2015 年，至今已是第三个年头。中国名镇志丛书在记述主体上，选择中国历史文化名镇、经济强镇、特色镇等在全国具有影响力和代表性的乡镇，旨在全面展示中国名镇的文化精髓；在内容题材选择上，重在突出不同名镇的“名”和“特”，力求集中体现不同名镇最精彩的部分，增强可读性；在志书编纂程序设置方面，志书申报、篇目设计、专家审读、专家组验收等流程环环相扣，紧密结合，力争把每一部志书都打造成精品佳志。

习近平总书记指出：“历史和现实都表明，一个抛弃了或者背叛了自己历史文化的民族，不仅不可能发展起来，而且很可能上演一场历史悲剧。”2018 年是改革开放 40 周年，40 年来中华大地发生了翻天覆地的变化，乡镇发生了极为深刻的改变，从粗茶淡饭到有机食品，从粗布衣裙到精美时装，从土屋平房到高楼大厦，人民生活水平大大提高，城乡差距不断缩小。然而，在感受辉煌成就的同时，我们也应该看到，许多精巧的古建、精湛的工艺、亲切的乡音、独特的乡俗也在快节奏的发展中与我们渐行渐远，曾经的家乡正逐渐变为记忆中的故园。

党的十九大报告提出乡村振兴战略，此后党中央、国务院又推出一系列重大举措。实施乡村振兴战略，必须全面加强乡村文化建设，培养乡村文化自信，培植文化之“根”，铸牢文化之“魂”。没有乡村文化的高度自信，没有乡村文化的繁荣发展，就难以实现乡村振兴的伟大使命。振兴乡村文化，既要塑形，更要铸魂，必须遵循乡村发展的客观规律，在发展中把文化的精髓保留下来，把乡土味道、乡村风貌的“魂”传承下去。在保留优秀乡村文化内核的基础上，用现代表现方式，把反映时代精神、先进理念的内容通过群众喜闻乐见的文化产品表达出来，才能够让乡土文化具有更强大的生命力。用创新性的模式书写乡镇志，传承和抢救乡土历史文化，激发爱国爱乡情怀，为探索中国特色新型城镇化发展经验、发展模式、发展道路提供历史智慧和现实借鉴，正是实施中国名镇志文化工程的目的和意义所在。

“月是故乡明”。中国人素有“家国情怀”，家乡的山水是最为美丽的，家乡的风俗是充满温暖的，一声亲切的乡音，一口熟悉的家乡菜，都能拨动游子的心弦，让其魂牵梦萦。中国名镇志丛书是一套全面梳理中国名镇历史人文，挖掘文化特色，突出“名”和“特”的镇志。它能让人民群众深刻感受到本土本乡自然的优美、历史的醇厚、人物的杰出、艺文的风雅等，有助于培养人民群众对家乡文化的自信，激发起人民群众浓烈的爱乡爱国情怀，助力国家新型城镇化建设和乡村振兴战略的实施。

是为序。

中国社会科学院院长
中国地方志指导小组组长　谢伏瞻

序二

连绵不断地编修地方志是我国特有的文化传统，为传承中华文明作出了巨大的贡献。在党中央、国务院的高度重视和支持下，这一古老的文化传统焕发勃勃生机，展现新的活力，成为保存、继承、发扬光大中华优秀传统文化的重要依托，培育和践行社会主义核心价值观的重要媒介，社会主义先进文化建设的重要组成部分，发展中国特色社会主义，增强道路自信、制度自信、理论自信的重要载体，在实现“两个一百年”奋斗目标和中华民族伟大复兴中国梦进程中具有不可替代的地位和作用。

事物总是在不断发展中前进。经过改革开放以来30余年的发展，中国特色地方志事业与传统的编修地方志已不可同日而语，形成了志（志书）、鉴（年鉴）、库（地情数据库）、馆（方志馆）、网（地情网站）、刊（期刊）、会（学会）、研（理论研究）、用（开发利用）等多业并举的新格局。截至2015年10月底，全国编纂完成首轮、二轮省、市、县志书8000多种，编修部门志、行业志、专业志、乡镇村志27000多种，编纂地方综合年鉴2300多种，累计整理旧志2500多种，还编纂出版了大量的地情书，字数以百亿计，形成以反映国情、地情为主要内容，全面系统、持续不断、卷帙浩繁的社会科学成果群。另外，还开通了27个省级网站、230个市级网站、816个县级网站；建成国家方志馆1个、省级方志馆16个、市级方志馆86个、县级方志馆近300个。这些成果，成为国家极为重要的文化资源，是国家文化软实力和公共文化服务体系的重要组成部分。

最近几年，地方志工作的触角在不断延伸，部门志、行业志、专业志、特色志、乡镇村志编纂方兴未艾，成为当前地方志事业发展新的增长点和亮点。特别是乡镇志，兴起了编纂热潮，从自发的民间行为逐渐过渡为政府组织的文化行为，有的省份以政府令形式将其纳入地方志编修范畴，像河南省还以省政府办公厅名义要求全省普修乡镇志。乡镇志并不是一个新生事物，据现有资料可考，宋代常棠所撰《澉水志》是现存最早的一部乡镇志。与省、市、县三级志书相比，乡镇志虽属小志，但意义却不小，特别是在当前国家全力推进新型城镇化建设的背景下，乡镇志的作用更显重要。

启动中国名镇志文化工程，是适应当前新型城镇化建设形势发展需要、地方志事业发展形势需要的重要举措，也是充分发挥地方志存史、资政、育人功能的重要手段。作为最基层行政组织的志书，镇志是最接近中国社会发展变迁的国情、地情记录文本，具有重要的历史文献价值。而作为充分反映本区域自然、政治、经济、文化和社会的历史与现状的资料性文献，镇志又能全面展示发展脉络，摸索发展经验，为探索中国乡镇未来发展方向提供借鉴和参考。当然，对于祖祖辈辈生于斯长于斯的中国人来说，故乡就是一个魂牵梦萦的地方，故乡的情怀终生难忘。留得住乡愁，记得住乡思，充分展示名镇文化魅力，激发爱乡、爱国情怀，正是中国名镇志文化工程题中应有之义。

是为序。

中国社会科学院原院长
中国地方志指导小组原组长　王伟光

序三

“国有史，邑有志”，中国自古就有注重编史修志的传统。按照我国目前地方志行政法规，国家各级地方志机构的法定职责是编纂省、市、县三级志书，并不包括县以下的乡镇志和村志。这种规定，一方面可能因为全国有数百万自然村落和数万乡镇，全部实行官修很难实现；另一方面可能因为我国历史上就有“皇权止于县”的说法，县以下的民间社会历来是一个以自治为主的领域。然而，改革开放几十年来，我国社会正在发生巨变，这种巨变在基层社会的乡镇、村落、家庭领域更为深刻。作为“乡之首，城之尾”的镇，逐渐被日益崛起的大都市淹没了光彩，村落在快速的城镇化过程中每天都在大量消失，农村家庭的小型化、空巢化趋势非常突出。在这种情况下，我一直在思考，如何留得住历史文化记忆和乡愁，如何把修志的工作向基层社会延伸？

中国人的“家国情怀”，是从“诚意、正心、修身”开始，到实现“齐家、治国、平天下”。所以从国家一统志，省、市、县三级志，到乡镇志、村志、家谱，也是一个完整的系统。

正是在这种背景下，我们决定启动中国名镇志文化工程。乡镇是无数中国人生命的底色和成长的摇篮。如何在城镇化进程中，留得住乡愁，记得住乡音，忘不了乡思，事关城镇化进程的人文关怀和文化保护，事关文化血脉的传承。同时，科学记录城镇化进程，反映城镇化成就，也为今后探索城镇化发展规律、积累经验提供了基本素材。作为全面系统记述一定行政区域的自然、政治、经济、文化和社会的资料性文献，志书是以上功能最好的载体。

我国目前有 4 万多个乡镇，全部修乡镇志还不具备条件。中国名镇志丛书选择的是传统文化名镇、历史军事重镇、革命历史名镇、民族特色名镇、特色经济名镇、旅游景观名镇等类型的乡镇，应该是最具代表性的，在中国乡镇文化传承和社会发展中具有标杆意义。

编纂中国名镇志丛书是对乡土历史文化的保护。随着城镇化进程加快，有不少乡镇被撤并，有些还是在历史上有重要意义的历史文化名镇、特色镇等。如不及时对其历史进行整理、记录，这些重要的历史资料将散佚殆尽。因此，中国名镇志丛书的编纂是对宝贵历史资料的抢救。

编纂中国名镇志丛书是对乡土意识的传承。什么东西有魅力？故乡的山水，乡音乡情的记忆，乡土的气息和家乡菜的味道，不管走到哪里，总是触动心弦。中国名镇志丛书记录的是家乡的山山水水，家乡的历史文化，家乡的风土人情，留住的是乡愁。这些最能激发远方游子和本地民众的爱乡情怀、爱国情怀。

编纂中国名镇志丛书是一种学术探索。镇志的编纂，实质也是一次深入的社会调查研究。“麻雀虽小五脏俱全”，相比省、市、县，乡镇第一手资料的获得需要付出更大的努力。我们也希望在志书编纂上有所创新，使中国名镇志丛书成为一套图文并茂、雅俗共赏的新型志书。

中国社会科学院原副院长
中国地方志指导小组原常务副组长
李培林

湖北省咸丰县唐崖镇志顾问、编审

顾　　问　司念堂　卢申涛　覃遵国

编　　审　张　静　马兹河

湖北省咸丰县唐崖镇志编纂委员会

名誉主任　郑东来

主　　任　杨　皓

副 主 任　李　娟　欧阳开平　邹玉萍　梁爱民　宋爱军
　　　　　宋庆平　白　斌

曾任副主任　王　兵

委　　员（以姓氏笔画排序）

　　　　　田守兵　刘小燕　张大东　张　进　周铭波
　　　　　姚金阶　谈文才　袁明江　蔡　玲

办公室主任　蔡　玲（兼）

湖北省咸丰县唐崖镇志编辑部人员

主　　任　刘小燕（兼）

副 主 任　张　进（兼）　张大东（兼）

主　　编　秦雪松

副 主 编　宋　健

编　　辑　徐　奔　陈江陵　袁　凌

摄　　影　文　林　秦兴武

校　　对　刘忠良　沈　雕

资料提供　王明松　杨峻方　吴运辉　谢一琼　杨懋之

中国名镇志丛书凡例

一、以马克思列宁主义、毛泽东思想、邓小平理论、“三个代表”重要思想、科学发展观、习近平新时代中国特色社会主义思想为指导，坚持辩证唯物主义和历史唯物主义的立场、观点和方法，存真求实，全面、客观、系统记述中国名镇城镇化进程和改革开放成果，传承和抢救乡土历史文化，激发爱国爱乡情怀，留住乡愁，为探索中国特色新型城镇化建设、服务乡村振兴战略提供历史智慧和现实借鉴。

二、为全面反映入志事物发展脉络，各志上限追溯至事物发端，下限一般断至各镇志启动编修年份，个别重大事项可延至搁笔。详今明古，着重反映时代特色和地方特点，重点体现各镇的“名”与“特”。

三、记述地域范围以下限年份的行政辖区为主。为体现名镇在更大区域内的意义，可以从更开阔的区域视野记述与该镇相关的内容。

四、统一采用纲目体，设类目、分目、条目三个层次。横排门类，纵述史实，述而不论。

五、综合运用述、记、志、传、图、表、录等各种体裁，以志体为主。体裁运用适当创新，篇目设置不求面面俱到，一般意义上的乡镇级内容略去不载。

六、除引用文字和附录文献资料外，统一使用规范的现代语体文记述，行文力求朴实、严谨、简洁、流畅、优美，具有较强可读性。

七、人物部类遵循“生不立传”原则，人物传主按生年排序，只选录对本镇发展有重大影响的人物，不面面俱到。

八、各项数据一般采用国家统计部门数据。数据缺乏的，采用主管部门或主办单位正式提供的数据。

九、数字用法、标点符号、计量单位分别执行国家标准《出版物上数字用法》（GB/T 15835—2011）、《标点符号用法》（GB/T 15834—2011）、《国际单位制及其应用》（GB 3100—1993）和《有关量、单位、符号的一般原则》（GB 3101—1993）。历史上使用的计量单位，如斗、石、里、尺、磅、华氏度等，在引文时可照录。考虑到社会使用习惯，全书中亩不统一换算。

十、中华民国成立前的纪年，使用朝代年号纪年，括注公元年份；中华民国成立后的纪年，均使用公元纪年。志中所称“解放前（后）”，以该镇解放日为界；“新中国成立前（后）”，以中华人民共和国成立日 1949 年 10 月 1 日为界；“改革开放前（后）”，以 1978 年 12 月中共十一届三中全会召开为界。本志“×× 年代”，凡未加世纪者，均指 20 世纪。

十一、为节省篇幅，避免重复，本志采用条目互见法。参见条目的表示形式为：参见本志“×× 类目 · ×× 分目 · ×× 条目”。

十二、对旧志、古籍中的繁体字、冷僻字一般用简化字或通用字替换，易引起误解的则保留。

十三、记述各个历史时期的党派、机构、职务、地名等，均以当时的名称为准。对频繁使用的名称，首次用全称并括注简称，其后用简称。

十四、各镇志需要单独说明的事项，均在各自编纂始末中记述。

唐崖镇在中国的位置

黑龙江省
哈尔滨
吉林省
长春
沈阳
辽宁省
内蒙古自治区
呼和浩特
北京
北京市
天津市
天津
河北省
石家庄
山西省
太原
新疆维吾尔自治区
乌鲁木齐
甘肃省
宁夏回族自治区
银川
青海省
西宁
兰州
陕西省
西安
河南省
郑州
山东省
济南
江苏省
南京
上海
上海市
安徽省
合肥
西藏自治区
拉萨
四川省
成都
重庆市
重庆
湖北省
武汉
咸丰
唐崖镇
湖南省
长沙
江西省
南昌
浙江省
杭州
福建省
福州
台湾省
台北
台湾岛
钓鱼岛
赤尾屿
贵州省
贵阳
云南省
昆明
广西壮族自治区
南宁
广东省
广州
香港
澳门
东沙群岛
海南省
海口
海南岛
西沙群岛
永兴岛
中沙群岛
黄岩岛
南沙群岛
曾母暗沙
黄河
长江
渤海
黄海
东海
南海
图 例
北京 首都
天津 省级行政中心
未定 国界
省、自治区、直辖市界
特别行政区界
名镇所在县
名镇
1：32 000 000
审图号：GS（2019）5631号

唐崖镇在湖北省的位置

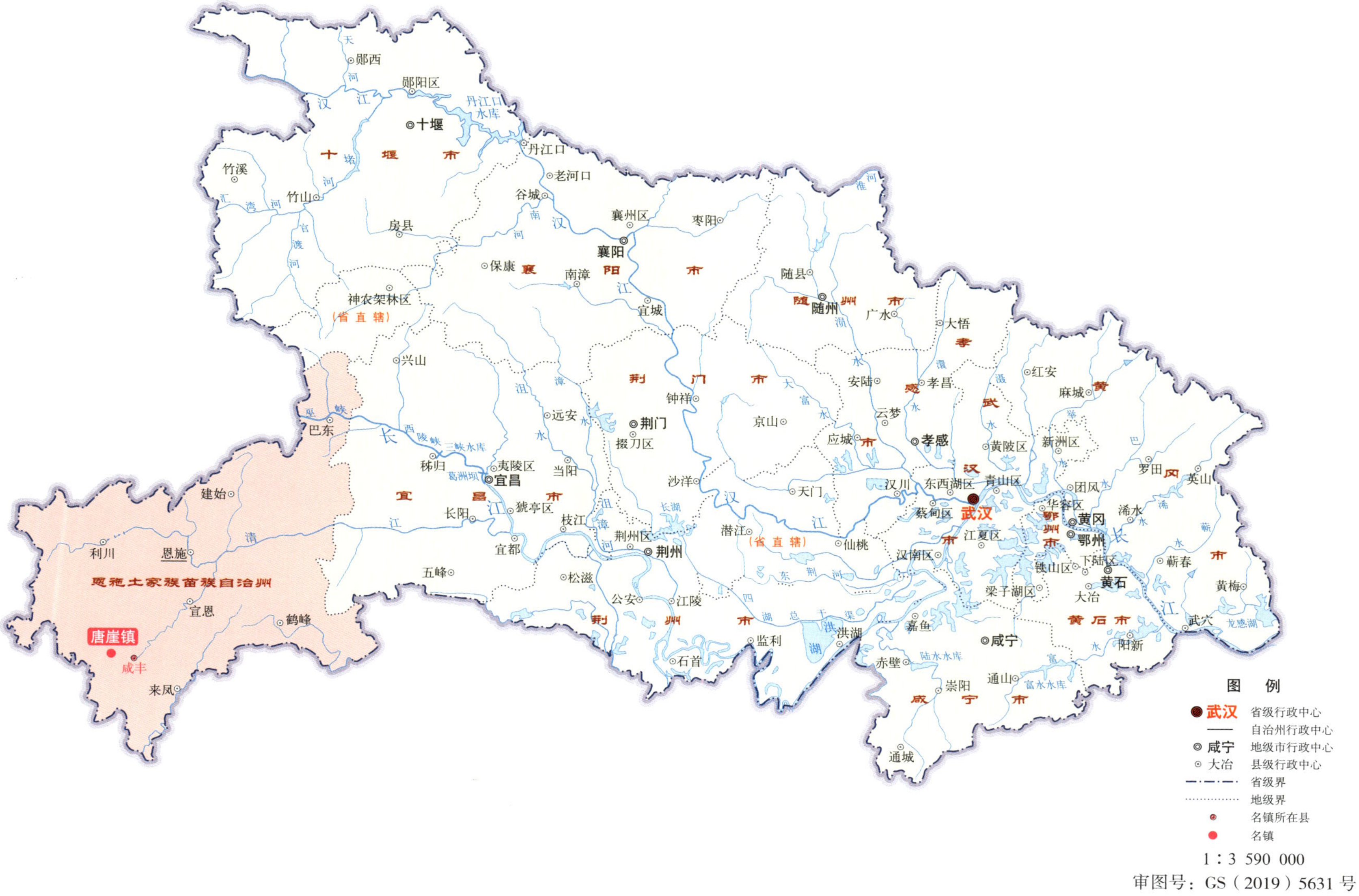

唐崖镇
咸丰
来凤
宣恩
鹤峰
利川
恩施
建始
巴东
恩施土家族苗族自治州
十堰
郧西
郧阳区
丹江口水库
丹江口
老河口
竹溪
竹山
房县
谷城
襄州区
枣阳
襄阳
保康
南漳
宜城
随县
随州
广水
神农架林区
（省直辖）
兴山
大悟
孝昌
安陆
云梦
孝感
红安
麻城
新洲区
黄陂区
钟祥
京山
荆门
掇刀区
应城
远安
秭归
三峡水库
葛洲坝
夷陵区
宜昌
当阳
长阳
猇亭区
枝江
宜都
五峰
沙洋
天门
汉川
东西湖区
青山区
武汉
蔡甸区
江夏区
汉南区
潜江
（省直辖）
仙桃
荆州区
荆州
松滋
公安
江陵
监利
石首
洪湖
嘉鱼
赤壁
咸宁
崇阳
通山
通城
陆水水库
富水水库
梁子湖区
鄂州
黄冈
团风
华容区
铁山区
下陆区
黄石
大冶
阳新
罗田
英山
浠水
蕲春
黄梅
武穴
龙感湖
图例
武汉 省级行政中心
自治州行政中心
咸宁 地级市行政中心
大冶 县级行政中心
省级界
地级界
名镇所在县
名镇
1∶3 590 000
审图号：GS（2019）5631号

唐崖镇地图

图 例
镇级行政中心
行政村
小组(自然村)
省级界
乡(镇)界
省道
县乡道
其他道路
旅游景点
审图号：GS（2019）5631号
小村乡
清坪镇
活龙坪乡
高乐山镇
朝阳寺镇
重庆市
唐崖镇
唐崖土司城址
严家祠堂
大沟岩
梨树园
大沙坝
唐家坝子
板栗溪
新二坪
庙梁子
张家田坎
板栗坪
邀联溪
瓦厂
埂子林
蛇湾溪
坪上
楠木湾
沙子坝
空山岭
白家湾
水沙坪
高岩子
罗家湾
天堂堡
两河口
寨坡
水竹坪
二台
老房子
大新田
庙堡
大厂沟
沙堡溪
对门
大屋基
茶园坪
岩口上
李沟田
新房子
棕溪河
小山坪
小马歇
盐厂坡
牛滚塘
钟塘
卷洞门
新田边
烂池坝
和平
小溪沟
上坪
石水井
大马歇
芭蕉坨
芭蕉溪
大湾
匡家河
小荆竹界
店子上
火烧坝
大坪
荆竹界
张家坪
荆竹园
堰塘
龙潭坝
袁家界
长田
雀笼沟
田坝
小坪
油菜湾
秧田
乱石窖
白岩顶
学堂坪
白家沟
马家池
高洞子
川家坪
彭洞
梨子丫
二台
坎洞溪
梨枝垭
老鹰岩
大椿树
杨家沟
马头上
中岭
肖家坪
邓家坪
南底峡
道科林
石灰坪
汪家沟
乱石窖
八斗胎
何家沟
木斗坪
龙潭
南河坝
胡家山
跳缺
茶树林
斑竹坨
桃子坪
万家坝
双河口
老林湾
唐秋坪
药王坪
徐家院子
上坝
漆树湾
湾里
吊嘴
张家湾
老场上
天上
横路
树洞沟
南河
桂花
屯浦坝
大石沟
田沟
麻柳坝
后山
大土坡
沙子坝
洋霍坨
安家营
大坪上
唐崖
大石沟
破水坪
寨子上
铁匠营
车波溪
台子上
岩峰窝
山羊溪
四方石
四方石
巴茅台
邓家沟
泥坪
坟坝坪
唐崖司
彭家沟
老房子
茶园
丫口上
大寨门
和尚堡
万家槽
大水坪
罗家营
岩门子
谢家坝
三坪
猫儿洞
枫香坪
坪上
老学堂
桃根塘
老房子
长五间
坟胎
蔑匠洼
泥地坡
寨堡
三角庄
窑上
鱼塘
粽粑田
庙边
天星桥
杉树岭
徐家庄
河嘴上
分水岭
半坡
檀木树
绿豆沟
五马洞
陈家湾
中嘴
獐子坡
白果树
大地坪
杨家营
雉窝胎
困牛塘
升天界
坡顶上
枫香坪
龙田湾
苏麻溪
华家岩
燕子嵌
铜厂坡
新田坡
漂石板
丫口上
陈家湾
彭家院子
壕子沟
杉树湾
小水坪
杉树湾
官家堡
一碗水
小屋基
印盆山
掀儿坑
沙包坨
黄阳坪
黄家坨
荒土槽
大坪
罗锅井
邀联溪
匡家河
狮子河
唐崖河
小河
土溪河

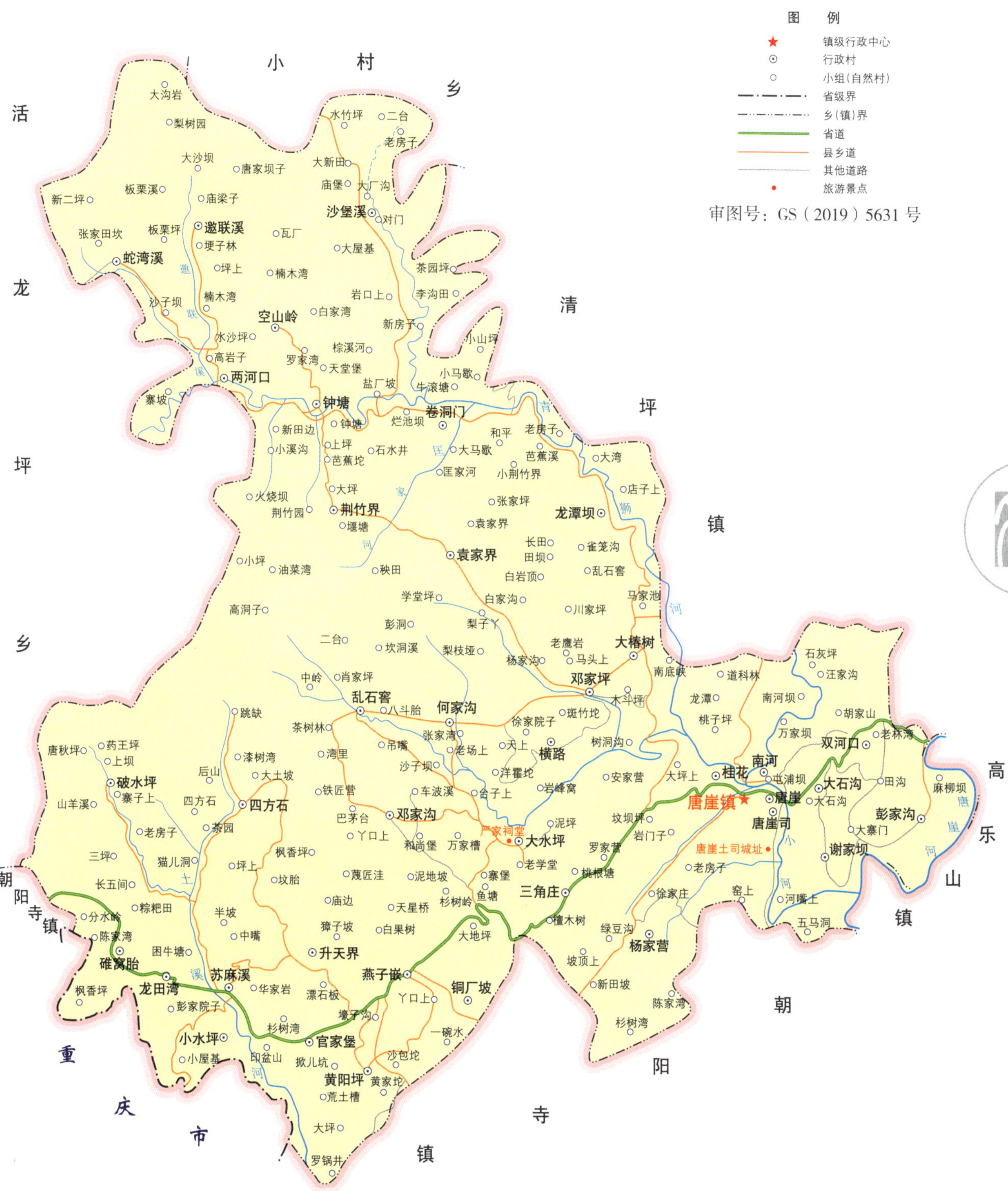

唐崖集镇全貌

秦兴武 摄

唐崖土司城遗址航拍图

唐崖土司城遗址管理处　提供

唐崖风光　　秦兴武　摄

农家院落　　文林　摄

唐崖河第一湾

唐崖土司城遗址管理处　提供

严家祠堂外景

文林　摄

南剧《唐崖土司夫人》剧照　　咸丰县融媒体中心　提供

板凳拳技艺传承　　文林　摄

唐崖唢呐　　文林　摄

目录

唐崖镇燕子嵌村古银杏　　杨明华　摄

天赐唐崖　世遗古镇

唐崖镇域自然风光秀丽，生态环境优美，民俗风情浓郁，名胜古迹众多。境内有“倒流三千八百里”的唐崖河、避暑胜地青狮峡、“地下仙宫”石膏洞、鬼斧神工“天生桥”，以及全国重点文物保护单位唐崖土司城遗址、湖北省文物保护单位严家祠堂、古朴的吊脚楼群、精湛的石木雕刻、“深山峡谷之音”南剧、虎虎生威的板凳拳、清香四溢的油茶汤等。唐崖镇是湖北省旅游名镇、中国“干栏”（吊脚楼）之乡、世界文化遗产地，有中国最美休闲乡村钟塘村、全国100个古村落之一唐崖司村，堪称“看得见山，望得见水，留得住乡愁”的世遗古镇。

咸丰县唐崖镇地处武陵山腹地，位于湖北省恩施土家族苗族自治州西南部。东临咸丰县城，连接恩黔高速公路、黔张常铁路；西靠二仙岩湿地自然保护区、小南海国家地质公园；南临坪坝营国家森林公园，可达黔江火车站、武陵山机场；北至利川、恩施，沟通沪渝高速、宜万铁路和恩施许家坪机场。

一

唐崖以土司而得名，缘土司城而蜚声中外，因入选世界文化遗产而被誉为“皇冠上最耀眼的宝石”。

唐崖镇域古属蛮夷之地，在广袤的武陵山区名不见经传。元至正十五年（1355），覃启处送奉旨“招安蛮民，镇守司地”，开建土司城。唐崖土司从此载入史册。

在湘鄂川黔诸土司中，唐崖覃氏以秉性桀骜著称。除多次奉调出征、屡立战功外，还伺机叛离，出劫诸邻。兵锋所指，远至贵州遵义和四川叙永，近及一衣带水的龙潭、金峒两土司和大田军民千户守御所。史载“明季唐崖最倔强”，“文容美，武唐崖”。当时的容美土司是武陵山区最高级别的宣慰司，唐崖覃氏长期为较低级别的长官司。唐崖与容美相提并论，足见其声威。

庆祝唐崖土司城遗址申遗成功　　唐崖土司城遗址管理处　提供

史载，明天启年间（1621—1627），十二世司主覃鼎奉调四川，参与平定“奢安之乱”，捣毁叛酋奢崇明、奢崇辉老巢永宁，战功卓著，皇帝敕建“大平西坊帅府”，准立“荆南雄镇　楚蜀屏翰”牌坊，升唐崖长官司为宣抚司。至此，唐崖土司走向鼎盛。治理区域达600平方千米，“东至大田一百里，西至石柱二百里，南至黔江二十里，北至龙潭三十里”。还辖有菖蒲蛮夷长官司（司署位于今活龙坪乡板桥河村）、西坪蛮夷长官司（司署位于今活龙坪集镇）两个副司。

土司之间，既武力攻伐，又联姻妥协。龙潭田姓土司喜文，在与擅武的唐崖土司博弈中略处下风。为保境安民，龙潭采取“和亲”策略，将爱女田彩凤嫁与唐崖司主覃鼎。土司城后的“夫妻杉”，即为覃鼎与夫人共同栽植，成为土家男女忠贞爱情的象征。

田彩凤，“相夫教子，以忠勇著一时”。覃鼎出征期间，她执掌司印，总理司务，“内则地方安谧，外则转输无乏”。覃鼎去世后，其子即位，颇行不道，田氏绳以礼法，亲自主持政务。她力排众议，聘请汉人开设书院，教习土司子弟，传播汉文化；云游四川期间，派人学习当地先进的建筑、耕织技术，回来后发展经济，扩建土司城。

土司城背依玄武山，面临唐崖河，“扼楚蜀之腹地，据荆南之要塞”。明万历后期，武陵山区政局相对稳定，唐崖及时止戈兴农，扩建土司城。至崇祯年间（1628—1644）定型为3街18巷36院，占地100公顷。

清雍正十三年（1735），唐崖土司“怵于国威”，自请“改土归流”，领地纳入新设的咸丰县。唐崖土司从建立到撤废，历元明清三朝，覃氏世袭17代18任，跨时381年。“改土归流”时，末任土司举家迁往汉阳，土司历史戛然而止，土司城日渐没落。

“改土归流”后，朝廷先后在唐崖土司城设立公署，由流官治理。清乾隆元年（1736），在唐崖土司城设通判署，道光十二年（1832）裁撤。乾隆三十二年（1767）增设把总署，中华民国成立后裁撤。

唐崖通判署设立不久，在青狮河与南河交汇处兴建一座寺庙，曰尖山寺，距土司城约2千米。寺庙主持杨开场在寺外建商铺，定期开场，且贸易兴隆，声名鹊起。道光十七年（1837），尖山寺以行政区划名取代唐崖土司城成为当地政治、经济、文化中心。

唐崖土司退出历史舞台后，它和它的城池一直活跃在文艺作品中。除文人雅士留下大量诗文外，民间还流传《唐崖土司招驸马》《石牌坊怎么立起来的》《女儿寨》等数十个传说故事。新中国成立后，土司故事改编成南剧，其中《唐崖土司夫人》《女儿寨》

唐崖土司城主街道　　文林　摄

一直是咸丰南剧的经典剧目，获国家、省、州少数民族戏剧会演多项奖励。

时光荏苒，废弃的唐崖土司城历经三百年风雨，蓦然见彩虹。2011 年 4 月，国家文物局将“土司遗址”纳入申报世界文化遗产名单。2013 年 3 月，湖北唐崖土司城遗址与湖南永顺老司城遗址、贵州播州海龙屯土司遗址联合申报世界文化遗产。2014 年 10 月，唐崖土司故地尖山乡更名为唐崖镇。2015 年 7 月 4 日，德国波恩第 39 届世界遗产大会表决，中国“土司遗址”被列入《世界遗产名录》。唐崖镇作为世界文化遗产地，举世瞩目。

二

唐崖镇碧水环绕，青山绵延，溶洞遍布，古木参天，犹如水脉上流淌的天然画卷。唐崖河是画卷的主笔，又是咸丰县的母亲河。她从利川市发端，由东北向西南，穿洞穴，过峡谷，成平湖，在黄金洞、清坪、唐崖等乡镇铺陈“百里画廊”。再由西向东，在重庆酉阳县龚滩汇入乌江，北赴长江，素称“岸转涪江，倒流三千八百里”。在土司城，唐崖河是天然屏障、优质水源和出境通道。“两河水乡”与土司城隔河相望，犹如小家碧玉，凝眸深宫大院。

在唐崖镇，南河、青狮河、土溪河是唐崖河的三大支流。唐崖河撑起唐崖镇的门面，三大支流织就神秘的后花园。

青狮河原名青丝河，有妙龄女子的羞赧。上中游，河道委婉，良田万顷，柔瀑成群。钟塘“三叠瀑”，有“阳关三叠”之韵。在下游，变身青狮峡，幻化石膏洞。青狮峡绝壁千仞，谷中清风悠悠，谷底碧波荡漾，堪称避暑天堂。

南河又称蓝河，与“男”谐音，有粗犷阳刚之气。所经之处，峡谷幽深，水流湍急，间有吊桥横亘，猕猱逡巡。特别是两座天生桥，形如彩虹，势若龙腾。

青狮河、南河亘古相恋，分别从活龙坪乡、小村乡相向而行，一路辗转，到唐崖集镇合为一体，蔚为壮观。两河交汇处，孕育尖山寺老街，催生唐崖新镇，接着穿过尖山

青狮峡之夏　　秦兴武　摄

南河风光　　秦兴武　摄

大桥，遨游唐崖河。尖山大桥下面，有明万历十三年（1585）的观音摩崖造像，见证这一千古情缘。《唐崖河》诗曰："万缕青丝细数难，蓝河壮阔富波澜。柔情化作唐崖水，半是青丝半是蓝。"

土溪河发源于二仙岩湿地保护区，流经唐崖镇西南部。沿途以原生态土家风情和田园风光见长。随处可见"古藤老树昏鸦，小桥流水人家"，牧歌短笛，荷锄而归，鸡犬相闻，宛如世外桃源。

唐崖山水，孕育溶洞近百个。洞内钟乳石，像鸟兽，拟人神，化器物，塑宫殿，景象万千。洞内流水，大可划船，小可嬉戏，且清冽可口。古老的土家族，起初划洞而居，乃有钦依峒主[①]。住上吊脚楼后，仍依恋山洞：乱则据洞而守，治则游玩休憩。洞内窖藏的故事，个个传奇。

唐崖镇森林覆盖率达75%，既是天然氧吧，又是唐崖画卷的基调。春季繁花似锦，

① 唐崖覃氏建立土司以前，曾聚居山洞，并以峒主自居。1917年所编唐崖《覃氏族谱》载，明嘉靖年间（1522—1566），唐崖土司九世祖覃万金征麻阳有功，旨封其弟覃万璋、覃万巡为钦依峒主，世代承袭。

夏秋硕果累累，冬则银装素裹。偶有古树名木，遮天蔽日，荫及众生。唐崖土司城夫妻杉、南河村重阳木，为过往行人必瞻之景。横路村的野生“油茶树王”，树龄超过500年。

唐崖人，像爱护自己的眼睛一样爱护山水，自觉保护生态环境，呵护生态画卷。经济上发展茶叶、油茶、林果、中药材等绿色产业，严禁乱砍滥伐滥捕；环保上，构建政府主导，各方合力推动，全体人民参与的管理机制。每条河流都有行政主官担任河长，采取修养并举措施，确保水清岸绿、河畅景美。

三

唐崖历史悠久，民风淳朴。古道古桥古建筑，民歌民舞民间技艺，以及随处可见的土家吊脚楼，无不展示出唐崖镇深厚的文化底蕴。

“吊脚楼上枕一夜，十年做梦也风流。”唐崖镇的吊脚楼，散布在高山、河谷和平坝中，或集结成寨，或独处一隅，与青山绿水浑然一体。吊脚楼“亮脚亮柱”，飞檐翘角，雕梁画栋；外部挺拔婀娜，内部温馨雅致。前有雨打芭蕉，后有修竹戏日，旁有绿篱添彩。数百年来，唐崖人在吊脚楼上繁衍生息，在这里“留住乡愁，记住乡思”。

吊脚楼上的出廊，横空出世，宽绰优雅。在这里，土家女子为情郎绣头巾、手帕，为亲人纳鞋垫、做绣花鞋。有歌谣赞誉女子的绣工：“白布帕儿四只角，四只角上绣雁鹅。帕儿烂哒雁鹅在，只因情妹好手脚。”

在吊脚楼的火塘，亲人团聚。端午包粽子，腊月吃“泡汤”、过“赶年”，大年三十“围炉夜话”。平时，煨“罐罐茶”，“刨糊海椒”，喝油茶汤，其乐融融。一人独处，则喝“寡寡酒”；亲朋聚会时，聚饮“咂酒”“甩碗酒”。

在吊脚楼的堂屋，举行“打发姑娘”“接媳妇”“打十朝”“整满月酒”等喜庆活动，悠扬的唢呐声贯穿其中。春节期间，地盘子、采莲船、蚌壳灯、狮子灯，好戏连台。栽

土家吊脚楼　　陈旭　摄

秧季节，在此整“栽秧酒”。

在吊脚楼的院坝，少男少女荡秋千、“跳房子”、踢毽子。或者母子相依，吟唱童谣。男子则要“板凳拳”、摆弄根雕石刻，自娱自乐。

吊脚楼外，是泥土芬芳的田野。劳动之余，两两相对，扭扁担、扳手劲、“挽抱箍”（摔跤）、下“打三棋”。农闲时节，三五成群，上山围猎，谓之“赶山”。农忙时节，有“薅草锣鼓”助兴。

唐崖歌谣，从吊脚楼上唱到田野山间，从土司时期唱到新时代。劳动时唱“砍柴歌”“采茶歌”“薅秧歌”，喊抬岩号子。表白爱情时，男唱《万年不准姐丢郎》，女唱《莫学花椒黑了心》。女子独处时，哼小调解闷，留守妇女则唱“望郎歌”。单身男子，苦闷时唱“苦情歌”，喜乐时唱“扯谎歌”。此外，新娘出嫁唱“哭嫁歌”、修房造屋唱“上梁歌”、宴席上唱“敬酒歌”、春节期间唱“灯歌”、老人去世唱“孝歌”等。唐崖歌谣还渗透着红色基因。当年，贺龙率领红军到鄂川边区开展革命斗争，唐崖人以歌言志：“要吃辣子不怕辣，要当红军不怕杀”，“穷人不怕穷，只要跟贺龙”。

星罗棋布的文物胜迹，傲然时空，是唐崖画卷的点睛之笔。土司城遗址，诠释了封建王朝“因俗而治”的理念。严家祠堂，集雕刻、书法和家训于一体。龙洞严氏在家风家训的熏陶下，成为学问门第、杏林世家。破水坪村风雨凉桥，彰显土家人自古以来修桥筑路的美德，也是“铁血英雄”温朝中就义的见证者。小水坪八圣祠、张王庙等祠庙内的戏楼，曾经“三五步遍游天下，七八人百万雄兵”。覃门田氏贞节牌坊，规模宏大，雕刻精美，昭示土家妇女的大爱和坚贞。蜿蜒西行的盐茶古道，曾是唐崖的“丝绸之路”，承载马帮、“挑二客”、“背篓客”数百年的沧桑。不一而足的名胜古迹，寄身千山万水，守护唐崖记忆。

四

唐崖镇以申遗为契机，依托土司文化、秀丽山水、乡土风情等优势资源，加快发展文化旅游和生态产业，全方位升华“世遗古镇”。

立足“一路一园一镇”，创建世界文化遗址公园。建成唐崖集镇至大河边旅游公路，紧靠风光迤逦的唐崖河布线，沿途广植树木花草，配观赏台、停车场，可参观唐崖石刻，品尝唐崖橘柚，入住吊脚楼客栈。连接唐崖集镇和土司城遗址的皇城水岸，铺设电瓶车道、人行木质栈道和石板路，一路花团锦簇，草木葱郁。遗址公园内，可踏步明清时期的青石板街道，拜谒土司夫人主持打造的石人石马，品评明熹宗赐建的功德牌坊，探究规模宏大的土王墓，注目相依数百年的夫妻杉，在民俗馆感受土家族名目繁多的文化遗产。唐崖集镇通过改造，成为“青瓦白墙花格窗、飞檐翘角吊脚楼、走马转角青石板”的风情古镇。在古镇，随处可尝油茶汤、土家腊肉、土司十大碗、青狮河野生鱼等美食，举步可进青狮峡，游皇城水岸，览土司城遗址。

主抓茶叶、油茶、生猪、林果等生态产业，把昔日的尖山（唐崖镇旧名）变成“金山银山”。明清时期，唐崖土司通过茶盐古道运销茶叶。21 世纪以来，规模化发展生态观光茶园。建成青狮河沿线 30 余千米的茶叶观光走廊，引进并培育圣浩、崖谷香、安茶集团等龙头企业，创建“唐崖雨”“唐崖土司”“土司夫人”等茶叶品牌，其中“唐崖

钟塘村白茶基地（一）　　秦兴武　摄

雨”获“中国特色硒产品”称号。唐崖油茶，清咸丰年间（1851—1861）成为朝廷贡品，已发展到1300余公顷。发夏食品公司以唐崖“油茶树王”为商标，所产“百年木”山茶油获首届“中国·武汉绿色产品交易会”金奖。“穷不丢猪，富不丢书。”土司时期，覃鼎夫人远赴蜀地，带回养猪经验，唐崖养猪由此相沿成习。20世纪90年代以来，唐崖人“赶着生猪奔小康”，每年外销仔猪20万头左右，被誉为“湖北仔猪第一乡”。近年，建起标准化养殖示范场和众多的家庭牧场，养猪专业村、专业户比比皆是。

改善村容村貌，建设美丽乡村。先后建成谢家坝、彭家沟、大水坪、钟塘、唐崖司等新农村生态家园示范点。其中钟塘村获“中国最美休闲乡村”称号，唐崖司村入选全国100个古村落和湖北省特色文化村。全镇37个村，村村有文化广场、农家书屋和村规民约。开展“乡风民风美起来”主题活动，通过表演南剧、民间歌舞等形式，倡导文明、节俭、生态、健康的社会新风尚，表彰“最美乡村”“最美家庭”“最美唐崖人”“十星级文明户”。

为宣传推介唐崖，举办土司文化节、唐崖茶文化节、咸丰县茶叶开园节、文化和自然遗产日、唐崖论坛、“中外摄影名家看唐崖”采风创作等活动，促使唐崖文化、产业和旅游融合，助推唐崖走出大山。唐崖的风姿，吸引众多的影视剧组、新闻媒体和研究机构。先后有《毕兹卡的年轻人》《丛林无边》电影剧组，中央电视台《远方的家·北纬

30°·中国行》《记住乡愁》摄制组走进唐崖。中南民族大学、湖北民族大学分别在此设立漆艺实践基地和工作站。

天赐唐崖，昔日筚路蓝缕，受制于“穷山恶水”，养在深闺人未识。世遗古镇，今朝得青山之靠，贯碧水之气，借力时代春风，推动经济社会全面发展。全镇实现通信、电视网络全覆盖，村村通水泥公路，有文化广场和电商平台，户户通电，家家有车，以唐崖集镇为主体、以中心村为基础、以一般行政村为支撑的党员群众服务中心、文化活动中心及医疗卫生、商贸网点等服务体系已经形成。交通方面，建成和在建的唐崖集镇至大河边、大路坝区、朝阳寺镇国家二级旅游公路，与利咸、咸来、恩黔三条高速公路和黔张常铁路连接。借此，唐崖快捷进出武陵山区，大踏步走向“诗和远方”。

撒石坡日出　　文林　摄

基本镇情

唐崖镇位于北纬30°附近，古属唐崖土司辖地，今为土家族、苗族等少数民族聚居区。境内河流众多，生态环境优美，有“水脉古镇”之誉。

建置区划

镇名由来 唐崖名称的由来，缘于唐崖土司的设立。元至元三十年（1293）以后，在今咸丰县境内置多个土司，实行土司分治，今唐崖镇、活龙坪乡隶属唐崖司。清雍正十三年（1735）“改土归流”，并唐崖、金峒、龙潭诸土司设咸丰县。清道光十七年（1837），唐崖土司故地更名为尖山寺，沿用至民国年间。新中国成立以来，先后设尖山公社、尖山区、尖山乡。2014 年 10 月，经湖北省民政厅批准，改尖山乡为唐崖镇。

建置沿革 元至正十五年（1355），中央政府设立唐崖长官司，辖今咸丰县唐崖镇、活龙坪乡、小村乡等地。明洪武十四年（1381）置施州卫，管辖鄂西诸土司。明天启年间（1621—1627），唐崖土司覃鼎功授宣抚司。清康熙初年，唐崖土司归顺清廷，降为长官司。清雍正十三年（1735）“改土归流”，合大田千户所及诸土司设咸丰县。清乾隆元年（1736），咸丰县特设知县一员、通判一员，通判驻唐崖。乾隆三十二年（1767）增设唐崖把总，中华民国成立后裁撤。清道光十七年（1837）咸丰县编户八里，今唐崖镇域分属礼忠（燕朝、大村、小村）、仁孝（尖山、清坪、二台坪）、义悌（活龙坪、茅坝、钟塘）三里。至清宣统三年（1911）属施南府。1933 年，咸丰县设 4 个区 368 个保，唐崖镇域属第四区尖山寺。1941 年，全县设 15 个乡（镇），尖山乡辖尖山寺、大水坪、龙神坳、龙潭坝，乡公所设在尖山寺，直至咸丰解放。

行政区划 新中国成立之初，咸丰县划为 5 个区，唐崖镇域属第三区，区人民政府驻尖山寺。1951 年 6 月，第三区辖尖山寺、小水坪、破水坪、落马滩、鸡鸣坝、大水坪、大路坝等 20 个乡镇。

1957 年 5 月第三区改称燕朝区，1958 年 10 月改为东风人民公社，11 月更名为尖山人民公社。1961 年 6 月尖山公社改为尖山区，下设 10 个小公社：尖山、双河口、大水坪、钟塘、燕朝、泉水、坪桥、大路坝、龙潭坝、小水坪。

1975年8月撤区并社，原尖山、双河口、坪桥、龙潭坝4个小公社合并为尖山公社，大水坪、小水坪、燕朝、泉水并为燕朝公社，钟塘、大路坝并为钟茅公社。尖山公社辖15个大队：团结（唐崖司村）、红旗（南河）、辉煌（彭家沟）、一心（双河口）、中心（谢家坝）、五一（大石沟）、太阳升（三角庄）、旭光（杨家营）、遍地红（龙潭坝）、满山红（大椿树）、五星红（邓家坪）、中心红（横路）、明星（现朝阳寺镇落马滩村）、新华（现朝阳寺镇五龙坪村）、红坪（现朝阳寺镇鸡鸣坝村）。燕朝公社辖16个大队：红辉（现燕子嵌村）、金星（何家沟）、高山红（乱石窑）、云丰（破水坪）、金山（四方石）、红星（邓家沟）、富裕（大水坪）、荣光（碓窝胎）、红光（升天界）、曙光（龙田湾）、立新（苏麻溪）、潜力（官家堡）、兴无（小水坪）、泉源（黄阳坪）、齐心（现朝阳寺镇曾沟村）、四新（现朝阳寺镇凉桥村）。钟茅公社辖现唐崖镇的9个大队：红桥（钟塘村）、红东（沙堡溪）、红岭（空山岭）、红竹（荆竹界）、红武（袁家界）、红门（卷洞门）、红河（两河口）、红联（邀联溪）、红沿（蛇湾溪）。

1984年6月，撤社建区，撤销尖山公社、燕朝公社、钟茅公社，合并为尖山区，下辖10个乡（镇）：唐崖司镇、双河口乡、坪桥乡、泉水乡、小水坪乡、燕朝乡、大水坪乡、龙潭坝乡、钟塘乡、两河口乡。

1993年区划调整，坪桥、泉水两个小乡划入朝阳寺镇。1996年11月，撤区建乡，

空山岭公路

县融媒体中心 供图

大水坪村秋色　　秦兴武　摄

尖山区更名为尖山乡，辖唐崖司、龙潭坝、钟塘、两河口、大水坪、燕朝、小水坪、双河口8个管理区。2001年起撤销管理区，乡直管到村。

村落概况　1984年6月前，尖山区辖10个乡镇41个村民委员会。其中：唐崖司镇辖唐崖司、南河、三角庄、杨家营、桂花树5个村；坪桥乡辖鸡鸣坝、落马滩、五龙坪3个村；双河口乡辖双河口、大石沟、彭家沟、谢家坝4个村；龙潭坝乡辖龙潭坝、大椿树、横路、邓家坪4个村；钟塘乡辖钟塘、沙堡溪、空山岭、荆竹界、袁家界、卷洞门6个村；两河口乡辖两河口、邀联溪、蛇湾溪3个村；大水坪乡辖大水坪、邓家沟、乱石窑、何家沟4个村；燕朝乡辖燕子嵌、升天界、官家堡、黄阳坪4个村；小水坪乡辖小水坪、龙田湾、苏麻溪、碓窝胎、破水坪、四方石6个村；泉水乡辖曾沟、凉桥2个村。

1993年6月，区划调整，鸡鸣坝、落马滩、五龙坪、曾沟、凉桥5个村划入朝阳寺镇。至1997年3月，全镇辖36个村361个小组。此后辖区面积不变，2001年乡镇机构改革中撤并部分村组。2018年年末，唐崖镇辖37个行政村，326个村民小组。

2018 年唐崖镇所辖行政村概况一览表

表 1

行政村	面积（公顷）	总户数（户）	总人口（人）	80 岁以上（人）	耕地面积（亩）	森林面积（亩）	村民小组（个）	村民小组名称
唐崖司	306	246	986	42	630	995	7	蒿子坪、长田角、陈家院子、南杠门、窑上、唐崖司、宋家堡
桂花	306	226	788	57	540	1078	9	高坎子，水红树，勾阴河，大坪上，桥沟，老街二、三、四、五组
南河	1206	497	1617	36	1570	10023	11	香树坝、石灰坪、三家湾、汪家沟、竹园坨、南河坝、桃子坪、乌杨树、万家坝、马家坡、龙田坝
杨家营	1051	526	1894	50	3500	12265	15	杨家营、徐家庄、老房子、茶园、枞树岭、大山沟、杨柳沟、陈家湾、杉树湾、新田坡、喇叭槽、应家湾、枫香树、岩湾、沙田沟
三角庄	1295	546	1833	38	2444	1180	12	安家营、大坪上、坟坝坪、罗家营、桃根塘、高家营、檀木树、坡顶上、绿豆沟、大坨丘、燕子板、大田头
大石沟	480	405	1404	30	1665	3650	10	胡家山、黄家坝、罗大田、大石头、麻柳丘、大坪上、土地垭、田沟、坝上、青㭎树
谢家坝	566	409	1577	32	1734	3696	11	倒开门、麻柳湾、青龙嘴、新田湾、两河口、谢家坝、桐麻树、张家湾、跌马坎、矮坝、羊子岩
彭家沟	642	298	1083	27	1990	5660	7	彭家沟、土地垭、官田坝、柿子树、石家坡、青㭎坪、生地堡
双河口	510	313	1028	28	1265	4805	11	老林湾、斑竹园、胡家山、铜厂沟、烂田湾、双河口、何家湾、枇杷树、棕树坪、凉水井、田沟
大椿树	967	425	1310	22	3962	10543	8	道班、坎上、小桥、蓝底峡、大杉树、马家池、白蜡湾、川江坪
邓家坪	675	265	701	12	1804	6700	7	邓家坪、迷洞坝、白家沟、绵洞溪、老鹰岩、楠木园、杨家沟

续表 1

行政村	面积（公顷）	总户数（户）	总人口（人）	80 岁以上（人）	耕地面积（亩）	森林面积（亩）	村民小组（个）	村民小组名称
横路	744	285	921	21	3867	6120	8	树兜沟、枇杷槽、斑竹坨、白果树、天上、沙堡坨、岩蜂窝、三尖角
钟塘	474	236	726	32	1043	6067	8	磨搭界、申家坝、老街、天堂堡、郧阳坝、盐厂坡、张家坝、堡上
荆竹界	1350	145	521	19	1341	16000	8	大坪、上坪、芭蕉坨、石水井、京竹园、火烧坝、堰塘、油菜湾
沙堡溪	1800	489	1716	38	4299	17071	10	老屋基、小坝、岭上、星关溪、大地坪、万家界、关胎、和坪、二台、打子胎
卷洞门	716	298	1072	33	1089	9642	10	卷洞门、小山、小马歇、窑上、牛滚塘、漆树坝、烂池坝、沿山路、谭家堡、大马歇
袁家界	1050	152	470	19	902	14000	5	袁家界、大坪、龙家坪、高洞子、匡家河
两河口	396	118	401	17	1392	7658	4	老厂坝、黄土坎、马家祖坟、香树堡
邀联溪	1622	298	1122	20	2069	11554	10	邀联溪、庙梁子、大沟岩、梨树园、板栗溪、野猪道、梁上、坪上、小茶园、楠木桥
蛇湾溪	713	139	420	20	1062	7902	5	张家田坎、高坎子、菜籽坝、京竹坪、寨子上
空山岭	1280	142	440	14	1737	19199	7	空山岭、茶坪、瓦厂、岩口上、白家湾、水沙坪、罗家湾
龙潭坝	1463	524	1765	38	3522	15955	10	乱石窖、雀笼沟、漆树坪、何家湾、爬路迁、王家堡、芭蕉溪、荆竹界、街上、陆景滩
大水坪	1205	581	2002	44	2635	12465	14	石龙坡、杉树坪、蛮子湾、田坎上、祠堂、老学堂、寨堡、双坑、大坡、台子上、核桃湾、万家朝、立地坡、天星桥
邓家沟	769	247	755	11	1195	10340	10	大朝河、和尚堡、车堡溪、巴茅台、铁匠营、黄泥堡、篾匠洼、樱桃湾、垭口上、邓家沟

续表 1

行政村	面积（公顷）	总户数（户）	总人口（人）	80 岁以上（人）	耕地面积（亩）	森林面积（亩）	村民小组（个）	村民小组名称
乱石窑	1572	260	678	25	2563	21600	9	老场上、沙子坝、乱石窑、吊嘴、核桃堡、跳阙、八字胎、中岭、高洞子
何家沟	1071	234	591	19	1109	12000	8	螺蛳坝、湾里、大平园子、梨树丫、盆洞、老房子、坎洞溪、二台
燕子嵌	578	387	1270	31	1665	4796	9	大屋基、塘坎上、蒿子坝、大园子、马鹿池、湾里、楠木坪、石园子、一把伞
升天界	802	348	1320	33	2450	9580	10	獐子坡、斑竹园、孙家沟、姚家屋基、河上坪、桃子坪、李家坪、升天界、办公室、官田坝
官家堡	638	331	1115	35	1716	5803	10	火石坡、喇叭槽、漂石板、杉树湾、红岩嘴、老屋场、官家堡、杨柳池、五丘田、大岩嵌
黄阳坪	670	305	1027	27	2134	3686	10	罗锅井、沙子坝、麻地坨、石堡寨、象耳槽、黄阳坪、绿葱凼、赶仗溪、荒土槽、猫耳槽
铜厂坡	757	372	1290	25	2600	5000	11	铜厂坡、和尚槽、马鹿池、楠木坪、岳家井、香树槽、坪上、一把伞、沙堡坨、樱桃坪、湾里
小水坪	356	444	1305	28	1194	4146	10	魏家堡、蜂桶岩、文厂角、罗布溪、小屋基、龙背田、荆竹坪、陈家院子、安家岩、偏岩子
苏麻溪	495	268	1154	22	1080	4459	7	朝土、普子坳、后朝湾、中嘴、沙土岩、半坡、李家院子
龙田湾	358	212	842	23	1202	4168	6	老场上、腊场坡、华桃嘴、后坝坡、困牛塘、大屋背
碓窝胎	937	152	525	10	1478	1118	6	二坪、三坪、桐麻园、陈家湾、粽粑田、碓窝胎
破水坪	928	204	602	18	835	1209	4	山羊寨、大竹园、上坝、寨子上
四方石	1301	160	504	11	1230	18000	9	机房、湾里、茶园、大青堡、斑鸠寨、长春湾、大土坡、后山、后河

说明：该表由唐崖镇政府填报，时间为 2018 年 12 月，表中数据不含唐崖社区人口，故与人口总量中 2018 年数据不一致

自然地理

地理位置 唐崖镇位于湖北省咸丰县中西部，坐标为北纬 29°24′24″～29°38′54″，东经 108°41′36″～108°48′06″。东连高乐山、清坪镇，北邻小村乡，西靠活龙坪乡，南与朝阳寺镇和重庆黔江区忠塘乡接壤。总面积 319 平方千米，平均海拔约 750 米。党政机关驻唐崖集镇，海拔 520 米，距咸丰县城 28 千米。

地质地貌 唐崖镇位于新华夏体系联合式、复合式构造第三隆起带和长江中下游东西构造带联合部位。新华夏体系联合式构造斜贯全境，由寒武系至三叠系构成褶皱带，走向自东北至东南，形成弧形复式背斜，即尖山至二仙岩复式背斜。

境内地层岩石出露较普遍，寒武系地层是境内最古老的地层，主要分布在唐崖司、大椿树、燕朝等地带，占 30%；侏罗系地层在境内的双河口、大石沟一带，主要为石英细砂岩和页岩、粉砂岩；白垩系第一系地层，主要为砾石、粗细砂岩和砂砾岩，在谢家坝出露。砂页岩和风化岩在小水坪、大水坪和龙潭坝、钟塘等地段较普遍。境内岩层断层走向自西南向西北，主要经小水坪、大水坪、龙潭坝，长约 25 千米，裂度为 6～7 度。

整个地势西北高东南低，境内山岭连绵，沟壑纵横，按山地形态分为高山、二高山、低山三大类。

高山均属武陵山脉，约占全境面积的 35%。大部分岩溶地貌发育，孤峰少见，峰丛很普遍，植被丰富，坡度较大。西南部紧邻二仙岩，长约 7 千米，宽约 5 千米，面积约 36 平方千米，主峰海拔 1701 米，最低处海拔 1469 米，四面悬崖峭壁，山顶宽阔而平坦，有山泉数十处。其他山峰主要有：海拔 1350 米的四方石，海拔 1300 米的袁家界、荆竹界，海拔 1350 米的空山岭。

二高山广泛分布在高山和低山之间，约占全境面积的 40%。山河沟槽是主要农区，农田较集中，如小水坪、大水坪、邀联溪、沙堡溪、蛇湾溪等地。

低山主要分布在南河、青狮河一带，面积约占 25%。海拔在 600 ~ 700 米之间，沿岸有香树坝、屯浦坝、谢家坝、钟塘、龙潭坝等平坝。

境内碳酸盐地区岩溶地貌发育，石芽、溶沟、伏流、盲谷、漏斗、岩溶洼地到处可见，有大小溶洞数十个，其中较大的溶洞有黄鱼泉、米汤泉、石膏洞、谢家坝溶洞群等。

水系河流

主要河流有唐崖河、青狮河、南河、土溪河等。

唐崖河 属乌江水系乌江支流，为咸丰第一大河，发源于利川毛坝，经黄金洞乡金峒司、清坪镇龙潭司，在大河边入唐崖镇境，在朝阳寺马家坝流入重庆市黔江区，恩施州境内长 115 千米，流域面积 2512 平方千米，其中咸丰县内 1964 平方千米。唐崖境内流程约 21 千米，多年平均流量 75.2 立方米 / 秒。

青狮河 属乌江水系南河支流，发源于活龙坪乡蛮界村，流经茅坝、钟塘、龙潭坝，在屯浦坝与南河汇合，流域面积 287 平方千米，河长 36.5 千米。多年平均流量 8.7 立方米 / 秒。

南河 属乌江水系唐崖河支流，发源于小村乡大村十堰沟，流经小村、清坪泗坝、香树坝，在屯浦坝与青狮河汇合，流域面积 658 平方千米，河长 65 千米，多年平均流量 18.53 立方米 / 秒。

土溪河 发源于唐崖镇乱石窖八斗梯，河长 15 千米，流经破水坪、四方石、小水坪、泉水凉桥，与唐崖河汇合，多年平均流量 1.75 立方米 / 秒。

气候特征 唐崖镇域地形复杂，小气候特征明显，垂直差异突出。气候温和湿润，雨热同期，雨量充足，夏无酷暑，冬无严寒。全境属亚热带季风气候，年均日照 1200 ~ 1400 小时，年均气温 12℃ ~ 17℃，年降水量 1500 ~ 1800 毫米，无霜期 220 ~ 270 天，相对湿度 80%，平均春季为 3 月 25 日至 6 月 15 日，夏季为 6 月 16 日至 9 月 5 日，秋季为 9 月 6 日至 11 月 15 日，冬季 11 月 16 日至次年 3 月 24 日。年平均气温 15℃，无霜期最长 300 天，最短 220 天，镇内海拔每升高 100 米，气温下降 0.5℃。

自然资源

唐崖苍山如海，百溪争流，千山锦绣，资源众多，物产丰富。

土地资源 全镇总面积 319 平方千米，其中山地面积约占总面积的 70%。土壤种类较多，以黄棕壤为主，米扁砂次之。黄棕土壤主要分布在燕子嵌、大椿树、三角庄等地

毗邻唐崖镇的二仙岩湿地　　文林　摄

段，米扁砂主要分布在小水坪、乱石窖、龙潭坝、钟塘、两河口等地段。2018 年年末，全镇耕地面积 68513 亩，其中常用耕地 58029 亩；林地面积 351436 亩。

矿产资源　煤炭、高岭土、铝土矿、黑玉等资源蕴藏量均在 1000 万吨以上。煤矿资源主要分布在燕朝和小水坪、龙田湾。大椿树“黑玉”大理石储量达 12 万立方米以上，可供开采约 9 万立方米。高岭土主要分布在唐崖司、杨家营等地，储量约 92741 吨。铝土储量约 800 万吨，矿产品位达 85%。

生物资源　野生动物种类繁多，常见的有猕猴、野猪、麂子、野兔、狐狸、松鼠、果子狸等数十种；鸟类主要有麻雀、锦鸡、竹鸡、斑鸠、黄鹰、喜鹊、乌鸦、啄木鸟等；野生鱼类有鲩鱼、白鲦（白漂子）、鲤鱼、鲫鱼、鲢鱼、乌鱼子、麻鱼、草鱼、钢鳅、黄鳝、黄角丁等 45 种之多。其中鲩鱼、白鲦、黄角丁肉多刺少，味美可口。国家二级保护野生动物有穿山甲、锦鸡、长脚秧鸡、黑麂、斑头鸺鹠（小猫头鹰）、猫头鹰、鸳鸯、黄喉貂、金猫（所有种）、大灵猫、小灵猫、尖吻蝮（五步蛇）、虎纹蛙、红腹锦鸡、绿头鸭。

全镇共有林地面积 35.14 万亩，森林覆盖率 75%。山地植被丰富，植物资源 160 余科，300 余属，2000 余种。用材林树种以马尾松居首，杉木、柳杉、柏木次之，猴梨等树种质地优良，数量众多。珍稀植物主要有银杏、红豆杉、楠木、珙桐等，在钟塘、袁家界、沙堡溪等村组分布较广。野生经济林木较多，主要有油茶、五倍子、猕猴桃、山楂、板栗、锥栗、毛桃、野李、木姜子等；野生食用菌有香菌、冻菌、竹菌、枞树菌、木耳等。野生药材主要有天麻、三七、沙参、金银花、野菊花、车前草、板蓝根、天冬、合欢皮、防风、薄荷等。林业部门挂牌保护的古大珍稀树木有36株，具体详见本志“文物胜迹·古树名木”。

自然灾害 主要为灾害性天气及地质滑坡。1997年7月13日至15日，尖山连续三天大到暴雨，集镇8个单位被淹，21户个体户受灾。公路损坏约27.5千米，受灾24381人，重灾3480人，损毁房屋27栋81间，因灾死亡2人。

2000年6月24日至7月4日，尖山连降大雨，37个村遭受不同程度损失。损毁电杆26根，变压器4台；倒塌广播杆130根。公路塌方3300立方米。房屋受损86户，农田损毁800亩，烟叶受灾面积1700亩，直接经济损失195万元。

2005年3月12日，唐崖镇境内普降十年来罕见的大雪，损坏10千伏高压电杆54根，低压电杆180根，30千伏变压器1台，10千伏线路5.5千米，380/220千伏线路35千米。4月8日晚，官家堡、黄洋坪、小水坪、苏麻溪、升天界、龙田湾、铜厂坡等村遭遇百年罕见的冰雹灾害，受灾1.26万人，其中重灾1942户，7082人。损坏房屋2852间，损毁电器186台（件）；1000多亩森林枝叶被打光，洋芋、油菜等农作物绝收面积1.26万亩。冰雹造成的直接经济损失达3150万元。

2016年6月24日，受持续强降雨影响，桂花村九组发生山体滑坡险情，总面积3.91万平方米，涉险的76户288人全部紧急转移避险。国土资源局部门进行综合防治加固，历时410天，滑坡点整体稳定性得到加强。

人口 民族

人口总量 新中国成立后，随着国民经济的恢复和发展，人民生活和医疗条件逐步改善，人口增长较快，至1952年年底，全区共6390户28210人。1952—1958年七年中，年均出生1076人，年均出生率38.78‰。1959—1961年，人口有所减少。1962年以后，国民经济形势好转，人口增长较快。1962—1971年，出生率保持在36‰至49‰之间。从1972年起，人口进入有计划发展时期，至1985年年末，全境共9003户36353人，分别比1952年增长2613户和8143人。

1986—2005年二十年间总户数由9003户增至10831户，总人口由36353人增至38579人。其中劳动力19038人，占总人口的49.35%；小学文化程度18026人，占总人口的46.72%；初中文化程度12355人，占总人口的32.02%；高中以上文化4234人，占总人口的10.98%。20世纪90年代末，农村大量剩余劳动力外出务工、经商。2000年外出务工、经商人口约有5100人，占劳动力的26.8%。

2005—2010年总人口由10831户38579人增至11456户41656人，其中乡村人口38032人。2018年年末，全镇共15482户，41384人。

民族构成 唐崖是以土家族为主的少数民族聚居区，据1990年第四次全国人口普查资料记载，全区38579人，包括土家族、苗、汉、侗、回、朝鲜等11个民族。其中：土家族33667人，占总人口的87.27%；苗族1015人，占2.6%；汉族3540人，占9.2%；回族120人，占3.1%；朝鲜族14人、侗族11人，蒙古族、维吾尔族、水族、撒拉族、满族各1人。

2018年，全镇41384人，分属11个民族，其中少数民族10个，37577人，占全镇总人口的90.8%。少数民族中土家族36119人，占总人口的87.28%；苗族1075人，占总人口的2.6%；其他少数民族383人，占总人口的0.93%。

姓氏源流 土家族大部分世居唐崖，一部分由川东、湘西和黔东北等地区迁入。世居唐崖的有覃、田、黄、冉等大姓。

境内覃氏人口4880余人，大多属唐崖土司覃启处送即化毛公后裔，主要分布在唐崖司、大椿树、龙潭坝等20个村。朝阳寺镇落马滩、鸡鸣坝、五龙坪村1994年前属尖山区，共有覃氏人口1500余人。

田氏也是土家旺族。明洪武四年（1371），龙潭土司田应虎归顺明朝，仍为安抚使。清雍正十三年（1735）“改土归流”，安抚使田贵龙改世袭千总，清乾隆二年（1737）改隶江夏县（今武昌）籍。其支庶仍留居龙潭司田寨河、牯牛塘等地，后迁居咸丰县内各地。唐崖境内田氏主要在杨家营，其他散居别处。

黄氏也是境内土家旺族。明永乐二年（1404），黄璋袭菖蒲长官司世职，为唐崖土司右副司。今活龙坪、钟塘等地的黄姓，均是黄璋一系后裔。

冉氏是外地迁入的土家族，世居湘、鄂、川、黔边土家族地区，唐崖冉氏主要居住在双河口一带。

除覃、田、黄、冉姓氏外，钟塘的吴、李、曹、梅姓；小水坪的陈、潘、喻、姚姓；大水坪的严、余、甘姓，燕朝的卢、周、方姓；唐崖司的张、丁、宋等姓，人口也较多，大多都是世居唐崖的土家族，一部分来自湘西、贵州、江西等地。

清雍正十三年（1735）“改土归流”，土司后人迁徙外地，致使大量土地荒芜，世居湘西、黔东北一带的苗族迁入开荒求生，主要姓氏有王、杨、何、廖、张、刘等，其中杨、王两姓人口众多，是苗族姓氏中的主体，主要分布在钟塘、大水坪、小水坪一带。

汉族进入咸丰落籍，始于明洪武年间（1368—1398）。其时，明王朝用武力征服散毛司之后，于洪武二十三年（1390）割散毛司之半置大田军民千户所，派流官守御。杨、徐、丁、梅、张等姓汉官，先后在龙潭河以南之领地落籍。“改土归流”期间，大量汉族同胞由江西等地，或由湘西、贵州避水患迁入咸丰。境内主要有徐、丁、梅、张、陈等姓氏。

境内回族人口不多，以马姓为主，居住在南河马家坡和屯浦坝。朝鲜族14人，为居住在大石沟的阳姓。

族谱　境内现存最早的族谱是清道光年间（1821—1850）、同治年间（1862—1874）编纂的覃氏、严氏、张氏族谱。清末、民国年间，覃氏、严氏、张氏分别续修族谱，大水坪黄氏、杨家营李氏、三角庄王氏等家族亦分别编纂族谱或家谱。至2018年，唐崖覃氏共有谱牒7部，分别是唐崖司、老鹰岩、芭蕉溪、南河、茅草坪（杨家营）、石院子和鸡鸣坝（原属尖山区）覃氏族谱。大水坪龙洞严氏源自贵州印江，原有《严氏族谱》解放后杳无下落。直至20世纪80年代，族人重又寻得贵州“严氏族谱”，经整理，增加新中国成立以来严氏谱系资料，于1993年完成《严氏族谱》续修工作。2002年，退休干部严峻、严一刚决定再次续修族谱，经过两年多的走访调查，汇编成《天水郡富春堂严氏家谱——湖北咸丰、来凤，重庆黔江部分》。2004年11月26日，举行《严氏家谱》首发式，来自大水坪、落马滩、钟塘、清坪及来凤县百福司等地严氏族人代表300余人会聚严家祠堂，举行祭祖仪式。

基础设施

道路交通

境内山峦起伏，沟壑纵横，滩多水急，民国时期无一条运输公路。主要出境大道为清乾隆年间（1736—1795）修整的，后辟为驿道。大道主要有：尖山至咸丰，途经唐崖司、两河口、梅子坪，长19千米；尖山至活龙，途经燕子嵌、小水坪、大路坝、蛇盘溪，长92.5千米；尖山至李子溪，途经龙潭坝、卷洞门、沙堡溪，长42千米；尖山至丁寨，途经杨家营、神龙坳、高坡，长25千米；尖山至茅坝，途经燕子嵌、小水坪、二仙岩、茅坝，长55千米。这些大道与村集镇间的小路贯通，构成境内道路交通网。

传统运输以人工搬运为主。挑力称力夫或挑夫。清末民国初，多为商贾雇用，一户常组织几人或数十人不等。民国时期，有的地方土匪为患，为防拦路抢劫，往往汇集数十挑夫，少则三四十人，多则七八十人，结队而行。此外有少数人经营“山间马帮”，从事小量驮运。唐崖老街、钟塘等主要交通要道，均设有骡马店，供骡马运输队食宿。

公路建设 境内有等级公路一条——大活公路，是咸丰县城连接唐崖、活龙坪的主要干线。1965年，修筑大椿树至浇水坪的山脊线，筑路于崇山峻岭之中，工程异常艰巨。湖北省林业局拨款212万元，动用民工2000余人，至1969年年底，大活公路全线通车。匡家河段路面仅宽3米，且连续急弯，一遇雪冻安全难保。1984年冬，组织修建沿河线，1986年5月竣工通车，比原山脊里程缩短3千米。大活线唐崖境内37千米改扩建工程，2001年10月动工，按国家三级公路建设，路基宽7.5米，路面宽6米，2003年10月完成油路铺设，是唐崖镇内第一条等级公路。

唐崖至小水坪公路，1972年动工修建，系林业专用公路，林业部门投资22.5万元，长23.7千米，于1975年竣工通车。

空山岭公路车落弯路段　　文林　摄

唐崖至大路坝公路，全长 45 千米。1996—1997 年，投资 290 万元，连通小水坪至大路坝乡，长 27 千米，路基宽 6.5 米，路面宽 3.5 米。2001 年由乡道升为县道。

2005 年后，侧重对乡村公路进行升级改造，修建村组公路。2006 年 5 月，修建钟塘至空山岭公路，全长 5.2 千米，历时 3 年建成通车，开挖土石方 10 万立方米，总投资 220 万元。2007—2018 年十余年间，新修村组公路 156 条 312 千米，硬化乡村公路 49 条 265 千米。

主要桥梁　除公路桥梁外，人行桥以木桥、石拱桥、石板桥为主。改革开放后，增加钢筋混凝土桥、水泥平板桥、铁索桥等。铁索桥俗称甩甩桥，是乡村常见的便民桥，主绳和护栏均使用钢缆，成为青山绿水间的一道风景。

尖山大桥　位于唐崖手扒岩处，跨唐崖河连接大活公路，空腹式石拱桥，主拱净跨 80 米。1959 年在此设车渡，以木船渡运车辆。1969 年，大活公路通车，常造成车辆待渡和因涨水中断交通情况。1975 年 3 月动工建桥，1976 年 9 月底竣工，桥长 106.5 米，高 12 米，宽 8 米，主拱两端各置净跨 3.5 米的复拱 5 个。

唐崖集镇大桥　跨唐崖河连接尖山集镇与唐崖镇民族中学。清乾隆年间（1736—

钟塘双桥（前为 1984 年修建的幸福桥，后为公路桥） 秦兴武 摄

1795）在此设义渡，到新中国成立至改革开放几十年仍设有义渡。2004 年 2 月动工，2005 年 5 月竣工，总投资 248 万元。钢筋混凝土平板桥，长 110 米，净跨 81 米，桥高 11 米，宽 8 米。

小水坪桥　原属人行木桥，1988 年秋修建小大公路（小水坪—大路坝）时，改建为石拱桥。长 50 米，净跨 27 米，高 10 米，宽 6 米，1989 年竣工通车。

钟塘幸福桥　原属人行木桥，连通钟塘村、沙堡溪村，始建于 1956 年，是青狮河主河道上的第一座桥梁；1962 年被洪水冲毁。1966 年，当地群众再次伐木修桥，取名为红桥，1974 年搞“三治”时拆除。20 世纪 80 年代初，为方便群众出行，修建钢筋混凝土桥，桥长 23 米，宽 2 米，高 30 米，1985 年竣工通行，更名为幸福桥。2012 年在该桥旁修建一座公路桥，合称钟塘双桥。

两河口铁索桥　位于两河口村，净跨 110 米，桥面宽 2 米，高 8 米。1987 年 10 月由咸丰县扶贫开发办投资修建，1988 年 5 月竣工。

青狮峡铁索桥　位于唐崖集镇上游 1.2 千米处，1986 年 10 月开工，1987 年 4 月竣工。全长 70 米，净跨 66 米，高 9 米，宽 2 米。工程耗资 12 万元。

两河口铁索桥　　秦兴武　摄

申家坝铁索桥　位于钟塘村，属钢丝索木平板桥，长 95 米，净跨 86 米，宽 2 米，1997 年 10 月开工建设，12 月竣工通行。

人行渡口　2005 年前，在尖山集镇至民中、谢家坝村两河口各设渡口一个，原是木船，1996 年由县交通局投资改为铁皮渡船，长 10 米，一次可载 25 人左右，渡工工资由交通局补助一部分，渡一次每人收取一定费用。渡船由县交通局更新或修补。2005 年 5 月，唐崖集镇大桥建成通车，集镇至民中渡口停渡。

客货运输　1985 年前，唐崖客运基本保持每日一班。随着社会经济的发展，客运班次由一班改为每日对开两班；2000 年后，客运车辆与日俱增，客运班次日无定数。2005 年，有中巴客车 6 辆，主要线路是尖山至咸丰，燕朝至咸丰，小水坪至咸丰，两河口、钟塘村至咸丰等线路往返，年客运量 13 万人次左右。2018 年，中巴客车及小客车 252 辆，年客运量约 23 万人次。

1985 年前，货运主要由县汽车运输公司等单位承担，个体经营者只有 2 人。1995 年后，货运基本形成市场个体经营；至 2005 年，全乡货运车辆达 146 辆，年货运量 10

万吨左右；拖拉机35台，年货运量约4万吨。2018年，全镇有货运车辆370辆，年货运量约42万吨。

水利工程

镇内共有水库6座，其中小（1）型水库1座，小（2）型水库5座，总库容175万立方米，可灌溉面积600公顷以上。

大山沟水库 位于杨家营村，坝址距唐崖集镇5千米，水源属乌江水系唐崖河支流，干流河长1.09千米。1975年9月动工兴建；1982年10月建成。同年开始蓄水，总库容103.3万立方米。最大坝高22米，坝顶长125米，宽5米。灌溉面积约2000亩，是一座兼具防洪、灌溉、饮水等功效的小（1）型水库。

尖山红旗水库 位于南河村，距咸丰县城30千米。1957年9月动工，1962年10月竣工，主流长度0.9千米；坝型为均质土坝，最大坝高11.5米，总库容14.4万立方米。灌溉面积约600亩。

大山沟水库 秦兴武 摄

狮子口水库 位于杨家营村，距唐崖集镇5千米。1968年10月动工，1978年5月竣工，主流长度0.5千米；坝型为黏土斜墙堆石坝，最大坝高16.6米，总库容14.7万立方米。1990年配套灌渠1500米，灌溉面积约500亩。

田沟水库 位于大石沟村，距咸丰县城26千米。1966年8月动工，1976年5月竣工，坝址以上主流长度0.5千米；坝型为均质土坝，最大坝高12.3米，总库容17万立方米。配套灌渠1500米，灌溉农田约1400亩。

龙田湾水库 位于龙田湾村，距唐崖集镇17千米，距咸丰县城43千米。1962年3月动工，1977年9月竣工，主流长度0.4千米；坝型为均质土坝，最大坝高9.6米，总库容16万立方米。灌溉面积约300亩。

黑洞河水库 位于邓家坪村，距唐崖集镇18千米。2007年9月动工，2008年年底竣工，并投入使用。坝高14.8米，库容9.8万立方米。灌溉农田1200余亩，解决饮水约4200人。

2004年实施大水坪中低产田改造项目，总投资255万元，修建排灌渠8条，5800米，建拦河坝2座，滚水坝2处，引水渡槽2座，覆盖大水坪、何家沟、乱石窖、邓家沟4个村。新增灌溉面积2200亩，改善灌溉面积1300亩。

2013年实施南河（唐崖段）中小河流治理工程。工程长5.3千米，河道清淤疏挖0.3千米，堤防加固0.7千米，新建防洪墙1.05千米，岸坡护砌4.52千米。工程投资2265万元，2014年6月完工。工程区防洪标准由不设防提高到十年一遇洪水标准，保护唐崖集镇周边农田1.1万亩。

供电供水

供电 2000年前，有35千伏安变电站1座，容量1800千伏安；供电台区52个，容量2200千伏安，10千伏线路3条120千米。2001—2003年，实施农网整改，对37个村电网进行整改，木杆全部换为水泥杆，降低台区配变在网络上的损耗，实行一户一表，统一电价，全镇电力供应入户率达98%，完成静态投资8500万元。至2018年年末，建成220千伏安变电站1座；容量1.89万千伏安。10千伏线路6条265千米，220千伏线路2350千米，380千伏线路1100千米。

1995年全镇用电户为6300户，到户率达54.9%，年供电量为230万千瓦时；2005年全镇用电户为12855户，到户率达99%，供电量为600万千瓦时；至2017年，全镇用电户11465户，到户率100%，全年供电1200万千瓦时。

供水 1990年启动青狮峡梯岩到老街引水工程，引水管为50毫米镀锌管，长3000米，引至老街水池供给用户，耗资7.8万元。2003年投资70万元改造供水工程，取水黑洞河，引水管长8000米，新建容积207立方米供水池，年供水量4万余吨。2012年12月，投资400万元建唐崖集镇自来水厂，蓄水容量650立方米，供水700余户。2016年投资600万元建燕朝集镇供水工程，从二仙岩和尚坪引水至集镇，引水管长16千米，解决升天界、官家堡、燕子嵌等5个村8000人饮水问题，日供水1200立方米。

2010—2017年，实施饮水安全工程，全镇累计争取资金835.89万元（尖山、燕朝除外），新建饮水工程19个，基本解决37个村的饮水问题。2018年年末，供水10860余户3.79万人，年供水26万吨。

邮政通信 1955年设立尖山邮电所，开展邮政业务；1993年邮政电信业务分开，成立尖山邮政支局和电信支局；1995年3月起，开办邮政储蓄、出口汇兑等新业务。2018年，全镇征订《人民日报》82份、《湖北日报》116份、《半月谈》345份，发行各类刊物书籍1100余份（本）。

电信业务主要有电报、传真、固定电话、光纤网络、移动电话、村村通业务等。1995年，尖山区农话开始使用光缆作为通信线路，电信支局安装磁式交换机，改数字程控交换机512门，总投资50万元。当年安装程控电话250户，入户率68%。到2005年，农用电话由1985年的62部上升到350部，发展电脑光纤网络用户168户，村村通用户450户。2018年，村村通用户650余户，电脑光纤网络用户8235户。

2004年，县移动公司、联通公司分别在唐崖集镇设经营点，建发射机站，信号覆盖镇内主要道路和集镇；2005年，全镇有手机用户3000户左右。2010年后，手机用户迅速增长，2018年全镇手机用户达24510户。

广播电视

广播 有线广播始于20世纪50年代末，70年代快速发展。1975年撤区并社，设尖山公社广播放大站，1985年更名为尖山区广播电视管理站。当年辖10个乡镇，42个村，436个小组，10083户。广播通村42个，325个组，入户喇叭4794个，入户率47.5%，音箱率95%。同年新架线6.5千米，更新杆线5千米。1987年开办该站广播宣传节目，到2000年，累计播出稿件1.2万余篇。1989年，10个乡镇分别建立广播室，新发展喇叭1011个，新通组12个，新立杆4282根，新架线路234千米。1998年，全乡共有喇叭 9643 个，入户率 86.8%，线路总长 1120 千米。此后，广播入户率呈递减趋势。2001 年有线广播垮网，乡内宣传节目停办。

电视　20 世纪 90 年代，电视逐渐普及，尖山区于 1991 年率先建成区集镇有线电视系统。1999—2000 年，实施广播电视“村村通”工程，提高农村广播电视覆盖率；2003 年，县到乡广播电视光纤干线架通，乡集镇有线电视与县城联网，电视节目增加到 35 套，广播电视服务体系初步形成。到 2005 年年底，全乡有线电视用户达 1291 户；2006 年后，有线电视用户入户率逐年提高；2018 年，全镇有线电视用户共 2420 户，可收看电视节目 172 套。

镇村建设

总体规划　20 世纪 90 年代中期，实施小城镇战略，坚持规划先行，稳步实施。唐崖集镇定位为旅游文化镇，至 2002 年，相继完成建制镇和中心村建设规划。唐崖集镇总体布局分为三大区域：唐崖河南岸片区重点发展全镇政治、文化、商业、服务、金融、市场，唐崖河北岸片区重点发展工业和仓储用地，学校和部分居住区；土司皇城片区重点是对土司城遗址实施保护性开发。

2008 年，聘请恩施州规划设计院编制《尖山乡集镇总体规划（2008—2030）》。镇区包括桂花、唐崖司、南河、大石沟、大椿树村部分区域，总面积 10.30 平方千米，其中城镇建设区东至麻球厂，西至青狮峡石膏洞，南至唐崖司村，北至南河村，总面积 2.17 平方千米。城镇定位：唐崖古镇；城镇性质：世界文化遗产地，以发展文化观光旅游、自然生态旅游为主导的生态文化旅游特色镇。人口与城镇化：至 2020 年，唐崖镇总人口 4 万人，城镇人口 1 万人，城镇建设用地 1.1 平方千米，城镇化率达 25%；至 2030 年，唐崖镇总人口 3.3 万人，城镇人口 2 万人，城镇建设用地 2.17 平方千米，城镇化率达 61%。

规划构建镇区、中心村和一般村三个等级。

镇区：唐崖镇镇区，是全镇的政治、经济、文化中心，集居住、旅游接待、商贸服务等功能于一体的综合服务中心。

中心村：是镇域内一定区域的中心，建设商业网点、文化活动室、卫生室等设施，服务该村和周边一般村。共 6 个，分别是燕子嵌村、钟塘村、大水坪村、龙潭坝村、小水坪村和双河口村。

一般村：共 31 个，除中心村以外的行政村。建设为村民生产生活服务的配套设施，包括商贸点、卫生所、活动室等设施。

唐崖集镇 唐崖集镇是唐崖镇政府所在地。集镇有 3 条主要街道，分别为原尖山老街、原尖山集镇主街、农副产品步行街。沿街建筑多为砖混结构，少数为砖石结构和木结构。

老街在尖山山槽中。清乾隆年间（1736—1795），尖山寺主持杨开场首建横店子，主持生意，定期开场，故有“杨开场开的场”之说。老街长 200 米，宽 5 米，呈“7”字形斜坡，房屋为茅草或青瓦盖的土木结构。新中国成立前，有布行、猪牛行、客店和小学。20 世纪 80 年代，有 3 个农业生产队，共 280 人。

唐崖集镇 秦兴武 摄

新街位于桂花树、白马庙、桥沟一带，依山傍水，地势平坦。1958 年动工，1969 年建成。分三个部分：白马庙一带，建有拖拉机站、粮管所、食品所；桂花树一带，建有尖山公社机关、银行营业所、财政税务所、民族文化宫、文化站、邮电所、影剧院、教育站。高中学校建在集镇对面屯浦坝上。房屋大多为木石结构的二层楼房。街道长约 800 米，宽 5 米，泥结碎石路面。1982 年，有人口 1650 人，其中常住人口 840 人。新街建成后，老街逐渐冷清下来。

1986 年以来，陆续扩建新街；1992 年 11 月建为油渣路面，街道长 1500 米，宽 20 米，其中油面 6 米；2004 年整改街道，铺设沥青路面，街道扩宽至 22 米。新建皇城路、大屯路。修建房屋 196 栋，建筑面积 12 万余平方米，其中居住房屋近 4 万平方米，公共建筑及设施 7 万平方米；2016 年投资 1000 余万元，用于集镇市政设施路灯、排水、人行横道的建设。

到 2017 年年底，唐崖集镇道路总长 2000 米，其中水泥硬化车行道 1800 米，人行道 400 米，下水道 2500 米，绿化带 4000 米。集镇有主街一条，长 1500 米，宽 20 米，尖活公路穿街而过；农副产品交易步行街一条，长 150 米，宽 40 米。

中心村集镇

燕朝集镇　为唐崖镇第二大集镇，距唐崖集镇 13 千米、咸丰县城 40 千米。又称燕子嵌，集镇北崖下有一深约 50 米，可容纳 3000 余人的大岩洞。春来，燕子喜在洞口崖上垒窝，故名。新中国成立前，此地为燕朝乡公所驻地，有 120 人。开有布、盐、粮食、猪牛行、饭店。设有小学、药店、客栈等。来往客商较多，集市繁荣。集镇坐落在群山环抱的槽形平地上，街道呈环形，像个大圈子，素有“赶圈圈场”的说法。

1975—1984 年为燕朝公社机关驻地，常住居民 800 余人，集镇面积 0.5 平方千米。2005 年投资 123 万元，硬化集镇街道 3200 米。此后十年间，集镇居民建房 80 余栋，占地面积约 12500 平方米，总投资超千万元。2018 年投资 120 万元对集镇基础设施进行改扩建，建村级广场 1200 平方米。有燕朝村委会、小学、卫生室等，人口千余人（含学生）。逢农历一、六赶场，人流量 6000 余人。

钟塘集镇　在咸丰县城西北 60 千米处，一面依山，三面临水。清光绪年间（1875—1908），咸丰知县在此主持修建关庙、禹王宫，在一口塘边挖地基，挖出一口金钟。钟塘由此得名。新中国成立前为钟茅乡公所驻地。有小学 1 所，中药铺 1 家，饭店 2 家。新中国成立后，曾为第五区政府驻地，钟塘乡政府、管理区住所，镇上设有中小

燕朝集镇 秦兴武 摄

学校、诊所、供销点等。街道长约 300 米，宽 3 米，有 160 余人。1999 年，修建集镇人畜饮水工程；2013 年，硬化街道，扩宽至 6 米；到 2017 年，集镇有村委会、小学、卫生室等，大小店铺近 30 家，常住居民约 400 人。逢农历二、七赶场，人流量 500 余人。

大水坪集镇 距唐崖集镇 12 千米。何家沟、乱石窖等几条小溪汇合于坝上，每逢大雨，溪水很大，故名。街道呈“人”字形，长约 120 米，宽 9 米。2013 年硬化街道，修建人畜饮水工程。到 2017 年，集镇有村卫生室、小学及大小店铺 10 余家，房屋 50 余栋，7000 余平方米，常住居民约 240 人。逢农历五、十赶场，人流量 300 余人。

龙潭坝集镇 为龙潭坝村驻地，在唐崖集镇西北 15 千米。地处青狮河岸平坝。河中有几口深潭，河水弯曲流绕，似龙戏水潭中，故名。形成集镇多年，有固定场期。20 世纪 80 年代设有粮店、食品站、供销点、学校、诊所。到 2017 年，集镇有村委会、小学、卫生室等，大小店铺 20 余家，常住居民约 300 人。逢农历三、八赶场。

小水坪集镇 地处咸丰西南角，距咸丰县城 48 千米、唐崖集镇 22 千米。原为小水坪乡、管理区驻地，辐射四方石、苏麻溪、龙田湾、碓窝胎、破水坪 5 个村，是有 4300 余人的中心村和商贾云集之地。街道长约 200 米，宽 12 米。到 2017 年，集镇有村卫生

大水坪集镇　　万重山　摄

室、幼儿园及大小店铺50余家，常住居民300余人。逢农历五、十赶场，人流量800余人。

居民搬迁安置点　2013—2016年，配合唐崖土司城遗址申遗工作，完成遗址区核心区土地征用和农户搬迁工作，投资8000万元，建搬迁户安置房5栋192套，入住90户331人。2013年以来，实施贫困人口易地搬迁工程。到2018年，全镇易地扶贫搬迁贫困户585户，1756人，人均住房面积25平方米。在桂花村建精准扶贫安置小区，工程总投资4700万元，建楼房290套，20625平方米，搬迁290户，825人；配套建设农户产品交易市场和电商运营中心。建成小水坪集中安置点，总投资2120万元，建楼房115套，搬迁115户，365人。

绿化美化　1984年下放责任山，扩大自留山，两山并一山（自留山、责任山统称为承包山），保护和发展森林资源，不断提高绿化水平。2000年起，实施退耕还林、荒山造林、封山育林等，增加林地面积。至2017年，累计实施退耕还林1.93万亩，管护天然林31.14万亩。落实镇、村“河长负责制”，清理网箱养鱼、畜禽养殖、污水排放等面源污染。加大重点企业、重点行业污染综合整治力度，发展绿色经济、循环经济，促进农业农村经济与生态环境协同发展。

桂花村精准扶贫安置小区　　秦兴武　摄

2011 年以来，结合全省开展的“三万活动”（万名干部、进万村、入万家），实施“五改”（改路、改水、改厕、改灶、改栏圈）工作，提升农村人居环境质量。围绕“一乡一麻柳溪”[①] 建设要求，相继建成横路、钟塘、卷洞门、两河口、彭家沟、谢家坝 6 个新农村生态家园示范点。2014 年，谢家坝村入选恩施州“最美乡村”候选单位；2016 年，钟塘村获“中国最美休闲乡村”称号。

2015—2018 年，先后投入 715 万元，建成 37 个村中心广场。各村普遍制定村规民约，同时由咸丰县委宣传部、唐崖镇政府出资，把十多个村的村规民约刻上景观石。

2012 年安装、整修唐崖集镇路灯 48 盏，新增垃圾池（箱）22 个，在三角庄村二组新建垃圾处理场 1 个，垃圾日产日清，实行无公害处理。2018 年，唐崖集镇路灯配套安装中国结，同时采购 100 个垃圾桶、一辆 8 立方米的压缩式垃圾转运车，用于集镇生活垃圾的收集和日产日清。

① 麻柳溪村为咸丰县内特色村寨代表，2014 年入选“首批中国少数民族特色村寨”和“全国生态文明村”。

钟塘村村民委员会 孙东进 摄

镇域经济

粮食生产 境内粮食作物分秋收作物和夏收作物两大类，以秋收作物为主。秋收作物有水稻、玉米、甘薯、秋马铃薯、大豆、绿豆、扁豆、红豆、高粱、荞麦等，以稻谷、玉米、甘薯为主。夏收作物有马铃薯、小麦、燕麦、蚕豆、豌豆等，以马铃薯为主。

20 世纪 80 年代以来，开展农田水利基本建设，改善耕作条件，积极引进、选育、繁殖、推广良种，镇内农业生产逐步由粗放经营向集约经营过渡，由单一经营向综合经营过渡，由自给性生产向商品生产过渡。农业生产上，既不放松粮食生产，又注意发挥山区优势，优化产业结构，逐步建立起生猪养殖基地及烟叶、茶叶、柑橘、油茶生产基

1985—2018 年部分年份唐崖镇各种粮食作物产量统计表

表 2 单位：吨

年份	总产量	稻谷	玉米	马铃薯	甘薯	大豆	小麦	其他
1985	9938	3733	2145	2192	1200	301	331	36
1990	18559	7516	4243	3751	1849	546	633	21
1995	17195	6393	3861	3671	2038	507	675	50
2000	22882	8052	4925	5931	3120	556	274	24
2005	20108	7162	6182	2549	3592	604	—	19
2010	18981	6913	5340	2446	3692	590	—	—
2015	18075	6752	4985	2346	3452	540	—	—
2018	16235	5860	4536	2236	3247	356	—	—

说明：此表数据来源于唐崖镇统计年报

地，拥有一批名优产品。

2005 年，粮食作物播种面积 79253 亩，占各种农作物总播种面积的 85.5%，粮食总产量 20108 吨，亩均产量 254 千克，人均粮食 521 千克，总产超过历史最高水平。“十一五”（2006—2010 年）期间，围绕做大做强烟叶、畜牧和茶叶三大传统支柱产业，抓好路网交通、乡村集镇、文明新村三项基础设施建设，全力打造“特色产业农业乡、优势资源工业乡、生态文化旅游乡”。2011 年起，逐步缩减粮食种植面积，加强烟叶、茶叶及林果生产，成为农民增收致富的骨干产业。

工业生产 工业经济从小到大，不断优化结构，依托当地资源招商引资，逐步建立起以小水电、煤炭和农副产品加工为主的地方工业。燕朝煤矿 1977 年开建，1978 年投产，年产煤 650 吨左右，是境内最早的企业之一。酿酒业是唐崖主要食品工业，1990 年后快速发展，规模较大的有马文礼、陈秀贵、李道江 3 家，年产白酒 5 万余千克。2012 年后推进工业经济转型提升，当年完成工业项目投资 1880 万元。其中：五丘田煤矿完成投资 750 万元、喇叭槽煤矿投资 800 万元进行技术改造，宏升有限公司投资 20 万元建成方便袋生产线，富民合作社和泰欣合作社完成投资均超过 100 万元。鑫山公司实现产值 1500 万元，富民专业合作社产值 1000 万元，喇叭槽煤矿工业产值 1000 万元，五丘田煤矿工业产值 800 万元。2018 年，唐崖镇有酒厂 2 家，有圣浩茶叶公司、富民专业合作社、崖谷香生态农业公司精制茶厂，全年实现工业总产值 2 亿元。

集市贸易 1958 年 3 月进行商业体制改革，限制集体、个体商业发展，关闭集贸市场，实行国营商业垄断经营；1970 年起，在部分村建立供销点（小卖部），为供销社代购代销；到 1985 年，仍有代购代销店 22 个；从 1996 年开始，所属国营商业逐步放开、改制，个体、私营和民营经济快速发展。

全镇设尖山、燕朝、钟塘、龙潭坝、大水坪、小水坪 6 个乡村集市，清同治年间（1862—1874）大体定型，均为五天一场。按农历计，或一、六，或二、七，或三、八，或四、九，或五、十，相互错开。每逢场期，商贩聚集，农民接踵而至，以其所有易其所无。输出者多为仔猪及、桐、茶、漆等山货，输入者多为食盐、布匹和日用杂货。新中国成立后，特别是中共十一届三中全会以来，市场更加繁荣，各种工业品、农副产品无所不有。

2005 年，全镇个体工商户发展到 1251 户，从业人口 3560 人，集贸市场成交额达 3468 万元；2012 年，全镇有商业网点 674 个，营业面积 2810 平方米，商业零售额 1.25 亿元。全镇个体私营企业 1352 家（户），从业人员 4433 人。其中：工业 263 家（农副产品加工业 254 家），从业人员 883 人（农副产品加工业 185 人）；建筑业 222 家，从业人员 700 人；批零贸易业 733 户，从业人员 2448 人；住宿餐饮业 134 户，从业人员 402 人。民营经济总营业收入 18464 万元。其中：工业 8422 万元、建筑业 215 万元、批零贸易业 8757 万元、住宿餐饮业 1070 万元。

2015 年建成高乐福、炎月两家超市，营业面积 900 平方米，从业人员 35 人。2018 年，全镇实现社会消费品零售总额 7728 万元，较 2017 年增长 12%。

财税金融 乡镇财政收入主要来源是工商税收、农业税、农业特产税、其他收入、中央和省级财政补贴、县财政补贴。20 世纪 80 年代以来，国家对老少边穷地区采取一系列扶持政策，减轻农民负担，农业税、农业特产税在地方财政收入中所占的比例逐步下降，到 2005 年农民承担的农业税、农业特产税、村提留、五统筹全部减免。

全镇农业税、特产税 1985 年 55.74 万元，1990 年 120.83 万元，2004 年 219.15 万元。国地税收入 1985 年 24.9 万元，1990 年 32.01 万元，2000 年 59.76 万元，2005 年 150.1 万元。2006 年以来，地方财力逐步增强，唐崖镇财政收入 2015 年 3024 万元，2017 年 3508 万元，2018 年 4568 万元。

境内金融机构原为尖山乡信用社，2010 年改为咸丰农村合作银行分支机构。2012 年年末，金融机构存款余额 18871 万元，各项贷款余额 4121 万元，全年累放 3065 万元，累收 2845 万元。2016 年，银行营业网点更名为咸丰农村商业银行唐崖支行。2018 年，唐崖支行各项存款额达 3.36 亿元，较 1985 年增长 110 倍；各项贷款额达 6750 万元，较 1985 年增长 100 倍。

社会发展

基础教育

新中国成立以来，境内教育事业渐有发展，但远不能满足人民群众需要。中共十一届三中全会后，提高教师政治地位和经济待遇，广泛筹资改善中小学办学条件，各项教育事业稳步推进。1994 年起，普及九年义务教育，狠抓适龄儿童入学率、毕业率、普及率，巩固中学教育，加大教育硬件投入；2000 年后，优化校点布局，集中力量办好中小学校，教育教学质量不断提高。

小学教育　1978 年以来，实行分级办学，多渠道集资改善办学条件；1982 年起，小学举行“达标统考”，对重点小学、中心小学、大队小学分别提出达标要求，进一步提高办学质量；至 1985 年，小学校点收缩到 53 所，在校学生 7554 人，适龄儿童入学率 95.4%。教职工 267 人，其中教师 242 人。小学校点基本做到：校校无危房，班班有教室，学生人人有课桌、板凳。

唐崖镇福娃娃幼儿园　秦兴武　摄

钟塘小学校园　秦兴武　摄

1998 年，希望工程在县内实施，募集民间资金，改善办学条件和救助失学儿童。香港苗圃行动委员会及有关帮扶单位捐资 80 余万元，先后建成 4 所希望小学，分别为大水坪小学、小水坪小学、杨家营小学和钟塘小学。2001 年 9 月，尖山民族小学教学楼落成。小学校点调整为 36 所，在校学生 4742 人；2005 年再次调整布局，校点设置 17 个，在校小学生 3946 人。同年，钟塘小学定为寄读制示范学校。2010 年后，随着乡村人口向城镇集中，进一步优化校点布局，集中师资力量提高教育教学质量。至 2018 年年末，全镇共有小学（含校点）9 所，其中：完全小学 1 所，初级小学（1 ～ 3 年级）2 所，教学点 6 个。在校小学生 2620 人，入园幼儿 851 人；在职教师 127 人。

中学教育　1956 年，创办尖山中学（咸丰县第三初级中学）。1978 年，尖山中学被定为咸丰县重点管理中学（现尖山民族中学）；1985 年，共有中学 7 所，在校学生 1073 人；1995 年有初中 4 所，在校学生 881 人；2001 年调整学校布局，仅有 2 所初中，在校学生 1851 人；2005 年再次调整，撤销唐崖职中，合并为唐崖镇民族中学，为全镇唯一一所初级中学。同年争取国家寄宿制工程项目，征地 12.6 亩，扩大校园面积，先后拆除原学生食堂，消除危房安全隐患；2006 年秋，动工修建教学综合大楼。多方筹集资金，对教室、学生宿舍、实验室、图书室、多媒体教室、教师办公室进行改造，硬化校园道路，新建花坛 10 多个，新建区域种植绿化树 100 余棵；2011 年 8 月，唐崖镇民族中学获“湖北省绿色文明先进单位”称号，校园绿化覆盖率达 60%。2018 年，校园占地 72 亩，设教学班 20 个，学生 1150 人，在职教师 72 人，其中高级教师 14 人，一级教师 27 人，二级教师 31 人。

文化体育　1978 年以后，群众文化活动逐步纳入文化馆、站范围，除举办展览、制作板报、橱窗宣传、借阅图书、组织球赛和文艺演出、收集整理民间文学等活动外，还兼营图书、照相、放电视录像等业务。1980 年，尖山公社增设文化站，一站一人，负责辖区群众文化工作。1985 年贷款 2 万元，征地 460 平方米，将原燕朝公社一栋三间两厢房的木房拆迁至尖山集镇，作为文化站职工宿舍。1993 年，省财政厅、州财政局、县财政局拨款 5.3 万元，修建文化综合楼，1997 年竣工，建筑面积 300 平方米，内设图书室、阅览室、游艺室和放映厅。文化站每年组织春节灯会、文艺演出和其他文艺活动，在全县组织的“春节花灯比赛”、“农家乐”唢呐大赛上多次获奖。参与整理咸丰县文物普查资料，收集整理民间歌谣 100 余首、民间故事 21 个，其中在《鄂西民间故事集》《唐崖河畔》各刊发 3 篇，在《群众文化》发表 2 篇。收集民间谚语 185 条，收集革命文物《战士的话》刊物1套。组织书法作品比赛，1件在湖北省《文化大世界》发表，其他书法作品在州、县及黔江地区展出和利用。

2003年1月，文化站与广播电视站合并，成立尖山乡文体服务中心。2018年，全镇有文体服务中心1个，村级文化中心37个，读书室40个（其中农家书屋37个，职工书屋3个），共有图书19.8万册。全镇体育场所面积7.6万平方米（含村级文化广场、学校运动场），集镇、行政村体育设施覆盖率达100%。中小学均建有篮球场、田径运动场，每年举办春季、秋季运动会。群众体育活动以职工篮球赛、趣味运动会和广场舞为主。

医疗服务 1952年8月，创办尖山卫生所，担负全区卫生行政管理和预防保健、医疗服务工作。1958年12月，改为尖山人民公社卫生所，属公社集体所有；1975年8月撤区并社，更名为尖山公社卫生院；1985年各小乡设卫生所，村设卫生室。2013年新建住院部，设病床99张；至2018年年底，拥有房屋建筑面积5484平方米，其中业务用房3063平方米。拥有X光机、B超、心电图、721分光光度计、多功能呼吸麻醉机、自动洗胃机、电动吸引器、新生儿复苏台等医疗设备20余台件。卫生院设办公室、医务科、公共卫生科、中医科等14个科室，年末在册职工73人，另有乡村医生42人。

2005年7月，开始实施新型农村合作医疗制度，每个参加合作医疗的农民每年缴纳10元钱（大病住院筹备金2元，门诊医疗费8元），在乡级以上医院住院按有关政策补

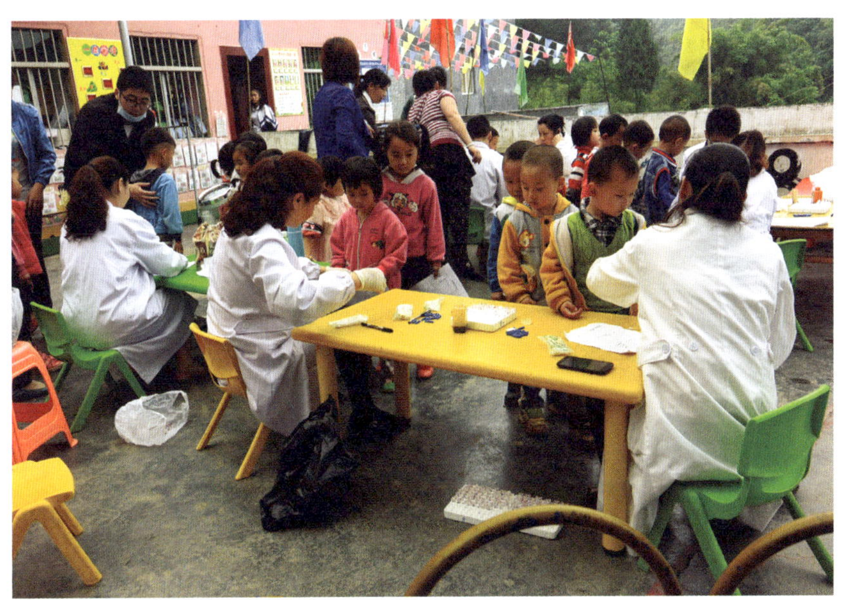

幼儿免费体检　　咸丰县档案馆　提供

助住院资金 45% 以上。当年成立合作医疗管理办公室，负责合作医疗的管理。2012 年，全镇参加新型农村合作医疗 35846 人，3202 人次获住院补偿，总金额 50.5 万元；36688 人次获门诊统筹补偿 115 余万元；56 人次获住院分娩补偿 1.12 万元。2018 年，2700 人获住院补偿，报销金额 1830 余万元；全镇建档立卡贫困户、低保户、“五保户”全部免起付费。完成居民健康档案、65 岁以上老人档案数据更新；镇内分娩孕妇和新生儿建档率、访视率均达 100%，6 岁以下儿童建档体检率达 92% 以上。

扶贫开发 1994 年起实施“八七”扶贫攻坚计划，碓窝胎、破水坪、四方石 3 个村定为湖北省重点贫困村，以改善生产生活条件、加快基础设施建设、发展种养殖业为重点，推进扶贫开发工作。1996 年，全县党政机关、企事业单位副科级以上干部，每人帮扶一户贫困户，落实“三定”责任制，即定帮扶干部、定帮扶对象、定脱贫时间，结对帮扶一定三年不变，确保三年内基本脱贫。每名干部职工省吃俭用，为结对帮扶的贫困户购买化肥、农药、种子等生产物资，少的支出 200 ~ 300 元，多的 500 元以上。

2001 年后以整村推进为重点，先后修建破水坪、四方石、邓家沟公路计 21 千米，硬化麻溪沟至大水坪、小水坪公路 15 千米；完成何家沟小流域治理工程，建饮水工程 18 个，解决农村集镇、学校饮水难问题。2003 年实施“消茅工程”（消除茅草房），投资 31.42 万元，新建和改建特困户住房 5986 平方米，92 户 262 人搬进新居，人均住房面积 22.85 平方米。至 2005 年年底，全镇人均纯收入达 1665 元，人均占有粮食 450 千克以上，人均纯收入在 668 元以下的贫困户 6506 户，贫困人口 22896 人。

2013 年以来，以精准扶贫统揽农村工作，执行“调查、评议、公示”识别程序，确保贫困对象精准识别。至 2018 年年末，全镇有建档贫困户 6052 户 20299 人。2015—2017 年实施扶贫项目 201 个，总投资 9876 万元。落实“五个一批”，确保扶贫工作实效。实施产业扶贫，先后引进圣浩茶叶、湖北崖谷香、奇泉茶叶有限公司、绿农畜牧公司等一批企业与重点贫困村建立合作，带动贫困群众发展以茶叶、油茶、畜牧养殖为主的特色产业。至 2017 年年底，新发展白茶、油茶、老鹰茶等产业 1.3 万亩，建标准化生猪养殖场 300 余栋。实施易地搬迁扶贫，在钟塘村、小水坪村、桂花村等地建集中安置点，2016 年完成搬迁 143 户 428 人，2017—2018 年搬迁 442 户 1328 人。开展教育扶贫，落实雨露计划和贫困学生生活困难补助等政策。2015—2018 年共有 2439 人享受雨露计划，落实资金 505 万元。实施生态扶贫。2016—2018 年全镇生态公益林补偿 473 万元，其中贫困户兑现资金 246 万元；贫困群众转为护林员 111 人，发放管护工资 88 万元。落实兜底扶贫。坚持按标施保、应保尽保，全面落实各种保障救助政策。2018 年全镇落实低保 1462 户 2826 人，发放低保金 809.7 万元。

人民生活

人均收入 中共十一届三中全会后，农村实行家庭联产承包责任制，恢复自留地、自留山和农贸市场，极大调动了农民群众生产的积极性。农业生产连年丰收，粮食大幅度增产。2000 年以来，中央颁布一系列惠农强农政策，免除农业税，下拨耕地地力补贴、退耕还林补助等，农民人均纯收入逐年上升。1990 年前，全镇人均纯收入不足 500 元。进入 21 世纪，人均纯收入大幅度上升。2005 年农民人均纯收入为 1667 元，2012 年人均纯收入增至 3913 元。2018 年农民可支配收入达 9475 元，是 20 世纪 90 年代前的十倍多。

居住条件 据咸丰县统计局资料，1986 年，尖山区农村居民人均住房 30.5 平方米，户平房屋 4.36 间，全部为砖木结构。2005 年，尖山区农村居民人均住房面积 30.44 平方米。按楼层分，其中楼房 11.33 平方米，砖瓦一层房 19.11 平方米；按建筑材料分，其中钢筋混凝土结构 1.06 平方米，砖木结构 29.38 平方米。2018 年，唐崖农村居民人均住房面积 35 平方米，其中楼房 30.25 平方米，砖瓦一层房 24.64 平方米；钢筋混凝土结构 3.06 平方米，砖木结构 34.25 平方米。

消费水平 随着收入日益增加，农村居民消费水平逐年提高。据统计，1986 年，镇内农村居民人均消费支出 264 元，其中：食品支出 162 元，衣着、用品支出 62 元，文化服务等非商品支出 11 元。2005 年，镇内农村居民人均消费支出 1372 元，占全年人均总支出 2338 元的 58.7%。其中：食品支出 741 元，衣着、用品支出 156 元，文化服务等支出 124 元。2018 年，镇内农村居民人均消费支出 7798 元，其中：食品支出 3102 元，

土家姑娘出山来　　文林　摄

唐崖镇农村福利院　　秦兴武　摄

衣着、用品、通信支出1697元。

20世纪80年代，城乡家庭耐用品主要是自行车、缝纫机、收音机、手表、黑白电视机、大型家具等。90年代后，摩托车、洗衣机、彩色电视机等开始进入农村家庭。2005年，农村住户每百户拥有摩托车12辆，洗衣机44台，电风扇44台，电视机103台，大型家具99件，固定电话28部，移动电话51部。全镇有私家小车和各类车辆241辆。2018年年末，镇内居民拥有摩托车3200余辆、小轿车2000辆，手机用户24510户。

社会保障　2000年以来，推进养老保险、工伤保险、农村合作医疗等社会保障体系改革，实施最低生活保障制度，农村社会弱势群体得到及时救助。2012年新增城乡居民社会养老保险3240人，工伤保险扩面245人、生育保险扩面42人、失业保险扩面31人。年末农村低保累计保障1745户3444人；城镇低保累计保障55户69人，全年发放城乡低保资金251万余元。开展各类灾害救助3697人次，发放救助资金15万余元；救助生产生活困难群众469户，发放救助资金19万多元。2018年，全镇农村社会保险参保人数达23999人，全年共发放城乡低保资金809.7万元，开展各类灾害救助1046人次，发放救助资金47.8万元。

2004年投资45万元改造原土地垭小学，建成尖山乡中心福利院，集中供养“五保”老人125人。2012年共有“五保”对象178人，集中供养142人，农村散居孤儿18人；年发放“五保”供养金45.04万元、孤儿生活费12.96万元。2018年共有“五保”对象238人，集中供养47人，农村散居孤儿14人；全年发放“五保”供养金188.1万元、孤儿生活费27.6万元。

生态农业

唐崖是咸丰县农业大镇，20世纪80年代以来，坚持“短抓烟、中抓茶、长抓果药杂，当年增收抓猪娃”的发展思路，因地制宜优化产业结构，生猪、烟叶、茶叶、林果渐成优势，产业效益得以提高，较好地将生态优势转化为产业优势、经济优势，加快了农民脱贫致富步伐。

生猪养殖

养殖概况 “穷莫丢猪、富莫丢书”，“逢贵莫赶、逢贱莫懒”，唐崖农民向来把养猪作为致富之道，少则一二头，多则十几头，养猪专业户饲养几十头上百头，在收入中占很大比例。

20 世纪 90 年代，尖山被定为恩施州 10 个农业专业化经济小区（仔猪）进行建设。1993 年县区畜牧、工商部门投资 50 万元，建成尖山仔猪交易中心。至 1998 年，建成养猪专业村 20 个、专业组 131 个、专业户 2500 余户，养殖大户 128 户，户均饲养母猪 3.5 头，年外销仔猪 20 万头以上，营销金额 1800 万元。1998 年 12 月，在湖北省农业厅全年工作总结会上，尖山乡被授予“湖北仔猪第一乡”称号。

2003 年 11 月，由四川客商投资修建的尖山乡仔猪交易市场一期工程竣工。市场面积由原来的 1000 平方米扩大到 4000 平方米，成为当时武陵山区面积最大的生猪批发市场。2006 年 12 月，农业部颁发《关于批准第十二批农业部定点市场的通知》，批准咸丰县仔猪批发市场为“农业部定点市场”，也是恩施州首个农业部定点市场。

2012 年后实施“161”生猪标准化养殖模式，即每户修建 100 平方米的标准化猪舍，养殖 6 头母猪，年出栏生猪 100 头。组织部分养殖户到重庆长寿参观学习栏圈改造、规模化养殖、粪污处理等技术及企业管理模式，引导养殖户实行科学养殖，生态养殖。2018 年，唐崖镇出栏生猪 15.8 万头，年末存栏 10.6 万头。年外销仔猪 10 余万头，农民年增加收入 3000 万元以上。

优良品种 湖川山地猪，是宝贵的猪种资源，在鄂西被称为“恩施黑猪”，属西南型肉脂兼用品种。唐崖镇是恩施黑猪的中心产区，有“八卦狮子头”“大眉猪”“二眉猪”等猪种。分大、中、小三个类型，体貌基本一致，被毛黑色，体型匀称，其中以中型为多。具有抗寒、耐粗饲、性情温顺、肉质好、生长快、母猪母性强、繁殖率高等特点。

大型成年母猪，平均体高 69.6 厘米，体长 139.7 厘米，体重 128 千克。初产产仔数平均为 8.69 头，经产产仔数平均为 11.88 头，每胎产仔最高 22 头。一般利用年限 5 年左右，个别 17 年。2009 年，恩施黑猪作为“湖川山地猪”的一个类群，列入湖北省畜禽遗传资源保护名录。2012 年，咸丰县畜牧局将唐崖镇定为恩施黑猪保种项目基地，进行系统选育和提纯复壮。唐崖镇政府出台对养殖户实行建设一栋“161”模式养殖圈补贴 2000 元，养殖一头恩施黑母猪补贴 300 元的扶持政策。到 2018 年，全镇通过“以奖代补”“先建后补”等政策，建“161”标准化生猪养殖模式圈舍 145 栋、“161”模式生猪标准化养殖示范户 50 户。

1961—2018 年部分年份唐崖镇生猪饲养情况一览表

表 3　　单位：头

年份	全年饲养	年内肥猪出栏	年末生猪存栏				
			合计	能繁母猪	仔猪	架子猪	当年出售仔猪
1961	10802	1341	9356	3148	4366	1842	—
1971	30934	8650	22284	5262	8936	8086	—
1985	47171	12360	34811	4833	6444	23534	—
1990	62092	15415	46951	7505	13341	26105	15145
1995	202332	26112	52853	12134	16684	24035	134334
2000	253250	48135	60312	14348	21567	24397	17873
2005	400113	85905	67995	17756	25831	24408	246213
2010	—	156800	80854	18767	20865	41222	124705
2014	—	178965	98798	17248	24516	57034	79755
2015	—	182655	102165	19245	25356	57564	106020
2016	—	193141	103767	19954	20356	63457	106169
2017	—	191559	100824	18809	21751	60264	90576
2018	—	157998	105645	18757	38809	48079	94709

说明：此表由唐崖镇政府提供

专业村选介

20 世纪 90 年代以来，先后建成杨家营、大石沟、彭家沟、大椿树、谢家坝、三角

生猪养殖场（左）、恩施黑猪——八卦狮子头（右） 秦兴武 摄

庄、燕子嵌等养猪专业村。专业村中的养殖大户，年内出栏、年末存栏生猪少则十余头，多则数十头乃至数百头。

杨家营村 唐崖镇传统养殖大村。据统计，该村1992年出栏肥猪728头，年末母猪存栏481头，当年销售仔猪超7000头。全村畜牧收入从1990年的39.6万元，增加到1992年的61.3万元，占农业总收入的40.8%。1995年后，生猪养殖快速发展，成为村民脱贫致富的主导产业。至2005年，全村农户共投资100余万元，新建猪圈15栋3000平方米，全村共有养殖大户25户，年出栏架子猪1500头，销售仔猪1100头，户均增收2万余元。2018年，全村有饲养生猪20头以上的大户15户，全年出售肥猪、仔猪2500余头，销售收入1500万元。年末生猪存栏1549头，其中：母猪279头，仔猪451头，架子猪819头。

彭家沟村 唐崖镇传统养殖大村。1998年户均养母猪2.7头，户均出栏生猪54头，其中出栏仔猪37头。

2016年，该村被确定为农业部畜牧业司“联学共建”帮扶村。总畜牧师王智才、首席兽医师张仲秋先后到该村调研；中国工程院院士、华中农业大学教授陈焕春，国家生猪产业技术体系首席专家、中山大学教授陈瑶生等多名生猪研究专家到村指导，解决黑猪产业发展中的技术难题。施行以“土法养土猪”为标志的黑猪生态养殖模式，全村建成标准化养殖场75家，存栏能繁育的恩施黑母猪758头。2017年3月，成立唐崖恩施黑猪养殖专业合作社，全村当年出栏肥猪约4000头，年末生猪存栏5000余头，户均增收1万元左右。

晒烟 秦兴武 摄

烟叶种植

晒烟 又称叶子烟。《咸丰县志》(1914年版)记载:“烟草处处产之,惟少输出者。”每亩地通常栽植800～1000株,成熟采收后用稻草绳穿,捂两三天,再搭高架晾晒,早上推出去,晚上收进来,直至完全晾干后出售或自用。主要品种有铁板香、柳叶尖、铧口尖、兰花烟等。主要是自给自足,少量在市场销售。新中国成立后,县供销社负责收购、销售。镇内南河村桃子坪所产晒烟最负盛名,俗称“牛肉红”,香味纯正劲头足。当地民谣形象描述了种植晒烟的习俗:“正二月把籽籽面,三四月把烟秧栽;五六月把巅短,七八月间就割秧。顶上割的牛鼻卷,中间割的连二皮;烟叶穿在索索上,晾在房前屋檐边。”

1984年,烟叶种植面积3709亩,其中晒烟1104亩。烟叶总产量469.3吨,其中晒烟48吨。南河等村农户,种晒烟200～300株,最多种4亩,除自吸外,在清坪、尖山、茅坝等集镇出售，每千克 7 元上下。2000 年，种植 1200 亩左右，产量 49.5 吨。到 2018 年，零星种植约 1000 亩，除自吸外，其余常年在集市销售。

白肋烟 白肋烟长势较强，生长期较短，每亩地通常栽植 1500 ~ 2000 株，唐崖有得天独厚的种植条件。1969 年开始种植，品种有大白筋、中烟 15、B21、建白 80 号等。烟叶颜色深黄带红，光泽鲜明，叶片较大略薄，组织较疏松，杂味少，劲头大，各种化学成分含量适中。曾在尖山红坪大队（今鸡鸣坝村）进行试种，长势良好。河南省农林科学院烟草研究所技术员到村考察和测试，化验结果电传咸丰："此烟在某些成分上赶上了世界水平，希继续努力。"此后逐年扩大面积，1982 年白肋烟种植达 1500 亩。1983 年起，重点发展烤烟，白肋烟生产逐年减少。1990 年种植白肋烟 3154 亩，亩产 113 千克，总产约 356 吨。1992 年后基本为零星种植。

烤烟 1964 年引进，1980 年后快速发展。1984 年，种植烤烟 2605.5 亩，烟叶产量 421.3 吨，亩产 161 千克。大水坪村余明柱 1984 年种植烤烟 4 亩，交售烟叶 837 千克，上中等烟占 96.21%，每亩收入 452 元，被誉为鄂西烤烟生产冠军。

1985 年种植烟叶 7800 亩，亩产 98.7 千克，均价 7.65 元 / 千克。当年 5 月，美国德利宝公司史提华、湖北省进出口公司主任赵凤岐一行到尖山区三角庄考察，认定唐崖烟叶质量上乘，优于省内其他产区。

1995 年，执行国务院"市场引导，计划种植，主攻质量，调整布局"的指导方针，由分散种植向专业村、组转移，由不适宜区向适宜区及种烟能手、种植大户转移。2003 年，唐崖镇被国家烟草总局确定为替代进口烟叶生产基地乡之一。武汉卷烟厂、上海卷烟厂相继在唐崖兴办优质烟生产基地。在三角庄、大水坪村建 1000 亩以上烤烟示范园 2 个，500 亩以上连片区域 4 个，年播种面积、产量、收购数量、上中等烟叶比例和均价位居咸丰县前列。同年 7 月 17 日，湖北省烟草公司在大水坪村召开烤烟烘烤培训会，全省 20 个县市的 100 余名烤烟生产管理人员、技术骨干等参训。

2004 年，咸丰县获全省烟叶生产目标考核一等奖。2006 年 7 月，在邓家坪村召开全省烟叶生产现场会。推进烟水配套工程建设，邓家坪投入资金 170 万元，建水池 66 口、7453 平方米，管网 3 条、2.3 万米，覆盖面积 1500 亩。2008 年 12 月 10 日，《光明日报》《中国时报》《中国经营报》《第一财经时报》《东方烟草报》及中央电视台经济频道、中国烟草杂志社等媒体到尖山采访烟叶生产基础设施建设情况。

2015 年，唐崖镇流转土地、优化区域种烟 3000 亩；在铜厂坡村、三角庄村建集群烤房，有效提升烟叶烘烤质量。2018 年，全镇有烟农 95 户，建 500 亩以上的连片区域 3 个，年播种面积 3600 余亩，交售产烟叶 380 吨，烟农收入 1100 余万元，完成烟叶税收 258 万元。

1984—2018 年部分年份唐崖镇烤烟生产情况统计表

表 4

年份	播种面积（亩）	亩均产量（千克）	总产量（吨）	年份	播种面积（亩）	亩均产量（千克）	总产量（吨）
1984	2605.5	161	421.3	2010	6160	91	560
1986	7746	73	562.6	2011	5130	88	450
1990	6361	116	739.3	2012	5415	107	580
1993	16074	63	1010.5	2013	4000	112	450
1995	8663	84	725.13	2014	3000	102	308
1998	7103	83	592.8	2015	3900	92	360
2000	7506	119	895	2016	3900	99	388
2005	7528	123	926	2017	4048	99	403
2009	7263	133	965	2018	3600	105	380

说明：此表数据由唐崖镇政府提供

原尖山区鸡鸣坝村烟叶基地　　咸丰县档案馆　提供

茶叶生产

绿茶 境内种茶历史悠久，最适宜茶叶生产面积大约 2 万亩左右。1988 年，尖山区在唐崖司、钟塘、南河、小水坪等村发展密植茶约 400 亩，之后依托区供销社进行加工、销售。1992 年茶叶面积 4212 亩，产量 58.44 吨，商品率 88.98%。

1999 年后进行品种改良，在杨家营、谢家坝、双河口、唐崖司、大椿树村发展无性系良种绿茶 550 亩，主推福鼎大白、福云 6 号、楮叶齐等品种。2007 年以来，推广无公害、绿色、有机茶栽培技术，加大现代生态茶园管理，为高产优质茶叶提供原料保证。

2011 年起，全县建活龙、尖山、小村至黄金洞 200 千米无性系茶叶带，唐崖镇开始大面积种植茶叶。2018 年，全镇茶园达 25652 亩，其中可采摘面积 18810 亩，年加工干茶 1500 吨，茶叶产值 1.56 亿元，农民增收 5250 万元。引进并培育安茶集团、崖谷香、圣浩茶叶等市场主体，借助县委、县政府打造唐崖公共品牌之机，创建“唐崖雨”“唐崖雪”“唐崖韵”“唐崖土司”“土司夫人”等茶叶品牌。2015 年 1 月，崖谷香生态农业公司所产“唐崖雨”茶，在第二届硒博会上被评为中国特色硒产品。

白叶茶 用绿茶加工工艺制成，属绿茶类，主产于钟塘村等地，咸丰著名特产。钟塘白茶（茶叶）是一种珍稀罕见的绿茶变异茶种，初春发出的嫩芽为白色，产“白茶”时间很短，通常仅一个月左右，长大后转为绿色，属“低温敏感型”茶叶。叶面形似凤羽，色泽翠绿间黄，光亮油润，香气清鲜持久，滋味鲜醇，汤色清澈明亮，叶底芽叶细嫩成朵，叶白脉翠。钟塘白茶富含人体所需 18 种氨基酸，氨基酸含量 5% ~ 10.6%，高于普通绿茶 3 ~ 4 倍，多酚类少于其他的绿茶，所以滋味特别鲜爽，没有苦涩味。

2008 年年初，原尖山供销社下岗职工袁家友创建富民农副产品专业合作社，注册资金 276 万元，吸收社员 107 人，以土地流转的方式在钟塘村、两河口村、卷洞门村创建有机白茶基地，共流转土地 832 亩，涉及 11 个村民小组 350 户。2011 年 8 月，向国家

钟塘村白茶基地（二） 秦兴武 摄

工商行政管理总局商标局申请“钟塘”牌组合商标，有效期10年。2012—2015年，重点沿青狮河两岸的龙潭坝村、卷洞门村、钟塘村、沙堡溪村、两河口村、蛇湾溪村、邀联溪村发展白茶6000余亩。2010年5月，尖山富民农副产品专业合作社生产的“钟塘白茶”，获上海国际茶业博览会银奖；2016年10月，“唐崖雪”牌白茶在第十三届中国武汉农业博览会上获“金奖产品”称号。

土家黏熬茶 元末明初以来，民间常以海拔600～1200米高山茶树鲜叶为原料，制成晒青绿毛茶，俗称“黏熬茶”。其品质上乘，堪称“形美、色绿、香幽、味爽”山珍。相传，为抵抗西南地区的瘴气，唐崖土司屡次出征，均使仆荷担携茶及泡饮器具，行军休整之时，茶、油茶汤成为将士必不可少之饮品。明末清初，蜀茶采制技术传入唐崖，将散装晒青毛茶经洒水、堆渥发酵后，再用饭甑和模具，蒸压而成方砖茶，提升了唐崖晒青毛茶的品质。其成茶有晒青毛茶和青砖两种花色。在制作上仍旧保持着独特的晒青工艺，初制品花色有晒青毛茶、褐茶两类。晒青毛茶一可直接上市供作饮品，二经洒水、堆渥所谓“后发酵”之后，再以一定比例与褐茶混合，蒸压成砖；褐茶则在初晒和足晒之间进行堆渥发酵，经存放后直接蒸压成砖，故称为“先发酵”。晒青毛茶和青砖，历来都是唐崖人世世代代赖以生存的重要生活用品，也是土司时期的军需品和进贡朝廷的“方物”。

古时唐崖人存茶，取土陶罐，置石灰或木炭于罐底，棉布或麻布包裹茶置于罐中，以绵纸或布封罐口，放置于干燥阴凉通风之处或干燥地窖内以及岩洞中，可置数年。越好的茶存放时间越长，口感也就越佳。

唐崖土司黏熬茶无论是晒青绿茶或是青砖，不但是民间一日不可或缺的饮料，而且还是人们普遍喜爱的食品。其饮，有煮饮和泡饮（其法同一般红茶、绿茶）；其食，则有童叟妇孺皆宜的油茶汤。

当地民间，煮饮似为“比屋之饮”。家家多在舍内择一间小室，中掘砌一地炉，薪柴燃火，举家围坐，取暖，聊家常，烤红薯、洋芋、嫩玉米棒、糯米糍粑和煮饮黏熬茶。凡煮饮黏熬茶，皆以陶土罐或铫为煮具，架上旺火空灼罐或铫身，待其发烫后放入茶叶，边摇边烤，直到满屋飘香。再将开水少许倒入罐或铫中“发窝子”,“窝子”发好后注满水，微火慢煨，煮出茶汁。之后，一人一碗，边聊边吃烤红薯之类的食品边饮茶。食品茶汤交混，既浓且香，啜黏熬茶一两碗，嚼食红薯之类食品一两个，体力倍增，整天劳动都不觉得疲劳。

黏熬茶也有特别的喝法：“头道水，二道茶”,“头杯渣，二杯茶”。茶一般要喝第二口，第二杯，喝时深吸气，刚入口时会尝到一点苦味，待要细品时，苦味已然散去，吞下之后，齿颊留香，余韵悠长。

老鹰茶 原本采自野生老鹰茶树。老鹰茶树又名毛豹皮樟，主要生长在包括唐崖镇在内的大巴山和武陵山区的高山峭崖上，尤以武陵山区为最多。老鹰茶树转为人工繁殖后，三年进入初产期，五年进入丰产期。而且管理粗放，耐瘠薄陡坡，适合山地发展。创建于 2008 年 9 月的奇泉茶业（咸丰）有限责任公司，以“公司 + 基地 + 农户”的模式发展的茶叶基地 3000 余亩，其中空山岭老鹰茶基地 600 余亩，已发展成为生产、加工、销售、科研于一体的大型茶叶加工重点龙头企业。该公司生产的“奇泉牌老鹰红”，2014 年获得国家发明专利，先后被评为湖北最受欢迎的十大茶叶品牌、“金奖农产品”、“恩施八宝”及特色硒产品。

老鹰茶古树

咸丰县档案馆 提供

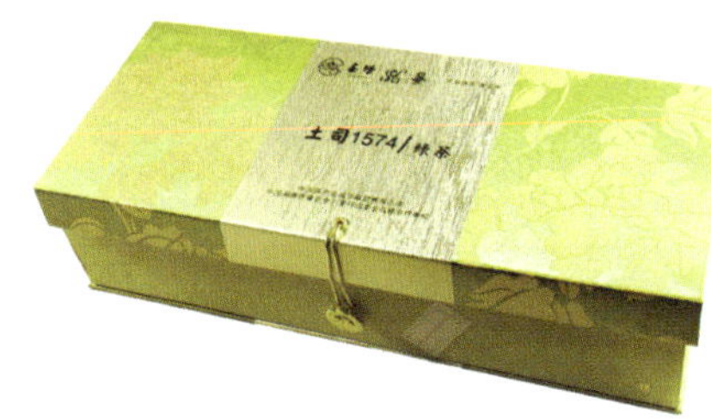

唐崖茶　　文林　摄

林果生产

1986 年后实施大规模造林，林业生产进入稳定发展阶段。至 2000 年，全镇累计植树造林和飞播造林约 30 万亩，封山育林 10 万亩，发展高效经济林 3000 余亩，提供商品材 50 余万立方米。2000 年起实施退耕还林，至 2017 年累计完成造林 19615 亩。其中：生态林 14678 亩，经济林 4937 亩。2018 年，全镇有林用地 351436 亩，未成林造林地 2415 亩，森林覆盖率 75%。在有林地中，国家和省级重点生态公益林面积 13 万亩。另有古树名木 36 株，其中：一级 6 株，二级 10 株，三级 20 株。

用材林木

主要以马尾松、杉木、柏木、楠木、柳杉、水杉、鹅掌楸、香椿、刺槐等为主。

马尾松 俗名枞树。海拔 1400 米以下均有分布，耐瘠薄，生长快，干形好，易飞籽成林，常与杉木、栎类等形成天然混交林。1965 年开始人工大量造林，栽种马尾松，至 90 年代初期形成规模。1997 年开发松脂资源，划定空山岭、邓家坪、燕子嵌等七大松脂采割开发区域（联片 100 亩以上的马尾松林地区），采割松脂 65 吨，为林农增收 18 万元。2018 年，全镇以马尾松为主的枞树林分布面积 21 万亩，占用材林面积的 60%。

杉木 境内各村均有分布，尤以大椿树村、钟塘村、两河口村、空山岭村、龙潭坝村、四方石村、卷洞门村为多。在海拔 1400 米以下，常与马尾松和阔叶树种自然混交成林。树干高大、纹理顺直、结构均匀、材质轻韧、强度适中、木材气味芳香、防虫防腐。是当地农户用以修房造屋的最佳材种之一。全镇有以杉木分布为主的杉木林 8 万亩，占用材林面积的 23% 左右。

空山岭森林人家　　秦兴武　摄

柏樰木　分布于大水坪、黄阳坪、三角庄、大椿树、钟塘、卷洞门、南河、杨家营等石灰岩地带。材质优良，纹理顺直，结构紧密，坚韧耐腐。四季常绿，农户喜植于房前屋后作风景树。60 年代中期，社队采种育苗，大力营造柏樰木林。2018 年全镇有成片柏樰林 600 亩。

楠木　分布于海拔 1200 米以下的温暖山谷，有香楠、花楠、鸡屎楠等品种，分布于钟塘、两河口、四方石、大椿树、杨家营和燕朝等地。木材材质好，有香气，纹理直而细密，不翘不裂，是建筑、造船和制作家具的上等材质。因其不易被虫腐蚀，土家人多用于制作木箱，曾远销武汉、上海、北京、重庆、广州等城市。2018 年有楠木约 100 亩。

柳杉　1957 年和 1963 年咸丰先后引种试种，逐步推广，主要以农户分散栽植为主，其中燕子嵌村最多。柳杉属浅根性，生长迅速，枝叶茂盛，主干嫩脆，抗雪压力不强，在海拔 1000 米以下地区栽植长势最好。2018 年全镇有柳杉 300 亩。

檫木　俗名黄花梓。20 世纪 60 年代引种育苗，人工栽植。材质坚韧细密，有芳香，虫不蛀，富弹性，耐潮湿，有“千楸万梓”的美名。境内呈零星分布，常与其他树种混交分布。

椿树　境内均有分布，多为农户分散栽植。有树干通直，生长快，材质好，心材红褐色，有光泽，富弹性，纹理直，结构紧密，耐腐朽等特点。

竹　有毛竹（楠竹）、金竹、水竹、苦竹、丛竹、刺竹等十余种。分布较广是水竹、刺竹和丛竹。竹笋除丛竹一年两季外，其他竹类为一年一季。丛竹一季二笋，每年 5 月中下旬、8 月中下旬各生笋一次，亩产 500 千克左右。

经济林木

以油桐、油茶、漆树、乌桕、倍子、木姜子、核桃、板栗、厚朴、杜仲、黄柏、橘柚等为主。

油桐　境内各村均有分布，多以黄花油桐为主，20 世纪 60 年代农户自育栽植，品质好，结果多，无大小年之分，出油率达 32%。所产桐油浓度高，色泽金黄，沾之可牵拉成丝，素有“金丝桐油”之称。不少农户为了农作物采光，砍掉田边地头的油桐树。至 2018 年，全镇所存零星油桐面积 150 亩左右，桐籽产量 2 万千克，商品量 6.04 吨。

油茶　为境内传统产业之一，因其种子可榨油（茶油）供食用，故名。茶油营养丰富，胆固醇含量极低，耐贮藏，是优质食用油。清同治《咸丰县志》“物产”篇记载：

“茶油，色清味香，自咸丰三年始，年数十担贡奉朝廷。”唐崖镇气候温暖，多扁砂地，适宜油茶生长。二十世纪六七十年代，到处茶、桐成林，春季繁花似锦，夏秋硕果累累，蔚为壮观。横路村六组的一棵古油茶树高 13 米，冠幅 9.5 米，胸围 1.98 米，树龄超过 500 年，是湖北境内最古老的野生“油茶树王”。2013 年以来，以专业合作社和专业公司为龙头，带动农户恢复发展油茶万余亩。发夏食品公司以唐崖“油茶树王”为商标，所产“百年木”山茶油获 2014 年首届“中国·武汉绿色产品交易会”金奖。

漆树　主要分布在钟塘、两河口、龙潭坝、大椿树、燕子嵌、小水坪等村，其他村有零星栽植。新中国成立初期咸丰生漆与利川毛坝漆齐名，共享“坝漆”声誉。20 世纪 70 年代，燕朝公社高山红大队（现乱石窑村）回乡知青周卯珍，破旧俗上山割漆，成为咸丰县第一个女漆匠，曾被县土产公司雇请为割漆技术员，在全县巡回辅导割漆技术。1982 年，咸丰生漆产量创历史最高纪录，居全国第四位，湖北省第二位。1991 年，咸丰县被定为全国唯一生漆生产基地示范县，产品销往日本、越南、美国等几十个国家。2018 年，唐崖镇有漆树约 3000 亩。

木姜子　学名“山胡椒”，境内林地分布广泛。花、叶和果实均含芳香油，为配制香精的主要原料。镇内居民习用其果和辣椒、食盐、大蒜等拌匀，以作菜蔬，味辛辣，可帮助消化，增进食欲。

板栗、锥栗　境内多为野生，农户房屋四周有零星分布，果材兼用。20 世纪 90 年代，县委、县政府提倡发展高效经济林，全镇发展板栗 2350 亩左右。品种以罗田板栗为主。锥栗多为天然丛林，主要分布于高山和二高山地区的杂灌林中，果食多为野生。2018 年，板栗产量约 8800 千克，商品量 8500 千克。

厚朴　境内各村均有零星分布，主要是 20 世纪 60 年代至 70 年代人工栽植，主要分布在空山岭、小水坪等村。2018 年，留存面积 3500 亩左右，约 2 万株。

杜仲　重要木本药材。大多为野生，零星分布。20 世纪 80 年代至 90 年代大面积人工栽植，主要分布在钟塘、两河口、空山岭等村。2018 年，留存面积 3300 亩，21 万株左右。

橘柚　新中国成立前有少量零星分布，主要是川橘、橙子，产量极低，农户自产自食。20 世纪 80 年代至 90 年代，唐崖司、南河、双河、彭家沟一带农户开始大面积造园种植橘柚，主要品种有蜜橘、碰柑、沙田柚、梁平柚、玉黄柚等。橘柚果形大、果汁丰富，甜酸适度，营养价值高。2017 年，彭家沟村新发展白柚 600 亩，年末全镇橘柚留存面积 4360 亩，橘柚产量 1400 余吨。

药材生产　家庭种植药材主要以黄连、白术、当归、天麻等为主，其中黄连、白术产量最大。黄连主要生长在高山和二高山，新中国成立前基本是野生，1955 年后通过县里引进品种逐步发展，1970 年后大面积发展，全镇基本达到公社、大队、小队都办有黄连场。种植黄连最多的时期是 1976—1980 年。主要分布在钟塘、两河口、沙包溪、龙潭坝等村。1979 年，尖山公社黄连种植达 2500 亩左右，起挖黄连 600 亩，产黄连 7.9 吨，年末留存黄连 1900 亩。1980 年黄连价格上涨，加之盗窃严重，各社队竞相起挖，竭泽而渔，当年起挖黄连 1500 亩，总产 18.75 吨，亩产 12.5 千克。以后逐年减少，社队所办黄连场全部分给农户管理承包，社办场撤销。1990 年黄连基本全部起挖，当年起挖 4350 千克，后只有少数农户零星种植。

蜜蜂养殖　唐崖村民素有饲养山蜂的习惯。山蜂即中蜂，当地品种，行动灵活、嗅觉灵敏、抗寒抗病能力强、耐粗放管理。以圆桶悬置于外墙高处或屋檐下，任蜂自由筑巢酿蜜，生育繁衍，入冬前毁巢取蜜。其蜜呈琥珀色；气味芬芳、微苦，清甜爽口，一般秋季割取，有较高的食用及药用价值，特别是以五倍子、党参、悬钩子、川断、香薷、野菊等药用植物为蜜源生产出的药蜜更是珍贵。2018 年，横路、钟塘等村一般户饲养 3 ～ 5 桶，10 桶以上大户 40 余户。横路村二组的马学丰年均养蜂 30 桶左右，收入超 2 万元。

唐崖土蜂蜜（左）、蜂桶（右）　　张选君　摄

“唐崖”农产品公共品牌

2015 年以来，咸丰县依托全国“有机农业（茶叶）示范基地县”“休闲农业与乡村旅游示范县”“绿色食品原料标准化生产基地县”“全国重点产茶县”“全国生猪调出大县”等国家品牌资源，放大“唐崖土司”世界文化遗产效应，打造“唐崖”农产品区域公共品牌，提高县域农产品整体质量，增加农产品竞争力。

“唐崖”农产品公共品牌标识

2016 年上半年，完成“唐崖”公共品牌商标受让，以茶叶为先导统一全县茶叶包装标识，促成公共品牌和企业标识结合。在 9 月举办的恩施州第三届硒博会上，“唐崖”商标标志被公布为县域特色产业的公共品牌，并向国家工商总局申请注册“唐崖”商标和商标 LOGO，确定“唐崖茶，六百年；唐崖茶，含硒多一点！”广告语。“唐崖”公共品牌采用唐崖土司遗址最具代表性的明代牌坊、石马、玄武山、唐崖河等元素组合而成，共有 4 个注册标识和 LOGO。其中：唐崖标志图形商标包含茶、果蔬、豆制品、茶馆、药酒、桐油、漆等产品共 10 个大类别；唐崖文字及图形组合商标包含药茶、药草、肉、豆制品、水果、食物熏制等产品共 4 个大类别；唐崖山水、唐崖茶语两个文字商标包含茶、茶饮料、蜂蜜、糕点、谷类制品、方便粉丝、食用品香料、调味品、食用淀粉、以米为主的零食小吃产品。

2017 年 4 月 16 日，在河南省郑州市召开的全国农业品牌推进会上，咸丰县举行“唐崖”农产品公共品牌发布会，推介“唐崖茶”等新品类。同年，《唐崖土司五道茶》专题片在中央电视台七频道播出，专题片《武陵山中唐崖茶》《唐崖骊歌行天下》相继在郑州品牌推介会、杭州茶叶博览会播出，第四届世界硒都硒产品博览会暨国际茶叶大会设立“唐崖茶”展馆，“馨蕊源”牌绿茶获中国名优硒产品称号；“奇泉”牌老鹰红茶获第18届中国绿色食品博览会金奖；“瀑泉”绿茶获第11届中国国际有机食品博览会优秀产品奖；圣浩白茶、硒源山毛尖、馨源乌龙茶等3产品在第14届中国武汉农业博览会上获金奖；“这一泡”白茶获第12届“中茶杯”全国名优茶评比一等奖。

至2018年，全县建成32个茶叶、蔬菜、瓜果等有机、绿色、无公害基地，种植面积23万亩，形成“唐崖”农业公共品牌。通过“三品一标”（无公害农产品、绿色食品、有机农产品和农产品地理标志）农产品认证76个，馨源牌乌龙茶、二仙雪乌龙茶、活龙精米等10个产品通过国家有机食品认证，鸡腿白术、红衣米花生2个产品获批国家地理标志保护产品。茶叶作为全县农业第一大产业，2018年已建成茶园23.44万亩，可采摘面积16.5万亩；培育省级茶叶龙头企业3家、州级茶叶龙头企业19家，建成15家现代化茶叶生产加工示范企业。全年加工干茶量9951吨，其中绿茶4811吨、红茶3022吨、乌龙茶654吨、黑茶1464吨。

2019年9月，农业农村部通过《农产品地理标志质量控制技术规范唐崖茶》评审。地理标志地域保护范围为咸丰县唐崖镇、高乐山镇、清坪镇、活龙坪乡、小村乡、黄金洞乡、曲江镇、坪坝营镇、朝阳寺镇，全域面积100平方千米。地理坐标为北纬29° 19′ 28″ ~ 30° 2′ 54″，东经108° 43′ 33.09″ ~ 109° 0′ 9.89″。使用“唐崖茶”农产品地理标志，须经标志所有权人（咸丰县茶叶协会）授权，符合《农产品地理标志使用规范》，印刷“唐崖茶”农产品地理标志。“唐崖”公共品牌商标授权县内22家企业使用，产品包括茶叶、花生、大米、响壳李等特色富硒农产品。

唐崖白茶　　　　咸丰县档案馆　提供

荆南雄镇

唐崖土司城遗址位于唐崖河畔，距唐崖集镇 2 千米，距咸丰县城 28 千米，是 14—18 世纪唐崖覃氏土司的政治、经济、军事和文化中心。明天启年间（1621—1627），唐崖土司覃鼎奉调平叛，战功卓著，明熹宗敕建“荆南雄镇 楚蜀屏翰”牌坊。土司城占地 74 万平方米，鼎盛时期建有三街十八巷三十六院，街道墙垣仍清晰可辨，石牌坊、石人石马等大型石雕保存完好。2006 年，唐崖土司城遗址被国务院公布为第六批全国重点文物保护单位。2015 年 7 月，在德国波恩召开的第 39 届世界遗产委员会会议上，该遗址被列入《世界遗产名录》。

唐崖土司

土司制度是元明清时期，中央王朝治理西南等少数民族地区的一项重要政治制度。该制度秉承古代中国“齐政修教、因俗而治”的理念，有效地维持了中央政府与西南边疆少数民族间的和睦共处，推进了彼此的共同发展。历史上，湖北先后设 39 个土司，主要分布在少数民族聚居的鄂西南地区。唐崖土司在鄂西十八土司中占有重要地位，多次被朝廷征调，屡立战功，有“明季唐崖最倔强”之誉。

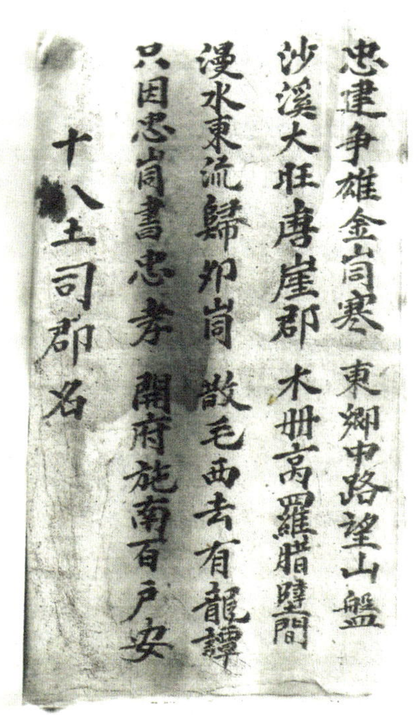
忠建争雄金峒寒　東鄉中路望山盤
沙溪大旺唐崖郡　木册高羅腊壁間
漫水東流歸卯峒　散毛西去有龍潭
只因忠峒書忠孝　開府施南百户安
十八土司郡名

唐崖《覃氏族谱》（1917 年编）关于鄂西土司的记载
咸丰县档案馆　提供

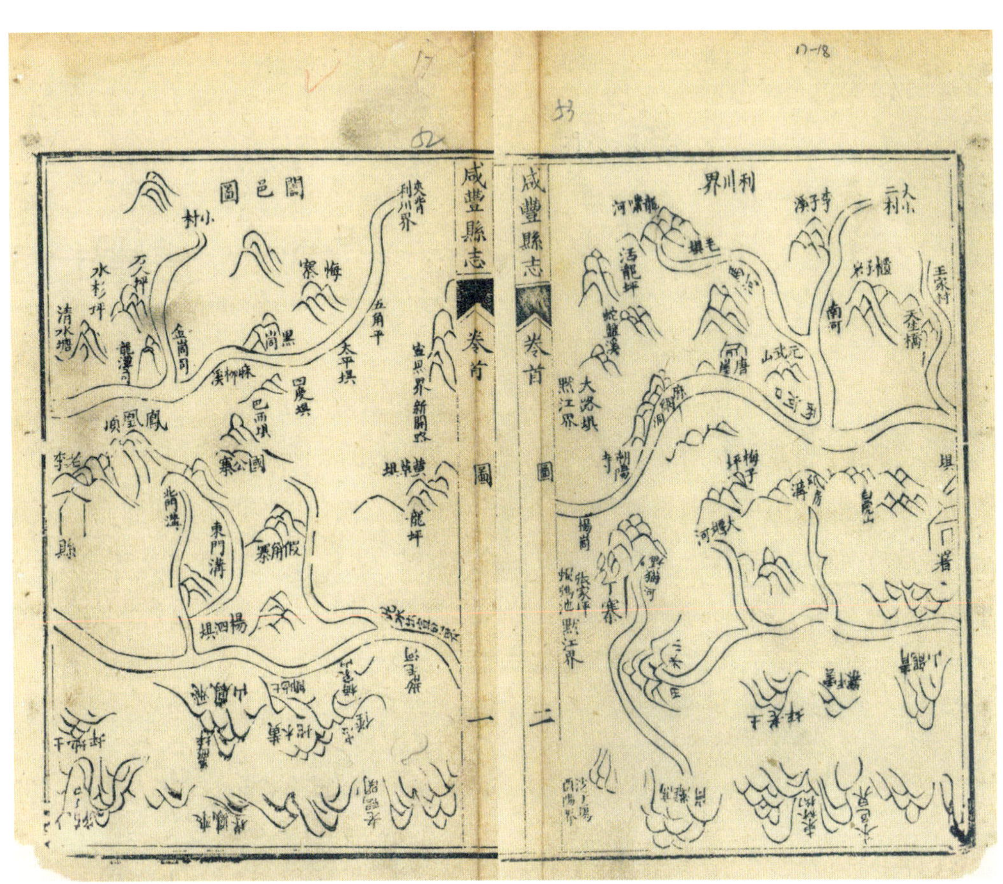

清同治四年（1865）《咸丰县志》中咸丰县地图　　咸丰县档案馆　提供

世系繁衍　唐崖土司亦称唐岩土司，覃氏世袭，始封于元末，成熟于明，废止于清雍正十三年（1735）“改土归流”，历时近400年。从首任覃启处送始，至末任未承袭的覃光烈止，唐崖覃氏土司沿袭17代18任，历长官司、安抚司、宣抚司等多个等级，以长官司为主。①

覃启处送，实名覃化毛，元至正六年（1346）领职唐崖军民千户所，深得当地土民信

① 土司职官体系。土司分为武职和文职，武职土司隶属于中央兵部，受一级行政区划中都指挥使司的管辖；文职土司隶属于中央吏部，受一级行政区划中布政使司的管辖。武职设有宣慰使、宣抚使、安抚使、招讨使、长官司长官、蛮夷长官司长官；文职设有土知府、土知州、土知县。武职中，宣慰使为从三品，宣抚使为从四品，安抚使为从五品，招讨使为从五品，长官司长官和蛮夷长官司长官为正六品。文职中，土知府为正四品，土知州为从五品，土知县为正七品。武职中，鹤峰容美土司是鄂西南最高级别的宣慰司，辖区7000平方千米；唐崖覃氏土司长期为长官司，属级别较低的土司。

任，尊其为“启处送”（土语），意为“上天赐予的仁主”。元至正十五年（1355），受封唐崖长官司首任长官。明洪武七年（1374）其子覃值什用，继任唐崖长官司。明永乐四年（1406），传至覃忠孝，奉召当地百姓1522名，令领西坪、菖蒲左右二副司。明宣德二年（1427），覃斌袭父职。覃斌卒，彦实袭父职，在位51年，是唐崖任职时间最长的土司。覃彦实以桀骜闻，闻官至其地，辄避不出，俨然“独立王国”。明嘉靖八年（1529），覃万金袭父职，在任期间，屡侵邻近诸县。万金故，子柱袭父职。传子文瑞，在任26年。文瑞传子覃鼎，为唐崖功勋最卓著的土司，因征西蜀升都司佥事兼宣抚司宣抚使。覃鼎妻田氏，龙潭安抚司之女，相夫教子，颇有见识，曾总理司务，扩建土司城。

明天启七年（1627），覃鼎卒。子宗尧袭父职，任职不足1年，因病身故。族弟宗禹承兄职，明崇祯三年（1630）继职，在任50年。清康熙三年（1664），宗禹归顺清廷；清康熙十三年（1674），归顺吴三桂吴周政权，任长官司长官，康熙十八年（1679）病故。

覃宗禹传子覃铉，康熙十九年（1680）归顺于清，任职长官司长官24年。据清光绪《黔江县志》记载：“康熙四十二年，癸未，唐崖土兵寇掠县境，至石塔铺，虏男女六十余人。守备王恪飞檄以报，游击赵锦其详提督岳公升龙移咨川楚督抚，疏劾提问忠路司覃世蕃、唐崖司覃铉，并死于狱。”

覃铉传子溥泽，溥泽传子覃梓椿，任职“忠勇将军唐岩宣抚使”11年。其女被旌表为“烈女”，清同治《咸丰县志》载“蒋进明覃氏，故土官覃梓椿之女，年十九，夫亡。抚子守节，事姑以孝闻，勤苦持家，动遵礼法，戚里称之。乾隆四年，请旌”。

清雍正十三年（1735）“改土归流”，覃梓椿长子覃光烈及其宗亲迁至汉阳，世袭把总。

此外，唐崖土司还辖菖蒲蛮夷长官司（司署位于今活龙坪乡板桥河村）、西坪蛮夷长官司（司署位于今活龙坪集镇）两个副司。

表5

土司时期唐崖覃氏世系表

世系	姓名	时代	任土司时间	任职年限	职衔	亡故原因及时间
一世	覃启处送	元	至正十五年（1355）	不详	长官司长官	阵亡
二世	覃值什用	明	洪武七年（1374）	不详	长官司长官	病故
三世	覃耳毛	明	不详	不详	不详	洪武十三年（1380）在任病故
四世	覃忠孝	明	永乐四年（1406）	22年	长官司长官	宣德二年（1427）在任身故

续表 5

世系	姓名	时代	任土司时间	任职年限	职衔	亡故原因及时间
五世	覃　斌	明	宣德二年（1427）	不详	长官司长官	景泰三年（1452）阵亡
六世	覃彦实	明	天顺元年（1457）	51 年	长官司长官	正德二年（1507）在任染病告终
七世	覃文铭	明	未就任			血战重伤，回营身故
八世	覃　富	明	未就任			在营岚瘴身故
九世	覃万金	明	嘉靖八年（1529）	不详	长官司长官	至老身故
十世	覃　柱	明	不详	不详	长官司长官	回司身病亡故
十一世	覃文瑞	明	万历十六年（1588）	26 年	长官司长官	万历四十一年（1613）告老回司病故
十二世	覃　鼎	明	不详	不详	宣抚司宣抚使、武略将军	天启七年（1627）病故
	田彩凤		天启七年（1627）	4 年	武略将军	崇祯三年（1630）身故
十三世	覃宗尧	明	崇祯三年（1630）	1 年	不详	崇祯三年（1630）病故
	覃宗禹		崇祯三年（1630）	50 年	长官司长官	康熙十八年（1679）病故
十四世	覃　铉	清	康熙十九年（1680）	24 年	长官司长官	康熙四十二年（1703）病死于狱
十五世	覃溥泽	清	康熙四十九年（1710）	12 年	长官司长官	康熙六十年（1721）身故
十六世	覃梓椿	清	雍正元年（1723）	11 年	宣抚司宣抚使、忠勇将军	雍正十一年（1733）身故
十七世	覃光烈	清	未就任		把总	乾隆三十七年（1772）身故

说明：此表由唐崖土司城遗址管理处提供

治理区域　利川《覃氏族谱》载："唐崖东至大田一百里，西至石柱二百里，南至黔江二十里，北至龙潭三十里。"唐崖《覃氏族谱》称："唐崖东至大田所麻地坝，南至四川黔江县凉风丫，西至本司龙嘴河，北至施南司青苔坡。"[①] 其治理区域在其势力消长过

① 大田所，即大田军民千户守御所，治所位于今咸丰县城。明王朝为牵制当地土司势力，于洪武二十三年（1390）设立。麻地坝位于今咸丰县高乐山镇梅坪；凉风丫在今重庆市黔江区舟白镇境内；龙嘴河位于活龙坪乡龙井村；施南司治所在今宣恩县珠山镇，领东乡、忠路、忠孝、金峒、忠峒五安抚司，青苔坡位于今咸丰、利川交界地带。

程中时有变化。鼎盛时期的唐崖土司，领地边界大致为：东至今咸丰县高乐山镇梅坪、唐崖镇彭家沟，直至曲江镇一线；西南至今重庆市黔江区县坝、舟白一带；西北至今咸丰县活龙坪乡龙嘴河一带；东北至今咸丰县清坪镇、小村乡一带，以及重庆黔江区县坝、南海乡、舟白镇、忠塘乡大部分地区。疆域面积约 600 平方千米。

自治权责

《明史·官职志》载，土司主要职责是“各统其部落，以听征调、守卫、朝贡、保塞之命”。唐崖土司属武职，是军政合一的政体，在辖区享有养兵自卫、行政司法、决定土地和赋税制度等特权。

保境安民 唐崖土司担保境安民、军事征调等职责，通过“寓兵于农”等形式拥有一定规模的“土兵”武装，编制有“营”“旗”两种。

营是土司的正规部队编制。唐崖土司设左右二营，职责是“各保关寨”，把守边境重要关口。曾在杨家营山上设烽火台，遇外敌入侵，放狼烟报警。

旗是土司“寓兵于农”的一种军政合一组织，境内居民，均编入旗。旗设旗长，又称旗头。旗长，战时率旗内壮丁出征；闲时管辖旗内民户，负责收取租税、差发徭役等。旗内土民有事则调集为军，以备战斗；无事则散处于民，以习耕凿。

唐崖土司对土兵训练十分严格，常利用“赶仗”（打猎）之机进行军事训练。“一人博虎，二十人助之，以必毙为度，纵虎者必罚。猎他兽亦如之，得禽则倍赏当先者。”出征前举行仪式，“系牛于神前，以刀断牛首卜胜负。牛进则胜，退则败，而复进者失败而后胜，以此为验”。

进贡纳赋 土司定期向朝廷进贡纳赋。一般是每三年差人进贡一次，由布政司给文起送，限当年十二月终到京。明朝时期，唐崖土司分别于洪武七年（1374），宣德三年（1428）、七年（1432），正统三年（1438）、六年（1441），景泰四年（1453），天顺二年（1458）、三年（1459），成化三年（1467），弘治二年（1489）共十次向朝廷进贡，主要贡品有马和虎皮、麝香、茶叶、黄连、蜂蜜等“方物”。

土司按规定向朝廷纳赋。明代中后期，朝廷为示恩宠，免除西南地区长官司以下的赋税。唐崖土司“编户三里”，辖区人口约 330 户，计 1100 余人，加之辖区为山地，每三年象征性地向大田军民千户所缴纳一次粮饷。

对外征战 唐崖覃氏土司以武功著称，主动请缨或奉调出征讨伐对抗中央政府的反叛势力，屡立战功，有史可查的有 10 次。元末，覃启处送征剿蛮民。明洪武四年

（1371），覃值什用随调左将军廖永忠，奉旨平蜀。明正德三年（1508），覃文铭调征四川江津曹甫。正德九年（1514），覃富奉调征剿川寇麻六儿。明嘉靖二十五年（1546），覃万金调征麻阳苗民起义。明隆庆四年（1570），覃柱奉调征剿金峒土司覃璧叛乱。明万历二十八年（1600），唐崖奉调参与平定“播州之乱”，战后被赐三宣慰八宣抚司鼎铭。明天启年间（1621—1627），覃鼎奉调征渝城（今重庆），擒樊龙、樊虎；参与平定“奢安之乱”。天启七年（1627），覃宗尧奉调剿流寇，防守荆州。明崇祯三年（1630），覃宗禹奉调守夔州府紫阳城。

天启元年（1621），四川永宁宣抚使奢崇明叛乱，先后攻占渝城、遵义等地，建国号“大梁”。四川巡抚朱燮元组织兵马，历时两年平定战乱，击毙叛军2.79万余人。崇明父子逃往贵州，依附水西土司安邦彦，崇祯二年（1629）八月兵败被杀。此即“奢安之乱”。平叛中，朱燮元大量招用西南土司军队，石柱宣慰使秦良玉、唐崖土司覃鼎等相继参战。

据唐崖《覃氏族谱》载，天启元年（1621），覃鼎奉调征渝城，生擒樊龙、樊虎。天启二年（1622），覃鼎与钦依峒主覃杰分掌司权，征剿水西安邦彦，冲关斩杀、势如破竹，救陷出围，毫无损失。次年征讨奢从明、奢明辉，功报大捷。经巡抚朱燮元奏请“功升宣抚使司”，皇帝钦赐大坊平西将军“帅府”二字、牌楼“荆南雄镇、楚蜀屏翰”八字，永垂万古。

唐崖土司秉性桀骜，亦有反叛朝廷、扩张领地的侵掠行为，远至贵州及四川彭水等州县，近及一衣带水的龙潭、金峒两土司和大田军民千户守御所。明嘉靖年间（1522—1566），唐崖土司覃万金等曾率土兵出劫黔江等七州县。覃氏领地与龙潭安抚司接壤，双方为争夺土地、人口，曾攻伐不断。直至明万历年间（1573—1620），十二世司主覃鼎娶龙潭安抚司田氏之女为妻，两族才和睦相处。明清交替之际，各地土司趁中央王朝衰落，大肆扩张、侵占、扰掠周边地区。清顺治四年（1647），唐崖、忠路、大旺三土司兵掠彭水。清康熙十三年至十九年（1674—1680），覃氏土司曾追随吴三桂反抗中央政府。康熙四十二年（1703），唐崖土兵劫掠黔江县境，虏男女60余人。司主覃铉被朝廷缉拿问罪，死于狱中。至康熙末年，唐崖土司侵夺大田所周邻土地“不下百十余处”。这些行为促使清政府加强对唐崖土司的压制，直至“改土归流”。

“改土归流” 明代中叶以后，朝廷逐步废除西南地区统治少数民族的土司头目，由中央政府派任流官治理，称“改土归流”。清王朝继续沿用这一政策，大规模的“改土归流”从清雍正四年（1726）开始。雍正采纳云贵总督鄂尔泰“欲安民必先制夷，欲制夷必改土归流”的建议，在滇、黔、桂、川、湘、鄂取消土司世袭制度，设立府、厅、州、县，派遣流官管理。雍正六年（1728），清廷准湖广总督迈柱之请，裁施州卫，设恩施县，原管15个土司，并隶恩施县。随后，“改土归流”在鄂西诸土司中渐次推开。雍正十一年（1733）九月，鄂西南最大的土司容美宣慰司田旻如图谋抵抗，事败身死。次年，雍正皇帝“谕允改土归流”，裁废容美土司，在其领地设鹤峰州及长乐县。

唐崖土司见大势已去，联合散毛、忠路、忠孝、高罗、木册、大旺、金峒、腊壁、东流、龙潭、沙溪、卯峒、漫水，于雍正十二年（1734）五月八日，齐集省城总督衙门呈请改流。五月十五日迈柱奏称：“今忠峒等十五土弁齐集省城，公恳改流，实有不得已之情，非由汉奸之布弄，亦非土民之怂恿也。”雍正谕批：“朕腑念舆情，准其一并改设。其设官制，移营安讯，并一切善后事宜，著总督迈柱详筹妥酌，定议具奏。”

雍正十三年（1735），鄂西完成“改土归流”。其中裁撤大田千户所和金峒、龙潭、唐崖等土司，设咸丰县，隶属施南府。县署由大田千户所公署改建。“改土归流”后，唐崖土司举家迁移汉阳西门外吴家场，历时近400年的唐崖土司宣告消亡。

唐崖土司城

唐崖土司城从理念到形制、从选址到布局、从结构到功能、从技艺到装饰，均模仿都城范式，民间称“土司皇城”，是中国城市形态和功能格局最完整的一处土司治所遗存。2012年3月，考古学家张忠培到此考察，称之为“小故宫”。

城区建造

唐崖土司城始建于元朝末年，几经兴废，逐步成型。

建造历程 明洪武年间（1368—1398），唐崖土司随湖广土司叛乱被平，治所废毁。明永乐四年（1406），第四任土司覃忠孝奏请朝廷重新设唐崖长官司，“请建官府”，土司治所恢复。明弘治年间（1488—1505），第六任土司覃彦实建成衙署。明万历三十九年（1611），在田氏夫人和钦依峒主覃杰的主持下，张王庙石人石马雕成。唐崖《覃氏族谱》记载：田太祖自峨眉山回司后，“引嘱峒主覃杰会同创造大寺堂、张王庙……创造寺观、牌楼、街道”；唐崖土司覃鼎参与平定奢崇明叛乱战功卓著，朝廷将其升为宣慰使（实为宣抚使），敕建“荆南雄镇”牌坊和“大坊平西将军帅府”。明天启四年（1624），“荆南雄镇”牌坊落成。明崇祯年间（1628—1644），形成三街十八巷为主体的格局。

选址特征 唐崖土司城选址，充分利用周围山形水势和传统堪舆思想，在防御、管理、生产、生活等方面具备优越的天然条件。

土司城地处唐崖河上游一处西高东低、相对独立、近似三角形的台地上，两岸山崖陡峭，南北两端山口狭窄，“扼楚蜀之腹地，据荆南之要塞”。土司城依自然地势分布，充分考虑山脉、河流、溪沟的天然防御作用。西为海拔 654 米的玄武山，向东逐级下降至海拔 510 米的唐崖河畔，形成 140 多米的落差。南北分别以两条天堑为界，南侧是贾家沟，北侧是新寨沟、打过龙沟、碗厂沟；玄武山向东北延伸至唐崖河，与对面的青龙山隔河相对，两山之间形成狭窄的河谷陡崖；左侧的朱雀山位于唐崖河以东，呈南北向分布，与右侧白虎山东端构成陡峭的峡谷。这些自然结构形成整个城市外围天然的防御屏障。

土司城方位为坐西朝东，背倚玄武山，玉皇庙和夫妻杉位于此山最高点，占据全城最为尊显的位置；唐崖河对岸的朱雀山与玄武山遥相呼应，成为土司城的“朝山”，有“万众来朝”寓意；北、南两侧的青龙山、白虎山左右对应，相当于“护山”。城池位于东西南北四条起伏的山脉交会点，城墙沿山脊和河沟的内岸砌置。山脉与河流以圆润柔和的曲线，将中心城池揽在怀中，体现传统城市规划理念中的风水思想对建筑与周围环境关系的影响。

这种背靠山林，不占农田，且便于排水的临河缓坡选址，是土家族聚落筑屋的基本特征，又能满足土司城的区域政治、经济、文化中心功能要求，在辖区条件内最为优越。作为唐崖土司的治所，数百年延续使用，伴其始终。

排水系统 唐崖土司城所在地区降水量大，排水系统是城池建设的重要组成部分，也体现了山区土家人的生存智慧。城址西高东低，坡度适宜，不易积涝，天然排水良好。排水系统有天然和人工两种。天然排水系统包括城址以北的打过龙沟、中部的碗厂沟、城址以南的贾家沟三条天然沟壑，依地势自西向东汇入唐崖河，有效分流城址西部山林区的洪水，不致冲毁城区。

贾家沟，土司城南侧的天然防御体系和护城河，也是整个城址的主排水沟。沟内有“七十二步朝天马”和“九道拐”两条出城通道。贾家沟自西向东汇入唐崖河，长1100余米，沟内最深处的垂直深度超过100米。该沟根据地形走势分为东西两段。西段俗称沙田沟，与遗址北侧沟壑在玄武山顶呈闭合之势，在唐崖河西岸形成一个“n”字形封闭空间，将土司城合围其间。

打过龙沟，传说曾有巨蟒遭雷劈而得名。位于唐崖土司城内北部，与西北的新寨沟连成一线，整体呈西南—东北走向，结合外围的碗厂沟，构成遗址北部完整的防御体系。同时也是北护城河，起主排水沟作用。

碗厂沟，因沟内有用于烧制碗等生活用具的磁窑而得名，为唐崖土司城东北部边界。总体呈东西走向，向东与唐崖河连通，全长约350米。沟深因地形变化，最深处逾10米。由于后期建设活动影响，沟北侧风貌有一定变化，特别是“皇城大道”将沟从中隔断。

人工开挖或铺设的排水沟有三个层次。第一层次为第一下河道、第二下河道、第三下河道的沟渠；第二层次为横跨主干道的明沟；第三层次为沿主干道和三横道的人工砌筑的明沟或者暗沟。三个层次主次分明，将雨水导入唐崖河或两侧天然沟壑，避免积水。

规模格局　唐崖土司城东西跨度约1200米，南北跨度约700米，总占地约74万平方米。城内部分是主体，地处紧邻唐崖河较为平缓的区域，四周有城墙围合，随地势呈不规则梯形，总面积约35万平方米。土司后裔称，鼎盛时期的唐崖土司城拥有“三街十八巷三十六院”，衙署、营房、御花园和寺院等各类建筑数十处，整体格局分为政治区、宗教区、文教区、军事区、生活区和墓葬区等不同的功能空间。

政治区　即衙署区，位于唐崖土司城中部，是土司主持政务和饮食起居的主要场所。土司城的核心由“荆南雄镇”牌坊、大衙门、官言堂、内宅等主体建筑及附属设施组成。官署在城市建筑体系中处于核心地位，建筑格局及分布体现出唐崖土司政治地位的变化和城市发展的趋势。经过“改土归流”和后期的生产生活破坏，衙署建筑荡然无存。根据“荆南雄镇”牌坊的位置以及流传地名，通过考古发掘，衙署位置及基本形制得以确认。

政治区三维复原图 唐崖土司城遗址管理处 提供

宗教区 位于衙署区左侧，作为土司祭祀祖先和礼佛的主要场所，是唐崖土司城的主体部分之一，包括覃氏宗祠和大寺堂两组相连的建筑。城外有玉皇庙、张王庙、尖山寺、铁壁寺和观音寺等 8 座寺庙。通过发挥宗教教化功能，将政治权力与思想教化结合起来，实现对这座城市的统治和驾驭。

文教区 位于衙署区右前侧，是覃氏土司子弟学习汉文化的主要场所，建有书院。唐崖《张氏族谱》记载，书院由覃鼎女婿张云松（荆州人）所建，遗址具体边界和布局不详。书院对提高土司子弟的汉文化水平及向唐崖传播汉文化发挥了重要作用。

军事区 位于土司城北部，相传从北向南依次建有教场、靶场和营房，是土兵驻守和训练之地。

生活区 位于遗址主干大街以东、采石场以南，由多个封闭的院落组成。院落没有统一规划，院墙砌筑工艺较简单，用材以毛石为主，平均高度约 1 米。居民住宅与今土家吊脚楼类似。

墓葬区 城址西北部有墓葬两处。一处位于衙署区左后侧 300 米处，俗称“官坟山”，历代土司大多安葬于此；另一处位于衙署区右侧的御花园内，墓葬形式与官坟山不同。两处墓地均设有风水池，俗名大印塘、小印塘，呈半月形。大堰塘直径约 30 米，水深 1 米；小堰塘直径约 20 米，已淤塞干涸。“改土归流”后，部分土司后裔留守祖先墓葬，并负祭祀之责。

唐崖土司城遗址　　文林　摄

唐崖土司城外，发现土司时期多座墓葬。主要分布在城西的玄武山山林中，城南、城北和城址周边有零星分布。其中以双凤朝阳墓和覃杰墓最精美，参见本志“文物胜迹·古墓葬·土司墓”。

主要遗存

唐崖土司城现存遗迹数量众多，类型丰富。主要有城市防御设施、道路交通设施、建筑基址、水利设施、军事刑罚遗址及家族墓葬等。城址四周有城墙围合，随地形呈不规则梯形，面积约 30 公顷，主体建筑方向一致朝东，面向唐崖河。城址四周有水、陆 9 个出入口。其中东面有 4 个出口，通向河岸，东门遗址及东门外道路、码头遗址为最主要外部交通设施；北部沿主干道有出入口；西部有两条较隐秘的通道，可穿过玄武山山林区进入后山；南部为两个较为险峻的通道，有人工阶梯与桥梁，可跨过南部的天然沟壑到达对岸山上。在南部和西部通道上，均有哨台类防御设施。

城防设施　主要遗存有城墙、城门和哨台。

城墙　城址四面多数地方保留城墙或墙基，东西跨度约 700 米，南北跨度约 670 米，

城墙遗迹　　唐崖土司城遗址管理处　提供

合围面积约 30 公顷。其中东城墙中段和南城墙西段保存较好。墙体采用“石包土”结构，两侧以自然块石垒砌，内部夯土。残存城垣长约 150 米，墙基 3 米左右，高约 2.5 米。

城门　根据唐崖土司城内主干道和干道的走向情况判断，共设 5 座城门。其中，主干道的上街与南城墙的交会处设南门，主干道的下街与北城墙的交会处设北门，干道第一、二、三下河道与东城墙的交会处分设 3 个东门。现仅存一处较为明确的东门遗址，有较为清晰的城墙缺口和门道遗存，门道面阔约 5 米，进深约 8 米。

哨台　城址外围有三处哨台遗址：一处为南部峭壁上道路东侧的人工台基遗址；一处为玉皇庙所在台基，地势险要；一处为张王庙所在高台，沿河砌筑，视野开阔，位于水路要塞。

交通设施　主要遗存有道路、桥梁、码头。

主干道　南北向贯通全城，大致平直，局部随地形弯曲折拐。自南向北依次分为三段，称为上、中、下三街，全长 800 余米，路面宽 2 米左右，中段最宽处 3.5 米。路面采用青砂岩铺筑，路心为横向条石铺砌，路肩采用纵向条石压边。主干道是全城规模最大、保存最完好的道路遗存。

上街：北端始于“荆南雄镇”牌坊，南端止于南门，平面呈曲尺形，长约 150 米。北段为南北向布局，路面平直，局部随地势设有踏步；南段紧邻贾家沟，东西向布局，随地势呈西高东低状，路面坡度较大，踏步较多，紧邻城门段因水土流失而破坏严重，后期改建较多。

上街（局部）　　郭志军　摄

中街：南端始于衙署前踏步尽头，与第二下河道相接，与上街呈“之”字形布局，北端在采石场附近与下街相接，整体呈南北走向，局部因地形略有弯曲。总长度约 250 米，均宽 2.5 米左右。

下街：位于中街北部，全长约 400 米。大致呈南北向，南端与中街相衔接，北端至北城门。现存路面宽约 1.4 米，由不规则块石铺砌而成。

次干道　按三纵三横布局，窄于主干道，宽 1 ~ 1.7 米，砌筑方法较主干道简单自由。三条横道路旁有平行及斜穿路面的排水沟。三条下河道沿道路方向砌有较大的排水沟，宽 0.2 ~ 0.8 米，最深处 1 米。

中街（局部）　　陈飞　摄

下街（局部）　　何继明　摄

第一下河道保存完好，路面采用不规则石板铺砌，沿途踏步采用条石铺筑，长约200米，均宽约1.5米。由西向东向穿过东城门，经张王庙直到码头。第一下河道是连接衙署、中街和码头的主要通道。根据道路的等级，以及东门的体量和地位，确认该路是当年土司进城、出城的主要通道。

第三横道位于土司城东部，是城内第二条南北向主要道路。北端起于第一下河道，南端止于第三下河道，中部与第二下河道相交，全长200多米，是连接三条下河道和城东部院落的主要通道。整段路面，仅南北两端路口处保存较好，中间几乎完全破坏，路面宽窄不一，均宽约1.5米。

在主次干道之间，有若干位于城内的巷道以及通往城外的通道。城内巷道有11段，仅局部铺设石板，较次干道狭窄，基本保持东西向或南北向，成为分割院落、连接主次干道的基本通道。

土司城南部连接道路与沟底石桥的陡坡上，建石台阶约72级，称“七十二步朝天马”。始建年代不详，清光绪年间（1875—1908）重建，采用不规则条石和自然块石砌筑。全长约30米，宽度随地形起伏，均宽约1.5米。九道拐位于城址南部贾家沟内，是土司城南门外穿越贾家沟的隐秘通道。其北500米处地形陡峭，石阶呈“之”字形，故称“九道拐”，垂直高度近80米，全长约118米。

桥梁　现存石桥遗址三处。其中北部“桥上桥”位于土司城东北部的天然沟壑打过龙沟之上。桥面因建筑年代不同和形制不同，分为上下两层，故名“桥上桥”。下层桥为青石板简单铺设，上层桥筑于下层桥面之上，有桥墩承托，桥面长6.5米，宽1.8米。

七十二步朝天马　张大东　摄

九道拐　郭志军　摄

桥上桥　　秦兴武　摄

另外两处石桥遗址位于土司城南部天然沟壑贾家沟上。偏南部的一座位于土司城东南角，与“七十二步朝天马”石阶相连，名贾家沟桥，桥面长约 7 米，宽约 1 米，由南北两块长方形石板构成。桥南有石碑，碑文记载贾家沟桥及路面重修情况。另一座桥位于贾家沟以西 500 米处，与“九道拐”相连，仅存桥墩石及散乱构件。

码头　码头遗址一处，位于唐崖河东岸，距张王庙约 300 米。岸边筑有护坡，沿岸基岩上开凿圆形、方形洞孔。其中一个圆形洞在基岩边缘斜穿基岩，是用于拴船的绳索孔。

建筑基址　为唐崖土司城的中心区域，遗存较丰富。

衙署区遗址位于土司城中心位置，周围院墙合围，为一大型院落，东西长 218 米，南北均宽 155 米，总面积 33790 平方米。遗址分布于自东向西的五级台地，地势逐渐抬高，沿东西轴线依次为“荆南雄镇”牌坊、大衙门遗址、官言堂遗址及附属建筑、内宅，建筑皆朝东。除石牌坊为地面遗存外，其余皆为地下遗存。

大衙门遗址　位于牌坊之西且高于牌坊的台地上。建筑遗址坐西朝东，前有月台，南北长约 33.5 米，东西现存宽 4.4 米，为一处面阔五间、进深三间的建筑基址。月台与建筑基址之间有台阶相连。月台做须弥座状，刻有麒麟、海棠、莲花等图案。

官言堂遗址　官言堂是土司议事的地方，位于大衙门遗址以西、高于大衙门遗址的台地上，面阔五间，进深三间。台基平面呈长方形，长 38 米，宽 17 米，夯土台基周围包砌石条。台基西部中间发现圆鼓镜形柱础以及被移动过的同形制柱础 8 个。台基周围有石砌排水沟。

内宅遗址　内宅是土司家眷生活的地方，位于最高一级台地上，形制结构不详。

寺观遗存　主要有大寺堂、玉皇庙、张王庙等遗存。

大寺堂　为唐崖土司家庙，位于土司城内西北、衙署左侧，明崇祯年间（1628—1644）土司覃鼎夫人田氏自峨眉山礼佛回司后修建，民国时期废毁。地处采石场西部，有弧形块石道路与下街相连。依山就势而建，正面设踏道，踏步散失，仅存遗迹。建筑平面略呈长方形，东、南、北三面有院墙，西面以山崖为界，占地约 600 平方米。根据现有五级台地格局及遗存分布情况判断，其空间布局类似汉族地区的佛寺，由放生池、山门、前殿、大雄宝殿、法堂、藏经阁等构成。

寺内曾发现刻有“大寺堂”铭文的石构件，寺左侧有民国时期一座石砌僧人墓。该寺一度为咸丰县著名寺庙，寺内曾有庙联：“大寺传千古，千家有幸千家福；唐崖镇八方，八德无亏八洞仙”。

玉皇庙　位于玄武山之西，在两山脉交界处突出的高地上，俗称“二龙抢宝”，地势险要。始建年代不详，作为道教寺观使用至 20 世纪初，历史上曾为哨台。现存遗址，系利用自然山体砌筑而成，平面略呈长方形，长约 17 米，宽约 12 米，高约 5 米；东面设通道，局部利用基岩开凿而成。遗址附近有古树 3 株、水井遗迹 3 处。

张王庙　参见本志“荆南雄镇·遗址公园·张王庙石人石马”。

军事刑罚遗址　唐崖土司城内发现兵营和检阅台两处军事遗址。兵营遗址位于城址北部，现存一处建筑基址。下街两侧、桥上桥以南都为营房区，为驻扎军队之所。检阅台遗址位于城址东南部、第三下河道以北，长约 17 米，宽约 13 米，现存石栏长约 7 米，高约 2 米，以青砂岩石条砌成，大部分被农田覆盖，仅南部一段石栏临街露出。检阅台为传统地名。

刑罚遗址有地牢、杀人台。地牢位于城址东北部，与东门附近的城墙内侧相连。整体为大型石块砌筑，呈长方形，长 3.4 米，宽 2.6 米。杀人台位于土司城西南部，是土司惩罚罪犯之处，为不规则四方体自然岩石，体积较大，南高北低。

生产生活遗址　主要有院落、采石场和水井遗存。

采石场位于城中部偏北，地处大寺堂与张王庙之间，东西长约 200 米，南北宽约 50

米，占地逾1万平方米，是唐崖土司城建筑材料的主要来源地。该地石材为青灰砂岩，结构紧密，质地坚实，耐腐蚀、风化，利于制作各种形制的建筑材料和雕饰构件。因开采时间较长，随处可见开采后的废料以及残留的孤立岩石，远观犹如群猪争先恐后奔向唐崖河，因此民间称为“群猪下河”。

民间传说，唐崖土司城曾筑有48口水井，现存遗址17个，一般位于道路节点或重要院落附近。水井多方形石坑，底部铺石板，四壁均用规整的石块砌成，井沿外一般有一个石砌平台。位于小衙门西北角的水井保存完好，井口平面呈方形，边长1米，深0.7米。沿井口设有台阶，便于取水；井台西侧建有一石块垒砌的土地庙，亦用较规整的石块修砌，边长约1.3米，高约1米；为保障水源卫生，外围有一圈石墙，边长约2.8米，高约0.5米，根据形制判断，原应设有井亭。

唐崖土司城内有御花园、万兽园2处苑囿。御花园位于城址西南部，与衙署区相连接，形制不详。现存土司时期古树数株，其中一棵水红树，树径约2米，在树干高处分成两枝，主干中空，两竹自腹中穿空而出，俗称“胸有成竹”，是城内著名的自然景观；现树中竹已枯。万兽园位于城外南部，与南城墙相连。现有林木分布，遗存状况不详。

古井 杨力 摄

可移动文物 唐崖土司城址出土的文物主要有金银器、瓷器、印章、砖石质建筑构件和生活用品等，其中以青花瓷器残片和石质建筑构件为主。瓷器主要为明宣德年间（1426—1435）、成化年间（1465—1487）、万历年间（1573—1620）残片，出土于街巷区和衙署区。砖瓦建筑构件和石质生活用品，主要出土于衙署区，为汉式的滴水瓦当、筒瓦及水缸、磨盘等，上有莲花、鱼鳞等多种图案。此外，历年发现的印章，具有较高文物价值，是研究唐崖土司官职体系及对外关系的重要实物。

唐崖长官司秦关克印 1975年8月修建活龙坪乡医院时，出土于西坪蛮夷长官司遗址。印为铜质长方形，高9.4厘米，印面长10厘米，宽4.3厘米。有柄，加印盒。按照明清制度，从布政使到知州、知县等各级地方官皆用正方印，故称“正印官”或“印官”。其他临时差委以及非正规系统官员，则用长方印。西坪蛮夷长官司隶属唐崖土司，为其副司，因此该印为长方形。该印原件藏于恩施州博物馆，咸丰县民族博物馆有复制件展示。

唐崖长官司印 1986年9月18日，在唐崖土司城遗址邓永前宅后出土铜印两枚。一枚背面右刻“唐崖长官司印”，左刻“周元年十二月”，中刻“礼曹造”；印沿文字为“□□第叁百四十四号”。印面6.9厘米见方，厚1.2厘米，柄长8.2厘米，重675克。此印为清康熙十三年（1674）唐崖土司归顺吴三桂时，吴氏所颁。另一枚背面无文字，印面7.1厘米见方，厚1.8厘米，柄长7.5厘米，重1100克。是康熙年间（1662—1722）政府颁给唐崖土司的印信。两枚均为铜质，印面文字篆体。两印原件藏于恩施州博物馆，咸丰县民族博物馆有复制件展示。

永宁卫前千户所百户印 1986年4月，在唐崖土司城石牌坊后约100米的观音堂正殿

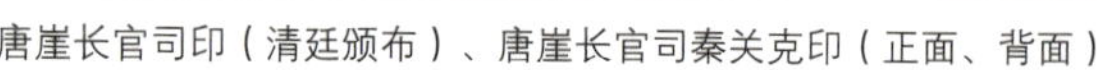

唐崖长官司印（清廷颁布）、唐崖长官司秦关克印（正面、背面） 咸丰县档案馆 提供

永宁卫前千户所百户印（正面、背面、侧面） 咸丰县档案馆 提供

废墟出土。印为铜质方形，重 850 克，印面 7.2 厘米见方，通高 8 厘米，柄长 6.5 厘米。印面文字篆体。背面右刻“礼部造洪武五年十一月□日”，左刻“永宁卫前千户所百户印”。

该印为永宁卫设立时明朝廷所颁，后永宁宣抚使奢崇明叛乱，印为唐崖土司覃鼎缴获，是唐崖土司战功的重要物证。该印系国家一级文物，原件藏恩施州博物馆，咸丰县民族博物馆有复制件展示。

虎纹金器 1977 年 6 月 12 日，大路坝谭家坪学生汪彦华、汪兴敏，在女儿寨割草时于寨东侧二层崖的垮岩处发现虎纹金器（金饰）8 件，其中六虎金镯为国家三级文物。

“金凤献瑞”石雕 2013 年出土于唐崖土司城址衙署区，石雕通高 1.3 米，由全石雕刻而成，从上至下可分为头、身、基座三部分。据湖北省文物局文物处副处长陈飞考证，“金凤献瑞”石雕整体形象为“三王并立”，即百鸟之王凤凰，口衔一支百草之王灵芝，侧身栖息在百树之王梧桐树上。石雕雕工精湛，造型大气，具有很高的历史、文化和艺术价值。该石雕藏于咸丰县民族博物馆历史展厅。

六虎金镯（左）、唐崖土司城址出土的石质用品（右） 湖北省文物考古研究所 提供

2013 年出土的“金凤献瑞”石雕 陈旭 摄

千年乌木“刺水红”　唐崖土司城遗址管理处　提供

雕花石缸　2013 年出土于唐崖土司城址衙署区，为明代唐崖土司所用器皿。整体为圆形，缸体雕刻精美的花草鸟兽等纹饰。现藏于咸丰县民族博物馆历史展厅。

千年乌木“刺水红”　长 17 米，重 20 吨，局部碳化。2015 年 7 月 5 日暴雨过后，发掘出土于唐崖河。据考证，此木至少有千年历史，现存唐崖土司城遗址公园内。

遗产保护

新中国成立后，唐崖土司城遗址作为民族文化遗产，受到当地政府的重视和保护。1978 年，唐崖土司城遗址登记为不可移动文物，1986 年被列为咸丰县级文物保护单位，1988 年、1992 年分别被列入恩施州、湖北省文物保护单位，2006 年被国务院公布为全国重点文物保护单位。2013 年 10 月 11 日，湖北省人民政府公布《唐崖土司城址保护管理办法》，这是湖北省第一部关于单体文化遗产保护管理的行政规章。

保护体系

涵盖日常维护、环境治理和合理利用三个方面。通过执行《中华人民共和国文物保

唐崖河（唐崖土司城遗址段） 何继明 摄

护法》及其专项法规，制定文物保护规划，建立合理利用机制，遗址周边建设活动得到控制，承载遗产价值的选址规模、功能格局、周边环境以及历史文化特征均得以彰显。

保护机构 1983 年，咸丰县人民政府成立文物管理委员会，对唐崖土司城址实行县、乡、村、点四级联防的管理和安全保护措施。县文化体育局为全县文物工作的职能主管部门，对上负责，对下监督和实施管理。尖山区文化站为当地文物保护代管机构，负责日常监督和安全管理。1984 年，成立咸丰县文物管理所，对唐崖土司城址实施保护与管理，聘请专人看护遗址内张王庙和土司王坟两处重要文物点。

2013 年 3 月，成立咸丰县唐崖土司城址文物管理所，隶属县文物事业管理局，核定编制 5 名，为唐崖土司城址第一个专门管理机构。同年 12 月，设立咸丰县唐崖土司城遗址管理处，为隶属咸丰县政府办公室管理的正科级事业单位。

2014 年 12 月，咸丰县唐崖土司城遗址管理处、咸丰县文物局、咸丰县民族博物馆实行一套班子、三块牌子，合署办公，核定编制 21 名，领导职数 4 名。2016 年 1 月，唐崖土司城遗址管理处明确为隶属恩施州文化体育新闻出版广电局管理的副县级事业单位，委托咸丰县人民政府管理，所需人员编制在咸丰县本级事业编制内调剂。

保护范围　1985 年，咸丰县人民政府公布唐崖土司城遗址的保护范围：东至唐崖河西岸，南至贾家沟边，西至玄武山顶，北至碗厂沟旁。建设控制地带为：牌坊、皇坟、张王庙四周距城墙 20 米及上、中、下三街左右 30 米以内。1991 年、1992 年，咸丰县和恩施州政府再次确认保护范围。2000 年 7 月，湖北省人民政府公布唐崖土司城址的保护范围，凡保护区周边视野所及，均为建设控制地带。

2011 年，湖北省文物考古研究所对唐崖土司城遗址局部进行考古发掘，探明城址的分布范围、整体布局和局部建筑结构。2012 年编制《唐崖土司城址保护管理规划（2013—2030）》，报请国家文物局审核后，由湖北省人民政府公布施行。

重新划定保护范围：总面积 86.62 公顷，北界为新寨沟、碗厂沟一线，东界沿唐崖河东岸，南界沿贾家沟，西界至玄武山以西约 100 米。

建设控制地带边界：东界沿长岗岭—大寨顶—筒槽沟一线，南界沿唐崖河南岸（赵家河旅游公路）—打纸沟—赵家沟—黄家沟—肖家沟一线，西界沿沟阴河东岸，北界沿唐崖集镇以北—尖山二桥—胡家山山脊—双河口村东北一线。

保护标志　唐崖土司城遗址先后被公布为县、州、省、国家级文物保护单位后，遗址区设名称碑 2 块、保护标志碑 2 块、保护界桩 30 根，保护范围、建设控制地带说明牌 4 块。土司城名称碑，位于唐崖河畔、第一下河道左侧，2014 年设立。碑体参考城墙形制和结构，采用毛石垒砌而成，高约 1.6 米，宽约 3 米。碑面采用大理石镶嵌而成，正中印刻“唐崖土司城址”。

唐崖土司城址标志牌　　何继明　摄

档案记录 2008年，按照《全国重点文物保护单位记录档案工作规范》要求，建立唐崖土司城址记录档案，并陆续补充完善。2014年，围绕申遗工作，对档案资料进行整理。记录档案分为遗产档案、工作档案、资料图书等三大类。遗产档案共314卷，分为主卷、副卷、备考卷。其中：主卷包括文字卷1卷、图纸10卷、照片9卷、保护规划及保护工程方案17卷、考古发掘资料188卷、文物保护工程及防治监测卷39卷、文物展示3卷、电子文件4卷；副卷包括行政管理文件11卷、法律文书4卷、大事记1卷；备考卷包括参考资料11卷、论文9卷、图书7卷。日常工作档案共547卷，分文书、会计、建设工程等四大类。

保护工程

依照《唐崖土司城址保护管理规划（2013—2030）》，实施文物保护、环境整治、安全防护三项基础工程，为唐崖土司城遗址申遗工作的重要组成部分。

文物保护工程 2013—2015年分三期实施，资金来源为国家重点文物保护专项补助。国家文物局批复，中国文化遗产研究院设计，分为文物修缮和保护性设施建设两类，由北京国文琰园林古建筑工程有限公司施工。

文物修缮保护。实施上、中、下三街和三条下河道、三条横道及主要巷道的清理加固工作，在险要路段架设木栈道，确保道路安全。清理加固遗址内的城墙、院墙，消除安全隐患。加大衙署区文物保护，疏通水渠，砌筑堡坎，修复建筑基址，清理砖石遗存，使之保持原有历史风貌。

墓葬修复加固。主要对象为覃值什用墓、田氏夫人墓、双凤朝阳墓。针对结构安全隐患，加固地基，整治墓前平台，防止积水。修补两侧保坎，以相同规格石材补配墓内外缺失构件。针对墓室潮湿问题，对墓顶进行防渗漏处理，清除封土顶部的灌木。

保护性设施建设。主要对象为张王庙遗址、“荆南雄镇”牌坊、覃值什用墓。拆除石牌坊周边围墙，降低张王庙、土司墓围墙，改铁门为木栅门，对罩马亭梁柱进行仿古改造。在衙署和土司墓葬外围设置防护绳，树立警示牌，避免游客踩踏及破坏。

环境整治工程 以遗址核心区居民搬迁安置为重点，实施环境整治工程，最大限度恢复遗址历史风貌。一期工程征用或流转土地1500亩，搬迁99户，建安置房120套，原遗址区内土地全部转为文物保护用地。在土司城外围新建一条公路，以便过境车辆绕行。拆除遗址核心区长1千米的水泥路面，将其改造为砂石路面，减少现代工程对遗址环境风貌的影响。拆除遗址区现代砖混结构房屋，改造为木质结构房屋，计1000余平方米，综合布局遗址管理处办公室、现场展示馆、监测监控机房及其他服务设施。采用地埋式改造，拆除穿越遗址核心区上空的电线和通信杆线。采用绿化遮挡方式，改造不和谐景观，共栽种树木5000多株，绿化面积3万平方米。

安全防护工程　建设安防工程和监测体系，针对张王庙、"荆南雄镇"牌坊和官坟山土司家族墓地三个重点文物区域，建立安全技术防范系统，对城址公共区域、旅游观光线路，全程实时监控。建设监测监控中心，对主要遗存区实施视频监控，对文物本体温度及湿度、主要化学物变化、位移等指标进行仪器监测，通过监测软件平台进行处理，技术人员定期对有关项目进行人工观测、记录和分析。

申报世遗

2011年4月，中国"土司遗址"被纳入世界文化遗产预备名单。同年9月，湖北省考古工作队进驻唐崖土司城遗址开始考古发掘。2012年9月，唐崖土司城遗址作为"土司遗址"的组成部分，与湖北鹤峰县的容美土司遗址、湖南永顺老司城遗址、贵州海龙屯遗址一并被列入中国世界文化遗产预备名单。2013年2月19日至21日，国家文物局副局长童明康一行到恩施，就唐崖土司和容美土司遗址的价值内涵、保存状况等进行综合考评。3月12日，唐崖土司城遗址正式被列入2015年申报世界文化遗产名单。申遗工作全面展开。

资料编研　2013年3月17日开始编制申遗文本，一周之内完成数百万字、近千张照片的基础资料收集任务，提交中国建筑设计研究院专家，完成《"土司遗址"申遗提名文件》文本和规划编制工作。聘请解放军总装备部设计工程院，对唐崖土司城址进行1∶1000地形图测绘，为编制后续规划提供基础数据。邀请中国考古学会理事长、考古专家张忠培，对唐崖土司城遗址申遗工作进行现场指导。在湖北省文物考古研究所的工作基础上，委托三峡大学民族学院教授黄柏权主持"唐崖土司史料搜集"课题研究。历时一年的搜集整理和访谈记录，形成10余万字的《唐崖土司资料汇编》。资料共分8个部分：土司文献资料、文物普查资料、碑刻（拓片）资料、田野调查材料、民间传说故事、文献和论著目录、土司遗址支撑材料、史料整理中的初步结论。课题组先后5次深入唐崖司村调查走访，获取第一手田野资料4万余字。委托武汉大学开展三维复原研究，与三峡大学、湖北省文物考古研究所联合举办唐崖土司城学术研讨会，出版《唐崖土司学术研讨会论文集》。

宣传推介　唐崖镇政府、咸丰县申遗办等部门，广泛开展申遗宣传工作。通过标

唐崖土司城遗址考古发掘现场　　何继明　摄

语、网络、电视、简报、开展专题活动等形式，制作宣传彩页 5000 份、宣传展板 100 块、宣传标语 100 余幅、专题片 10 个，在各级媒体报道申遗消息 100 余条，使“世界唐崖我的梦”成为咸丰人的共识。2015 年 6 月下旬，中央电视台新闻中心记者田云华一行到咸丰，对唐崖土司遗址及其普世价值进行采访拍摄。6 月 22 日晚，中央电视台多个频道同步推出唐崖申遗系列报道。中央电视台综合频道《晚间新闻》、新闻频道《东方时空》及《共同关注》等栏目热点聚焦，以《穿越古今的神秘土司文化》《湘鄂黔三省将联合申报“土司遗产”》《申遗倒计时：湖北唐崖土司雄霸一方 381 年》为题，连续播出唐崖土司城址申遗情况。

配套建设　湖北省、恩施州及咸丰县分别成立申遗工作领导小组，有序推进申遗工作。建立文物保护体系。委托专业机构编制完成《唐崖土司城址保护管理规划（2013—2030）》，并通过国家文物局审查。湖北省发布《唐崖土司城址保护管理办法》，2013 年 12 月 1 日起施行。咸丰县人民政府制发《关于加强唐崖土司城址世界文化遗产保护管理工作的意见》。实施文物保护工程。聘请中国文化遗产研究院完成一、二、三期文物保护工程方案，北京国文琰园林古建筑工程有限公司实施，完成工程量 5000 万元。完成遗址区 1500 亩土地征用和 99 户农户的搬迁安置工作。完善基础设施建设。投资 400 余万元，在咸丰县城建成 1800 平方米的民族博物馆，在遗址现场建设 200 平方米的展示场馆，完成大河边至唐崖土司城旅游公路升级改造工程。其间，上级部门为唐崖土司城申遗工作解决专项资金近2亿元。其中：国家文物局为文物保护和申遗工作提供项目资金近1亿元，湖北省人民政府解决申遗工作经费800万元，湖北省文物局落实项目资金700万元，恩施州政府解决申遗工作经费1500万元和产业发展基金6000万元。

验收授牌 2014年4月21日至22日，文化部副部长、国家文物局局长励小捷一行到咸丰县，就唐崖土司城遗址申遗工作进行专题调研，要求统筹好遗址保护与利用展示的关系，围绕评估验收做好各项准备工作。8月29日至30日，中国国际古迹遗址理事会副主席郭旃、国家文物局世界遗产处处长刘洋率国家文物局、湖北省文物局专家，就唐崖土司城址申遗工作进行预验收。9月14日，国际古迹遗址理事会派遣专家塔拉·夏玛（印度籍）到唐崖土司城遗址进行现场考察评估，参观咸丰县民族博物馆、唐崖土司城遗址展示馆。

2015年7月4日，在德国波恩召开第39届世界遗产大会，来自191个国家的千余名代表，对36个申遗项目进行投票表决。由湖北唐崖土司城遗址、湖南永顺老司城遗址、贵州播州海龙屯遗址联合代表的“中国土司遗产”成功列入《世界遗产名录》。这是继武当山古建筑群、钟祥明显陵之后的湖北省第三处、恩施州第一处世界文化遗产。

2015年7月4日，第39届世界遗产大会会场 唐崖土司城遗址管理处 提供

从 2011 年 9 月考古发掘工作开始，至 2015 年 7 月申遗成功，相继完成文物本体保护、普遍价值提炼、申遗文本编制、周边环境整治等配套工作，完成其他申遗项目需数十年才能走完的“申遗之路”，被国家文物局专家陆琼誉为“唐崖速度”。

文化价值　唐崖土司城遗址是西南地区格局最清晰、保存最完整的土司遗址之一。突出反映以土家文化为代表的少数民族文化与汉文化共存、碰撞，最终相互融合的具有南方山区特色的中华文化交流过程，符合世界文化遗产“原真性、完整性、唯一性”要求，具有独特的历史价值、文化价值和旅游开发价值。

历史文化价值　作为元明清时期武陵山区土司遗存的典型代表，唐崖土司城在建筑、技术和城镇规划以及景观设计的发展上，展现了重要的人类价值交流。城内格局功能分区明确，既遵循基本礼法，又有土家民族特色。城池以衙署区为核心，主干道为轴线，呈现“一心一轴五区”特征。结合东西向地势的高低，城市的主体设施由主干道横向一分为二，山上（西部）分布着衙署、宗庙、墓葬、苑囿等，属于土司活动区域；山下（东部）则是由众多院落组成的居民区、经济生产区，形成尊卑有序、主次分明的城市格局。建筑设计，一定程度上模仿汉族王城的规划理念，在功能分区上参照中国古代都城特点，历来被民间称为“土司皇城”。

唐崖土司城遗存，为业已消失的土司制度提供了实物例证。在国家“大一统”的框架内，元明清等朝利用土司制度，将西南少数民族地区纳入“王土”，少数民族首领身列“王臣”，使集权统治和国家权威得以深化和下沉，直至全面实现“一体化”。通过职位承袭、军事征调、朝贡纳赋和崇儒兴学等方式，强化中央政府对少数民族地区的政治统治、社会管控、经济开发和文化变革，有效地维系国家和土司的统治利益。唐崖土司城的建造背景、城市的规划思想和格局、现存遗存的形制及其文化符号所反映的价值，无不体现出对国家的认同。反映了 13—20 世纪中国土司制度的历史及土司统治地区的社会生活方式和文化特征，秉承“齐政修教、因俗而治”的传统理念，谋求利益平衡及共同发展，实现文化多样性传承的民族生存与社会管理智慧。

唐崖土司城在地理区位、遗存年代、聚落形态、建筑技术等方面，具有土司遗产的典型特征。土司城位于西南山区，较之其他地区最接近中央政权核心地区的地带，具有地理和文化前沿交汇带的显著特点，属较早并完整、规范、有效地推行土司制度的地区。唐崖土司城的兴废背景，与土司制度产生、兴盛、废止的不同发展阶段相对应，反映了封建王朝推行土司制度、对西南少数民族地区进行有效管理的时间序列。“土司遗址”中，唐崖土司城和老司城遗址属于综合治所遗址，海龙屯属于军事城堡。唐崖土司城与老司城遗址单独构筑功能分区不同，将行政区、宗教区、生活区和墓葬区规划在统一的城垣范围内，以完整的城市格局，体现出独特的土司权力象征和国家认同的聚落形态特征。

土司文化研究 2013年以来，加大土司文化交流研讨，先后举办3届唐崖论坛学术研究会。2014年5月31日至6月1日，举办首届唐崖土司学术研讨会，咸丰县人民政府、湖北省文物考古研究所和三峡大学民族学院承办，来自全国各地的考古学、历史学、民族学专家80余人参会，收到论文48篇。同年9月出版《唐崖土司学术研讨会论文集》。2016年6月9日至10日，举办第二届唐崖论坛学术研究会，武汉大学、湖北大学、三峡大学以及恩施州内70余名专家学者，就土司遗产保护与利用研究、唐崖土司及区域社会文化史研究等展开探讨，2017年编印出版《第二届唐崖论坛论文集》，刊发论文25篇。2019年8月9日至10日举办第三届唐崖论坛学术研究会，中南民族大学、华中科技大学、湖北大学等10多所高校、科研机构及文物和旅游部门120位专家学者参会。此届论坛以“世界文化遗产保护与全域旅游”为主题，收到学术论文36篇。

此外，编纂出版唐崖土司系列书籍：2015年10月，咸丰县政协与唐崖土司城遗址管理处编撰出版《世界文化遗产——唐崖土司城址》。2016年相继出版民歌集《唐崖乡音》、摄影作品集《荆南雄镇——镜画唐崖土司城》、文史资料《申遗之路》；咸丰籍作家楚西鹊创作出版长篇历史小说《唐崖》。同年6月，唐崖土司城遗址管理处联合中国邮政发行《世遗唐崖　森林咸丰》纪念邮册。2017年6月发行唐崖当地歌曲《天赐唐崖》。

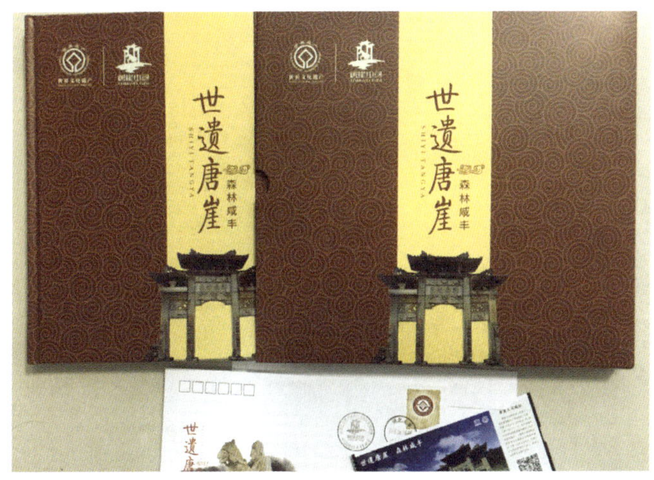

《世遗唐崖　森林咸丰》纪念邮册　　　唐崖土司城遗址管理处　提供

遗址公园

唐崖土司城遗址区景点众多，民间流传“前有青龙进驾，后有玄武护身，桥上桥，路上路，七十二步朝天马，二十一步牌楼梯，群猪过河，贵人下山，二龙抢宝，金银坝，犀牛望月，凤凰留脚印”等说法。2016 年 6 月 11 日，唐崖土司城世界文化遗址公园建成并开园，“荆南雄镇”牌坊、张王庙石人石马、土司王坟、“夫妻杉”等是园区核心景点。

“荆南雄镇”牌坊 建于明天启四年（1624），是朝廷为表彰第 12 代土司覃鼎的战功而立，由四川巡抚朱燮元奏请明朝廷敕建。该牌坊是唐崖土司城址最具标志性的建筑遗存，是衙署区建筑群的起始。前有石阶与中街垂直连接。牌坊坐西朝东，砂石仿木结构，四柱三门三楼式，高 7.15 米，通宽 8.04 米，四根石柱前后有高 2.5 米的抱鼓石及

荆南雄镇牌坊正面　　咸丰县档案馆　提供

石狮一对（现残存一个）。横额两面分别阴刻“荆南雄镇”“楚蜀屏翰”。前后均有题记，记录牌坊的建造缘由、时间。结合《明史》中《靖江王守谦传》“以洪都重镇，屏翰西南”“国家所恃为屏翰者，边镇也”的记载，“荆南雄镇”“楚蜀屏翰”的直接含义为：用唐崖土司城保护楚蜀两地。牌坊构件，大量采用高浮雕和透雕手法，中间枋面雕刻“土王出巡”“哪吒闹海”等题材图案，两侧枋面雕刻“渔樵耕读”“槐荫送子”及麒麟、龙、凤等图案。这些题材多取自汉地，但有当地变通，也有直接反映土司生活的“土王出巡”等，是汉族、土家族艺术结合的产物。

张王庙石人石马 位于唐崖土司城外东北部人工砌筑的高台上，因庙内主祀三国名将张飞而得名，是土司城的“武庙”。张王庙由两个院落组成，庙内建筑遗址尚未发掘。除散落建筑构件外，庙内有石人石马一对。根据雕塑侧面题记，这对石人石马雕刻于明万历三十九年（1611），由覃鼎夫人田氏所建；清乾隆八年（1743），第二任唐崖通判岑映奎主持修葺；清嘉庆年间（1796—1820）、咸丰年间（1851—1861）、光绪年间（1875—1908），在唐崖把总的主持下屡有修缮；“文化大革命”时期废毁。庙坐西朝东，依山就势，中轴对称式布局，面阔三间，进深三重，由山门、马殿、拜殿三部分组成。

石人石马，以巨大砂石雕刻而成，左公右母，间距 4.8 米。石马提腿欲行，前有执辔武士各一人，头戴盔帽，身着铠甲，配剑抱伞，侍立马前。石马依据当地传统品种造型，左边公马高 2.38 米，背宽 0.7 米，长 2.8 米，石人高 1.9 米，缰上阴刻小字“万历

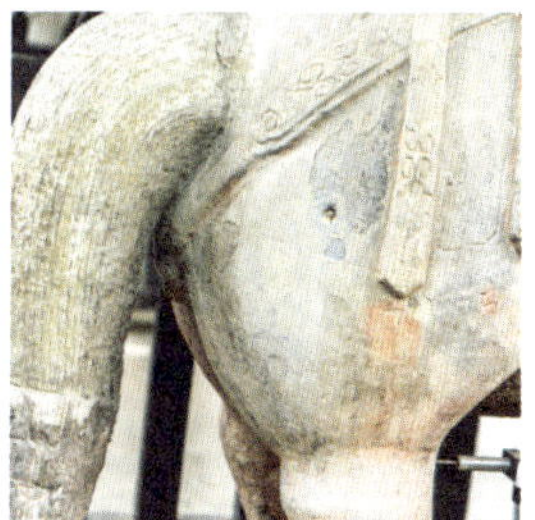

张王庙石人石马　　何继明　摄

张王庙罩马亭 秦兴武 摄

辛亥岁季夏月四日良旦，印官田夫人立”。右边母马高 2.08 米，背宽、长和公马相同，马缰阴刻小字“万历辛亥岁季夏月廿四日良旦峒主覃杰同男覃文仲修立”。其中一石人头已毁，残身高 1.6 米。

石人石马整体造型奇伟雄壮，势如腾骧。马鞍两侧的麒麟雕饰细腻优美，麒麟四脚跳起，侧头摆尾，缩颈扭腰，别具装饰意味。石人一高一低，头盔高耸，身披藤甲，脚蹬战靴，左肩紧绷刀鞘带，左手反握油纸伞，右手仍持缰前倾而立。以厚实的体块和横眉竖目、大头阔鼻的造型，表现马夫的壮实、憨厚和忠诚。1983 年，依据历史格局修建石人石马的保护设施——罩马亭。

庙内尚存石碑 7 块，嵌于马殿右侧围墙上，记载 18、19 世纪对张王庙的保护和修缮。以“公颂重新”碑和“重修张王庙碑记”碑保存最好。

土司王坟

以覃值什用墓、田氏夫人墓为代表，是西南地区现存等级最高、规模最大的土司墓葬。

覃值什用墓 位于官坟山，为唐崖土司城中体量最大的墓葬，是唐崖土司城遗址的精华之一。墓地坐西朝东，占地 400 平方米，为半地穴式石室墓，由封土、祭台、墓室构成。在祭台栏板、石壁、墓室内部等处，雕刻花草、瑞兽、团花、云纹等汉地风格图案。

墓地封土平面呈半圆形，前高后低，底径约 20 米，厚约 0.5 ~ 2 米。祭台两侧设有高约 1.8 米的“八”字形石墙，墙心饰以麒麟图案。祭台周边围以高约 1 米的石雕望柱、

覃值什用墓　　咸丰县档案馆　提供

栏板，内石板铺墁，正面前设三级踏步。

祭台后为墓室，墓室外观为石雕仿汉四开间殿堂式，通高 4 米，通面阔 7 米，柱间宽约 1 米，重檐庑殿顶。设前廊，进深约 1.8 米，高 2 米，廊顶雕刻有藻井，廊前设门 8 扇，中间两间为开启式，门已散失。两侧两间为仿木隔扇石门。外立面以石头雕刻出柱、枋、斗拱、屋檐、鸱吻等仿木仿瓦构件。内部对应四开间建筑形象，有石砌椁室 4 个，长 3 米，高 1.5 米，两中室宽 1.3 米，侧室宽 1.25 米。各有石棺床，长 2.7 米，宽 0.9 米。后有壁龛，雕饰有灵牌式图案。室间以整块石隔开。中雕小格窗，窗眼为钱纹图案。室顶雕刻藻井，饰莲花纹。据土司后裔介绍，结合外廊藻井的纹饰图案位置以及棺床的体量判断，中间左右两间分别为覃值什用及其夫人的墓室，两侧两间应为其妾的墓室。

据传，该墓在清末曾被开掘过。20 世纪 80 年代，为加强保护、便于参观，在墓两侧铺筑石台阶及排水沟，墓外围砌石护墙。

田氏夫人墓　位于覃值什用墓后左后方，与之紧邻，位置略高。建于明崇祯三年（1630），坐西朝东，由墓冢、墓碑、“万古佳城”牌坊三部分组成。

墓冢圆形，直径约 2 米，高约 1.5 米，底部采用石板围护。墓碑采用砂岩雕凿而成，高 1.9 米，由碑座、碑身和碑帽三部分组成。座为长方形，高约 0.5 米。碑身由整块砂岩凿成，宽约 1 米，厚约 0.2 米，额题“日”“月”两字，每个字外饰圆圈纹。碑文楷书

田氏夫人墓 兰亚萍 摄

阳刻“明显妣诰封武略将军覃太夫人田氏之墓”，前记“孝男印官茵宗记”，后题“皇明崇祯岁庚午季夏吉旦立”。受风雨侵蚀，碑身风化剥落严重，碑文漫漶不清。碑帽为单檐庑殿顶式。碑身两侧及碑座正面饰有卷草纹。“万古佳城”牌坊造型简单，无雕饰花纹，为四柱三门式仿木石构，四柱两侧均设有抱鼓石。牌坊通高约 3 米，明间宽约 2 米，次间宽约 1.4 米。中门横额正反面分别楷书阳刻“万古佳城”“乾坤共久”，是墓主生前显赫地位的象征。

夫妻杉 秦兴武 摄

夫妻杉 又名“玄武杉”，位于土司城西玄武山顶部。两株古杉大小基本相同，相传为土司覃鼎夫妇所植，是夫妻爱情的象征，历来得到土司后裔的保护和管理。棵围约 5 米，高约 44 米，枝叶繁茂，高大魁伟，冠幅面积 225 平方米。两树枝干连理，并峙而立，如夫妻携手，成为唐崖土司城址自然景观的象征和标志。附近有同时期栽植的一株枫香树。据土司后裔介绍，当年沿崖壁植有大树 18 株。这些树构成唐崖土司城的“风水林”，用以“镇山护气”。

园区建设

2014—2017 年，围绕“世遗唐崖、森林咸丰”旅游形象定位，推进唐崖古镇改建、大河边至唐崖旅游公路和唐崖土司城世界文化遗址公园建设，简称“一镇一线一公园”建设。

唐崖古镇改建 按照“政府主导、市场主体、群众自愿”的建设原则，以及“青瓦白墙花格窗、飞檐翘角吊脚楼、走马转角青石板、雕梁画栋土司门、古香古色风情镇”的建设风格，古镇改建涉及民居和单位房屋 222 栋，其中单位 47 栋、民居 175 栋。工程总投资 2900 万元（政府投入 60%、居民自筹 40%）。至 2018 年年底，142 户居民递交改造申请，先期开工改造的 66 栋房屋竣工。

大河边至唐崖旅游公路 全长 8 千米，设计为省道二级公路，总投资 1.1 亿元。2014 年 9 月开工，2015 年 12 月投入使用。公路沿线景观绿化带总投资 600 万元，绿化面积约 7.8 万平方米，种植乔冠观赏树木 3.5 万株，沿线建观赏台 2 个、公共场所 2 个、停车点 4 个、牌坊 1 个。公路沿线改造房屋 102 栋，其中唐崖镇境内 52 栋、清坪镇境内 50 栋，建设内容为房屋改造、院坝硬化、环境美化等。

世界文化遗址公园建设 完成游客接待中心等基础建设和文物管理、景观建设、环境监测等工程。

基础设施 新建游客接待中心和停车场，占地面积 1.9 万平方米；完成土司城绕城公路、电瓶车道、人行栈道、景观工程等配套设施建设。皇城水岸至土司城观光道路（电瓶车道）长 770 米，土司王坟至夫妻杉电瓶车道 588 米，各配电瓶车 2 台。工程总投资 2750 万元。

文物管理 投资 4590 万元，完成土司城址文物保护一、二、三期工程，文物保护工作实现规范化、标准化。

景观建设 投资 500 余万元，在土司城核心区栽植以水杉、金丝楠、银杏为主的观赏树 6500 余株，种植花草 200 余亩，修建人行木质栈道 3000 米、石板路 2000 余米。

环境监测 投资 1000 余万元，建成唐崖土司城址动态信息及监测预警系统和监控监测系统，构建人防、物防、技防一体化的立体防护网络，完成唐崖土司城址展示利用工程项目申报，启动遗址核心区景观系统、消防系统、排水系统、照明系统的规划和建设工作。

旅游开发 2013年以来，严格执行《保护世界文化和自然遗产公约》，以及《中华人民共和国文物保护法》《唐崖土司城址保护管理办法》《唐崖土司城遗址保护管理规划（2013—2030）》有关规定，加大世界文化遗产的转化与利用工作，以生态资源为基，以土司文化为魂，制定“全域旅游、5A咸丰”战略目标，推进唐崖土司世遗文化产业园建设。深度挖掘土司文化，举办“土司十大碗”系列菜评选及商标注册活动，开发唐崖土司茶、刺绣、石雕、根艺、绿色食品、农副产品深加工等特色旅游商品，唐崖土司品牌魅力进一步彰显。

成立唐崖土司城址旅游发展有限公司，做好唐崖古镇旅游开发工作。公司内设办公室、讲解部、后勤保障部等部门，员工50人。2016年投入64万元，建设土司城址语音导览工程，增设电子触摸屏、自动感应讲解器等设备，实现游客自助参观游览。2016年前年均游客约7万人次，遗址公园开园后，游客人数增至10万人次以上，年门票收入100余万元。

唐崖土司城遗址栈道　　秦兴武　摄

土家吊脚楼

土家吊脚楼是唐崖镇传统民居，俗称“吊楼”或“签子”。这些吊脚楼飞檐翘角，雕梁画栋，广泛散布在高山、河谷和平坝中，或集结成寨，或独处一隅，与青山绿水浑然一体。2011年5月，土家族吊脚楼营造技艺（咸丰）被列入第三批国家级非物质文化遗产名录。如今，古朴的吊脚楼，成为唐崖镇随处可见且颇具特色的人文风景。

杨家营村喇叭槽吊脚楼群　　秦兴武　摄

起源与发展

历史成因　吊脚楼为半干栏式建筑。唐崖境内的吊脚楼起源于何时，尚无据可考。据有关资料记载，土家吊脚楼源于巢居。土家族祖先最初住"狗爪棚"或洞穴。这种居住环境不仅潮湿，而且常受猛兽和蛇虫威胁。后来，先民仿飞鸟在树上搭窝筑巢，上可遮风避雨，下可防潮防虫兽。这种巢居后来演变为干栏式建筑。《魏书·獠传》载："依树积木，以居其上，名曰栏杆。"《旧唐书·南蛮传·南平獠》载："山有毒草、沙虱、蝮蛇，人并楼居，登梯而上，是为干栏。"随着农耕经济的发展，唐崖先民从树上搬到地上，用树干作支柱，以竹枝或树枝为壁，茅草、杉皮盖顶，形成"千根柱头落地"的简陋居室。明朝，唐崖土司司主、舍把、峒主等贵族阶层开始就地取材，大量修建木房。为适应崎岖不平的山区地形和多雨潮湿的气候，这些木房一般采用“亮脚亮柱”的半干栏式。在装饰上，土司衙门雕梁画栋，飞檐翘角。当时，屋顶盖瓦是土司官方建筑的特权，其他民房只准盖杉皮、茅草、石板。即使官吏豪门，也“只准买马，不准盖瓦”。

发展历程 清朝“改土归流”，废除“蛮不出峒、汉不入土”和“不准盖瓦”的禁令，唐崖对外交往日益频繁，吊脚楼的营造技术和风格日臻成熟。从那时起，小康人家开始用青瓦盖顶，并开始修建小型简陋的吊脚楼。官吏和大户人家则以“挑”“梁”“柱”“檐”的变化，改变吊脚楼形式；以楼层和房间的增多，扩展吊脚楼的规模；以柱础、窗花、栏杆、飞檐、青瓦造型等构件，修饰吊脚楼的外观。现存古建筑，多为清末和民国时期建造的半干栏式建筑。

从新中国成立到改革开放初期，是修建吊脚楼的鼎盛时期。1952 年土地改革后，人民获得土地、山林和大量的生产生活资料，为修房造屋创造了条件。当时，人们发扬互助精神，在劳力上通过换工、无偿帮工，在材料上就地取材、互通有无，在修造技艺上大胆创新，修造大量风格各异、大小不一的吊脚楼。农业合作化和人民公社时期，这种态势继续发展。特别是 1953—1957 年和 1961—1965 年这两个时期，人民生活水平提高较快，人口快速增长，修建吊脚楼成为时尚。20 世纪 70 年代至 80 年代，吊脚楼总量仍在增加，生产队的队部、小学一般都修建成吊脚楼。当时，吊脚楼成为农村普遍建筑。

20 世纪 70 年代修建的旭光大队（今杨家营村）队部　　咸丰县档案馆　提供

彭家沟村谢先华的仿木吊脚楼　　秦岭　摄

20 世纪 90 年代，吊脚楼修建基本停止，代之以砖石水泥楼房。当时，吊脚楼的修建、维护和营造技艺的传承面临以下困境：1. 拆旧换新。随着生活水平的提高，住户感觉木房在居住上不及水泥房方便，如水电的安装、卫生间的设置、防火等。因此，村民宁愿拆除旧木房，新修砖石水泥房。加之政府从保护生态出发，鼓励修建混凝土房屋，加剧了吊脚楼的衰退。2. 移居。由于交通不便，不少村民移居到城镇或公路沿线，原来的吊脚楼闲置朽坏。3. 年久失修。由于青壮年常年在外打工，留守的老年人无力维修和保养，吊脚楼渐成危房。4. 修建成本高、耗时长，材料难觅。一栋吊脚楼从计划到竣工，少则半年，多则一年，耗费大量人力、财力、物力。很多古老吊脚楼的柱子，都是用粗大结实的马桑树、金丝楠木、青冈树做的，如今连大杉树都难找，瓦也买不到。在技术上，唐崖镇内能修建吊脚楼的木匠不到 100 人，他们一般在 50 岁以上，手艺已荒废几十年。

进入 21 世纪，唐崖镇结合新农村建设、美丽乡村建设、少数民族特色村寨建设，对集中的传统民居进行修补、改造、装饰，使吊脚楼得到一定程度的利用和保护。有经济实力的居民，为开设农家乐和吸引旅客需要，在公路旁修建仿木结构吊脚楼，彭家沟村岩匠谢先华就是其中之一。

大水坪村连体吊脚楼 万重山 摄

2017 年，咸丰县住建局、民宗局调查，唐崖镇有传统吊脚楼 578 栋（座），其中单栋式 91 栋（只有正屋和转角）、平地起吊式 45 栋、曲吊式 352 栋（一正房一厢房）、双吊式 85 栋（一正房两厢房）、四合院 5 座（均残缺不全）。主要分布在唐崖司、三角庄、大水坪、小水坪、破水坪、谢家坝、龙潭坝、卷洞门、钟塘、沙堡溪、空山岭、两河口、袁家界、邓家坪、横路、杨家营、蛇湾溪、邀联溪等村。

现存吊脚楼中，保存好的占 30%，保存一般的占 50%，保存较差的占 20%。有人居住（完全利用）的占 40%，部分居住的占 40%；无人居住的占 20%。公路沿线吊脚楼相对较少，但利用率较高，保护较好；偏远乡村吊脚楼相对较多，但闲置毁弃的不少。

院落选介

唐崖镇保存较好的吊脚楼院落有 20 余个，如大水坪村岩脚下、田坎上、管子坪、下坝等院落，三角庄村檀木树、桃根塘、寨子上等院落，龙潭坝村芭蕉溪院子，钟塘村马歇、磨达界等院落，沙堡溪村吴家院子，空山岭村车营、勾树湾等院落，杨家营村岩塆、喇叭槽、杉树湾、老榨坊等院落，横路村楠木园、刘氏等院落，铜厂坡村甘家院子，苏麻溪村吴家院子、钟塘村磨搭界吴家院子等，这些院落均有百年以上历史。

岩塆田氏吊脚楼院落 位于杨家营村磨盘山麓的岩塆。这里居住的全是土家族田姓。据田氏族谱记载，先祖名叫田玺，木工技艺精湛，是大旺土司的后代，约于清光绪元年（1875）由来凤县大河镇楠木村柑子树老屋基迁徙至此。

杨家营村岩塆田氏吊脚楼院落（局部） 咸丰县文化馆 提供

田玺发挥高超的木工技艺，在此依山坡地形修建一栋一正两厢的吊脚楼。此后，田玺迎娶当地覃姓女子（唐崖土司后代），繁衍生息，吊脚楼也越修越多。迄今形成约18户的吊脚楼群。

吊脚楼群分上、中、下三个院落。连接每家的小路均用砂岩石板铺就，门前台阶用砂岩长石条砌成，既美观又防滑。吊脚楼大都是"四合天井式"造型。除屋顶盖瓦外，上下全部用杉木或柏木建造。

喇叭槽刘氏吊脚楼院落 与岩塆田氏吊脚楼群一山之隔。整个院落相对集中，有16栋木房，其中保存完整的吊脚楼6栋。据当地老人介绍，刘氏在清乾隆年间（1736—1795）从贵州迁移至附近鸡鸣坝，后人丁兹繁，其中一支迁至喇叭槽。刘氏在喇叭槽世居200余年，繁衍12代，现有22户90余人。当地老人介绍，民国时期，这里就有数十年乃至近百年的吊脚楼，后毁于火灾或因朽烂后拆除重建，现存建筑吊脚楼多建造于20世纪50年代末至80年代，修建者为世代相传的刘氏工匠。

甘家院子 位于铜厂坡村，清末由当地大户甘保成、甘元成两兄弟修建，土改后分配给当地6户贫雇农，甘氏后人2户各留一间。该院子是一栋一正（屋）两头转角的大型吊脚楼。正屋长五间、五柱四骑；转角一间；厢房六列五间，五柱二骑。阶檐、院坝均用规整的青石垒砌。屋外有宽大厚实的石围墙。右边靠吊脚楼有干栏式朝门一个，三柱二骑，朝门内呈"八"字造型。

甘家老屋

秦兴武　摄

甘家院子朝门　　秦兴武　摄

唐崖镇部分吊脚楼调查表

表 6

地点	屋主	建筑年代	中柱高度	房屋形制	房屋进深	备注
两河口村	杨昌玉	20 世纪 50 年代	5.6 米	正屋四列三间 一正两厢	五柱二骑	厢房建于 20 世纪 90 年代
邀联溪村三组	李光阳	不详	5.8 米	一正一厢	五柱二骑	花脊
邀联溪村三组	曹玉双	不详	8.5 米		五柱四骑	花脊，厢房四层
邀联溪村四组	张明超	1968 年	5.5 米	一正一厢	五柱二骑	花脊
邀联溪村二组	何红亚	20 世纪 40 年代	5.5 米	一正两厢	五柱二骑	堂屋六合门
蛇湾溪村二组	覃远目	清朝末年	6.2 米	一正一厢	五柱四骑	堂屋六合门
袁家界村四组	杨昌进	1980 年	不详	一正一厢	五柱四骑	走马转角楼
卷洞门村	谈志强 谈　红	不详	6.3 米	一正两厢	五柱二骑	
卷洞门村六组	谈学武	1980 年	7 米	一正一厢	五柱二骑	走马转角楼
大椿树村七组	秦声江	不详	4.8 米	一正两厢	三柱二骑	歇山、悬山屋顶
龙潭坝村七组	覃富生	1962 年	不详	一正两厢	三柱二骑	厢房建于 1981—1982 年
龙潭坝村七组	覃方林	1947 年	7.8 米	不详	五柱四骑	悬山屋顶

续表 6

地点	屋主	建筑年代	中柱高度	房屋形制	房屋进深	备注
彭家沟村七组	李茂学 李　恒	20 世纪 60 年代	5.5 米	一正两厢	不详	坐西北朝东南
谢家坝村一组	周久云	20 世纪 60 年代	不详	一正一厢	三柱二骑	歇山、悬山屋顶
谢家坝村一组	覃　显	清末	5 米	一正一厢	五柱二骑	歇山、悬山屋顶
大石沟村四组	黄仕华	不详	5.2 米	一正一厢	五柱二骑	屋北头有石台阶
南河村九组	覃方才	1960 年	5 米	一正一厢	三柱二骑	坐东北朝西南
南河村九组	覃华兵 覃　斌	20 世纪 60 年代	5 米	一正两厢	三柱二骑	坐东北朝西南
荆竹界村三组	不详	不详	7.3 米	一正一厢	五柱二骑	走马转角楼
荆竹界村四组	龚良培 龚良善	1935 年	6.65 米	一正一厢	五柱四骑	坐东朝西
何家沟村八组	陈元建	1968 年	6.2 米	一正一厢	五柱四骑	坐北朝南
袁家界村二组	周长松	1977 年	5.6 米	一正一厢	五柱二骑	台阶位于中堂前
邓家坪村六组	华学斌 华学文	1956 年	5.5 米	一正两厢	五柱二骑	坐西朝东
邓家坪村六组	刘有国	20 世纪 50 年代	5.5 米	一正一转角	五柱二骑	坐东北朝西南
横路村二组	张合礼 张永州	1979 年	5.5 米	一正两厢	五柱二骑	坐北朝南
三角庄村六组	丁先朋	20 世纪 60 年代	5.6 米	一正一厢	五柱二骑	厢房建于 1983 年
燕子嵌村	胡　康	不详	5 米	一正一厢	五柱二骑	中堂有“荣满香山”匾
黄阳坪村四组	李　波	1945 年	5 米	一正一厢	三柱二骑	厢房建于 1975 年
官家堡村二组	卢兆永 卢坤祥	清末	5.8 米	一正两厢	五柱二骑	台阶位于中堂前
官家堡村七组	刘元朋	清末	6.5 米	一正一厢	三柱二骑	坐东北朝西南
小水坪村一组	陈俊涛	清末	不详	一正一厢	七柱二骑	
小水坪村七组	陈明举	清末	5.4 米	一正一厢	七柱二骑	
苏麻溪村七组	吴仕阳	20 世纪 90 年代	5.3 米	不详	七柱二骑	坐东朝西
升天界村十组	吴自兵	1962 年	5.6 米	一正一厢	五柱二骑	
大水坪村五组	严柏权	1946 年	5 米	一正一厢	三柱二骑	坐西北朝东南
大水坪村三组	严志祥	1953 年	不详	一正一厢	五柱二骑	坐西北朝东南
大水坪村七组	严一忠	20 世纪 40 年代	5 米	一正一厢	五柱二骑	坐北朝南
大水坪村九组	黎永国	20 世纪 50 年代	5.5 米	一正两厢	五柱二骑	坐东北朝西南
何家沟村一组	覃　义	1949 年	不详	一正两厢	五柱二骑	坐西北朝东南
乱石窖村一组	张继军	1962 年	5.6 米	一正两厢	五柱二骑	坐北朝南
乱石窖村三组	陈元胜	20 世纪 70 年代	6 米	一正两厢	五柱二骑	坐西北朝东南
乱石窖村二组	陈国信	20 世纪 40 年代	5 米	一正一厢	五柱二骑	坐西北朝东南
杨家营村二组	刘学之	不详	5.5 米	一正两厢	五柱二骑	厢房建于 20 世纪 70 年代

续表 6

地点	屋主	建筑年代	中柱高度	房屋形制	房屋进深	备注
杨家营村二组	刘树之	1980 年	5.5 米	一正两厢	五柱二骑	中堂前有台阶
杨家营村二组	田瑞华	不详	5.5 米	一正一厢	五柱二骑	建于 200 多年前
杨家营村二组	田国泰	20 世纪 70 年代	5.5 米	一正一厢	五柱二骑	坐西北朝东南
杨家营村二组	田国清	1977 年	6 米	一正一厢	五柱二骑	花脊，中堂前有台阶
杨家营村二组	田瑞祥	1956 年	5 米	一正一厢	五柱二骑	花脊，中堂前有台阶
杨家营村三组	秦玉堂	1939 年	5.5 米	一正两厢	五柱二骑	花脊，中堂前有台阶
大水坪村七组	龚海清 龚祖权	1973 年	5.6 米	一正两厢	五柱二骑	花脊，中堂前有台阶
邓家坪村十组	田明朝	1939 年	7 米	一正一厢	五柱四骑	跑马阶沿
铜厂坡村四组	周建华	20 世纪 40 年代	5.5 米	一正两厢	五柱二骑	花脊，中堂前有台阶
铜厂坡村二组	甘仲航 王金志	民国初年	6 米	一正两厢	五柱二骑	坐北朝南，前有朝门
四方石村五组	田森林	约 200 年前	5.5 米	一正两厢	五柱二骑	厢房建于 1981 年

说明：此表由咸丰县文化馆提供

布局与结构

吊脚楼一般建在坡地，或依山临水，或跨沟占崖，体现了“占天不占地，天平地不平”的建筑理念。

空间布局 吊脚楼一般由正屋、转角、厢房三大部分组成。正屋修建在平地上，是整栋房屋的基础和核心。正屋一边或两边修建转角和厢房。厢房一边与转角相连，其余三方悬空，靠柱子支撑，故名吊脚楼。根据地形地势，若干栋吊脚楼或纵深递进，或横向铺排，组成一个院落或寨子，层层叠叠，错落有致。

正屋一般三间，多则五间、七间，民间分别称为“长三间”“长五间”“长七间”，

杨家营村杉树湾吊脚楼群（局部）　万重山　摄

土家火塘　郭志军　摄

宜单忌双。屋主根据经济条件，一般先修正屋。以后条件允许，逐步修建转角、厢房。居中一间为正房（俗称“堂屋”），是祭祖、迎宾和操办红白事之所。堂屋左右的房间称“人间”“耳房”，父母住“大里头”（堂屋左边），儿子、儿媳住“小里头”（堂屋右边）。兄弟分家，兄住“大里头”，弟住“小里头”，父母住神龛后面的“退堂屋”（又称“抢兜房”）。

“人间”以中柱为界，分隔成里外两间，均铺设地楼板。里间以天楼板为界，楼下为卧室，楼上存放粮食、杂物。外间作生活用房，建有火炕、灶。火坑又称火塘，一米见方，用青石镶成。火坑内置“三脚”，“三脚”上放铁锅或鼎罐，用于煮饭、炒（炖）菜，同时烤火取暖。火坑上方用木条或竹块铺成条楼，既排烟，又可干燥杂物。条楼下悬一木架于火坑正上方，谓之“炕”，用于烘烤湿物或腊肉等。

转角是正屋与厢房的过渡性建筑，与正屋同处一个水平面并形成直角。构建方式有“平梁转角”“猫洞转角”“马屁股转角”等。由于转角位置特殊，两列排扇不是相对平行排列，而是爹角排列，前窄后宽，形成扇面。两列排扇交会处，竖起一根中轴柱，承托数根梁、枋，外观如一把伞，又像冲天花炮，故名“伞把柱”“冲天炮”。转角一般分上下两层，上层堆放杂物，下层用作厨房、餐厅、磨房等。

厢房是沿转角延伸并与正屋垂直的建筑，一般三层，多则四层。底层不装板壁，柱子裸露，俗称“亮脚亮柱”。底层空旷，用于安放碓、磨，建畜禽栏圈，堆放柴草、农具等杂物。第二层与正屋第一层同一个水平面，作居室、客房等。第三层透风干燥，除作书房、客房外，还隔出小间，用于储粮。厢房体量庞大高耸，形态各异。

燕子嵌村塘坎上四层吊脚楼　　咸丰县档案馆　提供

正屋、转角、厢房之间及上下各层，均用板梯或楼梯连通。

外观形制　从外观和形制看，吊脚楼有“一字形”“钥匙头”“曲尺形”“凹字形”“回字形”等。

一字形，即建在平坝上的正屋，没有转角和厢房。这种形制，按地形无须吊脚，却将房屋抬高成干栏式。

大水坪村“一字形”平吊式吊脚楼　　彭家红　摄

杨家营村岩湾“曲尺形”吊脚楼　　彭家红 摄

钥匙头，只有正屋和转角，形似一把钥匙。

曲尺形，利用正屋一边的坡地，加修转角和厢房，形如一把曲尺，又称“一头吊”“半边吊”“单吊式”。

凹字形，正房两头皆有厢房，呈“虎坐形”，又称“双头吊”“撮箕口”“三合院”。

回字形，在“双头吊”基础上，将正屋两头的厢房上部连成一体，形成一个四合

杨家营村“凹字形”吊脚楼　　万重山 摄

院，中间开一道朝门。由朝门拾级而上，即到院坝。这种布局，一般为清末和民国时期的豪门巨户修建。

按照地形地势，还有平地起吊式吊脚楼，即正屋、转角、厢房均建在同一块平地上，部分或全部采取干栏式。外观有“一字形”“钥匙头”“曲尺形”“凹字形”“回字形”等。

内部结构　吊脚楼的正屋、转角、厢房，其主架均由若干纵向的“列”和若干横向连接的梁、枕、枋、檩组合而成。各种构建采用穿斗式，用榫卯固定，使整个屋架形成相互垂直、纵横交错的网络体系，因而非常稳固，屹立数十年乃至数百年不倒。

列，又称“排扇”“扇”。由柱、骑筒作纵向排列，柱与柱之间、柱与骑筒之间用枋横向连接。

柱是房屋的支柱，俗称“柱头”，接地竖立，上圆下方。骑筒是不接地、竖骑在枋上与柱头并列的圆柱，又称“骑”或“瓜”。骑筒雕饰成纹饰不同的瓜棱头。柱与柱、柱与骑筒之间为“一步水”。柱头、骑筒的多少和“水”的间距，决定房屋的进深。正屋少则三柱（落地）二骑（升天）、三柱四骑，多则五柱二骑、五柱四骑、五柱八骑、十柱十二骑等。厢房有三柱二骑、五柱四骑、七柱二骑、九柱二骑等。

枋是横向穿连柱头、骑筒的构建，有穿枋、挑枋两种。穿枋贯穿柱与骑筒，挑枋承托屋檐。挑枋有平挑和翘头挑两种。平挑又称板凳挑，即一块扁平的木枋；翘头挑，又叫翅角挑，用略微弯翘的杉树篼加工而成，上翘约 30 度。挑枋是雕刻龙凤、花鸟等图案的重要部位。挑枋必须在楼枕上面，或与楼枕同一个平面，俗语云：“楼枕压挑，一辈子不得风光。”

雕花“翘头挑”（左）、雕花“瓜棱头”（右）　　秦兴武　摄

两列之间，用梁、枕、枋、檩等横向衔接，组合成房屋的一个单位“间”。梁有三种。横跨堂屋顶端、置于两“列”中柱上的枋叫“大梁”。大梁上有脊檩，前有“看梁”。因燕子常在“看梁”下垒窝，故又称“燕子梁”。横跨堂屋两侧房屋顶端、置于两列中柱上的横枋叫“二梁”。枕有两种。连接两列之间的柱、骑筒者为“天楼枕”，连接两列之间柱头底部者为“地楼枕”。檩是横跨房屋顶端、置于两列其他柱头和骑同上的圆木，用于承接椽皮和瓦。

附属构造　出廊、阶檐是吊脚楼的两大附属构造，也是吊脚楼的特色之一。

出廊　俗称“签子”“走栏”。位于吊脚楼第二层内侧（面向院坝），或内侧及前端，或前、左、右三面。“一字形”平吊式的出廊更加灵活：有的在两侧的二楼前面扩建一左一右两个出廊，俗称“扁担挑”；有的在前面及左右两头修建三面环廊，甚至在前后左右形成四面通达的围廊；有的在堂屋内二楼后侧修建出廊，或在堂屋左右及前面修建三面相通的内廊。三面出廊、四面回廊谓之“跑马转角楼”或“走马回廊”。规模较大的吊脚楼，二、三层均有出廊。出廊外侧的栏杆造型各异，有回字格、万字格、中字格、喜字格、亚字格等，最简单的是川子格。有的出廊附设长椅，姑娘常在此刺绣纳鞋，故名“美人靠”。出廊不仅具有安全与通道功能，而且便于休闲、纳凉、赏景、晾晒衣物等。收获季节，常将玉米棒穿成长串，或将黄豆、花生连同秸秆绑扎成把，吊在走廊上晾晒。

阶檐　是房屋下的一块台地，分布于房屋前后左右，把房屋围成一个“孤岛”，便于防潮。后阶檐、左右阶檐旁开设檐沟，便于排水。前阶檐位于房屋正前方，一般用石板铺就，既是临时存放杂物、工具之地，也是休息、纳凉场所。阶檐一般宽1米左右。宽约2米、由挑枋挑出两步水、外加立柱承重者为“跑马阶檐”。

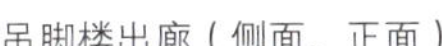

吊脚楼出廊（侧面、正面）　秦兴武　摄

跑马阶檐　　秦兴武　摄

营造流程

修建一栋吊脚楼，大致包括选址、打屋场、备料、起造、立屋、装修等程序，每套程序都有不同的技法，且伴随若干仪式和风俗。

选址　即物色修建房屋的地方，俗称“选廊场”“选点部”。通常要求三个条件：一要交通便利，“柴方水圆”（当地俗语，指取柴用水方便），便于耕作。二要避风向阳，地势开阔平坦，地基厚实牢固。为使屋基牢固，一般选择岩山，认为“根基不牢，地动山摇；基稳房固，世代健勇”。三要遵循“风水”，崇尚“左青龙，右白虎，前朱雀，后玄武”，认为山环水抱是“风水宝地”。

打屋场　选定建房的地方后，请帮工开石填土，挖沟垒坎，平整夯实。又称“打屋场”或“开山”。

打屋场前，首先要祭山神，然后架设罗盘，确定房屋朝向和中轴线。根据地形地势，房屋一般坐北朝南，也可坐西朝东，或坐东朝西。有的主家则自行以喜鹊巢、燕巢的开口方向为房屋的朝向。最后根据家主的“八字”、屋场的环境等因素，确定动土的吉日吉时。

帮工到达工地后，首先生起一堆大火，这有两方面意义：一是照明。打屋基一般在“交更之后、阳气始生”之时，这时天未亮，需要照明；二是证明这个屋场“火旺”。

破土时，先祭祀祖先神灵，再由德高望重的人挖第一锄土，然后众人开工。有的地方用一头大水牛，架犁破土。开犁时，牛角上缠一匹红绸布，主人放鞭炮，祭拜天地，犁地者边犁边唱：“手牵神牛入屋场，贺喜主东竖栋梁。手牵神牛犁向东，东方红日照堂中；手牵神牛犁向南，南极仙翁赐寿诞；手牵神牛犁向西，犀牛望月生瑞气；手牵神牛犁向北，北斗高照龙头抬。东南西北都犁到，地杰人灵创基业。”

打造屋场过程中，若挖出动物，看见异物，出现天坑等，要及时“释异”。如挖到鼠窝，就说“尽吃细粮，儿孙满堂”等。

备料　准备建房所需的木料，全程包括定法稷、择木、伐青山、困山等。

定法稷，由掌墨师根据屋场大小、主家经济条件，确定修造房屋的规制，如几柱几骑、几列几间、几层楼、修正屋还是厢房等。掌墨师是持有“五尺”的木匠，他负责房屋设计和墨线掌控，相当于总工程师。掌墨师技艺娴熟，修房建楼不需图纸，整个房屋结构和样式，以及数百根柱、梁、枋的大小、长短和开卯部位，均胸有成竹。

择木，即按照既定房屋规制，掌墨师与主家进山物色木材，哪根做柱、哪根做梁、哪根做枋、哪根做楼板等，均在树上作独特的标记。

按照标记，砍伐树木，称“伐青山”或“砍料”。伐青山前，先由掌墨师敬山神。伐木过程中有若干讲究。比如：柱是房屋的主干，砍伐这类树木，必须向山顶倒，忌向山脚倒，寓“主家走上坡路，步步高升”。

砍伐的树木，在山林里“困”一段时间，以便去皮、晾干、定型，谓之“困山”。“困山”后，就地将树木裁锯，再运到屋场加工。

起造　将木材加工成柱、枋、梁、枕、檩等构件，并组装成“列”的过程，谓之“起造”。具体分为“起水”、“开篙”、“画墨”、加工、校对、安磉墩、排扇、梁木采伐与加工等程序。

开篙，即把房屋所需柱、枋、梁等部件的名称、尺寸、位置逐一标记在一根竹竿上。然后由掌墨师或其大徒弟对照篙上标记，用画签在木料画上墨线，作为加工木料的依据，这一过程谓之“画墨”。“开篙”“画墨”是确保房屋稳固的关键，用尺画墨精准，则建成的房屋方正规矩，能住几十年乃至数百年；反之，房子会变形甚至倒塌。

加工，即按照“画墨”标记，对木料进行裁锯、凿孔、开槽、刨光等，形成房屋的各种构建。加工好的构建，要逐一标记，按要求摆放。比如：平放的柱，树兜朝内（堂屋）；竖放的柱，树兜着地；地脚枋树兜一端朝外，等等。

校对包括“讨退”“割平”两个程序。讨退，即检验枋和柱连接处的公母榫是否吻合。割平，即计算柱、枋和公母榫的数量是否正确，检测榫的位置和柱的高矮、枋的长短是否准确。

各种木构件加工好后，接着安装磉磴。磉磴，即柱础，用于支撑柱头、抬高房屋，便于通风透气。磉墩一般选择青石或花岗岩，由石匠打制成四方形、六方形、八方形、宝瓶形、瓜瓣形或鼓形，四周雕刻云纹、花卉、飞禽走兽、诗词等。一栋吊脚楼有多少根立柱，就有多少个磉磴。

磉磴安放完毕，再把柱、骑、枋等构件组装成“排扇”，摆放在预定位置。排扇顺序：先排两边（俗称“两山”）之扇，依次向中堂靠拢。每扇的组装顺序：先排中柱，再排穿枋，接着依次排大骑（筒）、二金柱、小骑、檐柱。在排好的部位，用响锤撞击，用木楔塞紧。

制梁木 梁木是堂屋顶部的一块大梁，是整个建筑的脊梁，土家人视为最重要、最神圣的构件。梁木的物色、砍伐、加工都有特定要求。

梁木选择粗壮修长、枝杈茂密的杉树，寓“业大家正”“人发家发”；或选择椿树、梓树，分别寓意“春常在”“子孙旺”。

梁木选定后，在立屋前一天择定吉时，由掌墨师带队，上山砍伐，临时制作。砍伐前，用红绸和水果、酒水等供品，举行“祭梁”仪式，再由掌墨师“说福事”（恭维话或吉语）。梁木由两人同时砍，一人砍上方（山顶方向或东方），一人砍下方。砍伐过程中，用“金带”（用稻草和竹篾混合搓成的粗绳）套住梁木向上提拉，确保梁木倒向上方。梁木倒下后，就地裁锯，一口气抬运到屋场，贴上红纸。

若梁木过粗过大，则一剖两开，谓之“解梁木”。解梁木前，主人在梁木两端各挂

组装屋架　　秦兴武　摄

一串鞭炮。点燃起锯一端的鞭炮后，解梁师傅说一段福事，开始解梁。解梁过程中不准说笑，不能停歇。梁木即将解出头时，一名师傅点燃另一串鞭炮，边“解”边说福事：“梁木解出头，人有家也有，梁木解完哒，人发家也发……”解剖的梁木为一厚一薄两块。厚者作正梁，薄者作“看梁”。

立屋　又称“发扇”“起扇”，即把排扇立起，用枋、梁、枕、檩横向连接固定，形成房屋主架。立屋前，先举行“敬鲁班”“发捶”仪式，再正式起扇。屋架竖起后，接着安装梁木，举行上梁仪式。

起扇顺序，先立中堂两列，用穿枋固定。再依次立两边的扇，直到转角、厢房各扇立完。中堂先立右排，再立左排。厢房先立东列，再立西列。每立一扇，掌墨师说一次福事，主家燃放一串鞭炮，封一个红包。排扇立起后，接着安装各种枋、梁，其中大梁要举行上梁仪式。

最后，在屋架顶部上檩子、钉椽皮、“挑檐断水”、盖瓦，这些工作一般在立屋当天完成。“挑檐断水”，即把安装好的檩子、椽皮，锯掉其超过檐口的多余部分，并在檐口钉上花檩，使之整齐美观。铺盖青瓦时，屋脊中间用瓦片垒叠成“品”字形、梅花形、

垛脊起翘 秦兴武 摄

莲花瓣等；山头（屋脊两端）、“衣兜水”两端加瓦起翘，视觉上展翼欲飞。

装修 包括装板壁、镇楼板、安门窗、装神龛等。

装板壁，即用木枋、木板，把房屋隔离成各个独立的空间。板壁材料以杉树为主。工艺上，板壁有素板、腰装板、雕刻板等类型。

镇楼板，即在天楼枕、地楼枕上铺上木板，分别谓之“天楼板”“地楼板”。楼板材料一般为枞木板。铺设方法一般用“一板一焊法”，即用公板（两边凸起）、母板（两边开凹槽）相间拼接而成。火铺房上方铺木条，以便排烟通气。

门有大门、耳门、房门、生门、便门、后门之分。大门有两扇、四扇、六扇之别，两扇谓之“大开门”，四扇为“四季财门”，六扇为“六合门”。

门的布置，除堂屋两边的门（两个耳门）可以对开外，其他房间的门避免对开。卧房门必须靠堂屋香火（神龛），且上窄下宽，一般下比上宽 1 寸（约 3.33 厘米）左右。

门板样式，一般为“素板”“三丘田”，讲究者在门板上雕刻“九佬十八匠”“二龙抢宝”“龙凤呈祥”等。

门的尺寸约定俗成。制作门框、门板时，有专用“门关尺”。为“辟邪镇煞”，一般在大门上的枋上画符，或装饰“打门捶”，或在门板上雕刻秦琼、尉迟恭二将军形象。

窗为正方形或长方形，内以“豆腐格”为主，套花成“核桃圆”“冬瓜圆”“八角莲”“王字格”“寿字格”“万字格”“喜字格”等。一栋房子或一间房子的门窗套花不一定对称。

堂屋内侧正壁上为神龛，亦称“香火”。装神龛的板壁，必须根部朝下，树梢朝上；居中一块板壁必须落在单数上。神龛正上方书“天地君亲师位”或“天地国亲师位”，左边书写该姓氏祖宗来地（即郡名）；右边书神像名，如“南海观世音菩萨”等；下方有祭祀的“香坛”。

装好的板壁、窗户，粉刷成黄、绿、红等色。室内板壁，新中国成立后的一段时间时兴用报纸、废纸、壁纸装裱，后来习惯张贴挂历、年画、山水画、明星丽人画、宠物画、骏马图等。中堂一般贴毛泽东画像、“十大元帅”画像等。

打门锤　　宋健　摄

传统窗花

秦兴武　摄

附：拜师学艺

吊脚楼营造技艺靠师徒相授。学徒一般三年出师，再帮师一年，方可另立门户。逢年过节、师傅生日，徒弟要给师傅拜年、叩节、祝寿、送厚礼。一名师傅同时带三五名徒弟，学徒之间按从师先后，互称师兄、师弟。投师时，先写“投师贴”，然后备酒席，请陪客，谓之“整投师酒”。三年学徒期间，徒弟随师傅出门做工，只吃饭，不收钱。不管到哪里，不论干什么活，徒弟主动挑行李、背大篮，为师傅负重。学徒期间，徒弟所用工具由师傅提供。最小的徒弟，开始由师傅亲自带领；能初步使用工具后，再由师兄带领；即将出师时，又由师傅带领，随时点拨。徒弟出师时，师傅赠送一套工具，并交代：“做手艺莫嫌贫爱富，要有请必到，就百做百利，随做随好。”至此，徒弟可独立接业。

持有“五尺”的掌墨师 秦兴武 摄

师傅赠送徒弟的工具中，“五尺”是能独立作业的标志。“五尺”为一根方棍，由桃树做成，长约180厘米，宽、厚约2厘米，涂刷生漆后呈棕红色。在“五尺”的四分之一处，钉一铜环，供平时挂放；上部刻近似“※”的“收煞符”；中部刻二十八宿等特殊符号；下部刻“鲁班先师”。师傅授予“五尺”时，以“肉口传道”形式，举行“茅山传法”仪式。此仪式在师傅家附近的山林进行，首先由师娘准备一碗煮熟的腊肉片。仪式开始时，弟子跪地，先向祖师三叩，再向师爷三叩，最后叩拜师傅。叩拜师傅时，师傅拈起一片腊肉，自己先咬一头，让徒弟咬另一头，各自将咬住的腊肉吃下，然后徒弟向师傅三叩首，师傅将“五尺”交给弟子，并说一番祝福语。当日，弟子的父母背一背篓大礼（后改为红包），当面重谢师傅。

乡村旅游

唐崖镇碧水环绕，青山绵延，自然风光秀丽，旅游资源丰富。有倒流三千八百里的唐崖河、避暑胜地青狮峡、幽深奇绝的石膏洞、鬼斧神工天生桥、遍布镇域的美丽村寨、飞檐翘角的吊脚楼，等等。近年，唐崖镇先后被列为湖北省旅游名镇、中国最美休闲乡村、湖北美丽乡村。

山水田园

唐崖河　咸丰县境最大河流，自东向西，九曲回肠，穿洞穴，过峡谷，成平湖，风光旖旎，有“岸转涪江，倒流三千八百里”之赞。流经唐崖境内长约21千米，是唐崖土司城正面的天然防御屏障，水质优良、四季湛蓝，沿河两岸皆是崇山峻岭，山遮水绕，相映成趣。沿途植被葱茏，猕猴、狸猫等珍稀动物栖息其间。2002年，唐崖河景区被批准为湖北省风景名胜区，其中唐崖境内主要有“土司遗址”“两河水乡”“朝阳画廊”等景点。

南河　又称蓝河，是唐崖镇内第二大河流。由北向南，经小村、泗大坝、天生桥等地曲流至唐崖镇屯浦坝与青狮河汇合。沿途群山绵延，层峦耸翠。狭窄处，碧潭幽幽，深不见底，并有两处天生桥，为历代文人所赞颂；宽阔处，鱼游浅底，舟楫横渡。沿河两岸，阡陌纵横，橘柚满山，幢幢吊脚楼掩映在青山绿水间，斜阳草树，炊烟袅袅，如诗如画。

唐崖河风光　　秦兴武　摄

两河水乡　位于唐崖镇东南部4千米处谢家坝村龙潭河与唐崖河交汇处，唐崖河穿村而过，与唐崖土司城隔河相望，素称两河水乡。沿河两岸山峰叠翠，溶洞密布。土家山寨倒映在绿水深潭中，宛如世外桃源。

两河水乡

秦兴武　摄

石膏洞内的石笋群　　　唐崖土司城遗址管理处　提供

简槽沟溶洞　在唐崖土司城东的谢家坝村简槽沟一带，发现全国少见的熔岩溶洞群，约形成于 5 亿年前。初步探明能进出的有余龙洞、百岩洞、月亮洞、五马洞、芭蕉洞、羊头洞、燕子洞、狮子洞、凉风洞、鸭棚子洞等。洞内冬暖夏凉，泉水四季长流，钟乳石千姿百态。少数洞中，存有当地覃姓各房划洞而居的遗址。简槽沟主洞口临唐崖河，洞内水流量大，20 世纪 80 年代初曾引水建水电站，装机 30 千瓦。后来电站废弃，又因为修建公路，洞口被巨石堵住。

石膏洞　主洞口位于青狮峡与大椿树村之间，因当地在洞内采集天然石膏矿而得名。石膏洞有三层七十二岔，大小两洞通连，绵延数十千米。洞内峰回路转，曲径通幽，景观布局疏密有致。其中石笋形态万千，光怪陆离；石花遍地散落，或呈米黄色，或呈乳白色，争姿斗艳，美不胜收。

朝阳画廊　位于唐崖河下游，起于唐崖土司城，经谢家坝、两河口、断明峡，止于朝阳寺水库。全程长约 30 千米，分为鸳鸯谷、箭竹峡和两河水乡三段，有“唐崖河小三峡”之称。有朝阳湖、号角关、双神洞、大鹏展翅、田家洞、鲤鱼跳龙门、鲁班石、麻网洞等近 20 个景点。狭窄处，悬崖峭壁，瀑布飞悬，鸟兽穿梭。开阔处，青山为屏，云雾缭绕，白鹭成行。

钟塘瀑布　在钟塘村青狮河两岸，高山耸立，沿龙潭坝上溯至两河口一带，春夏时节，嵌在巍巍青山之中的飞泉瀑布随处可见。钟塘“三叠泉”瀑布由空山岭高桥湾流下，从山顶到谷底落差约 300 米，瀑布下游水美草鲜，时有野鸭嬉戏其间。

朝阳画廊库区风光　　秦兴武　摄

钟塘三叠泉瀑布　　咸丰县融媒体中心　提供

青狮峡　　咸丰县融媒体中心　提供

青狮峡　位于唐崖集镇沿青狮河逆行 4 千米处，长约 3 千米。峡谷幽深奇秀，两岸林木苍翠，云雾缭绕，洞穴众多。有未开发的石膏洞、牛鼻子洞、仙人洞、凉风洞、米汤泉等多个景点。峡谷中的青狮河常年河水清澈，清风悠悠，在青山之间呈现迷人的幽蓝色，是纳凉避暑的天堂。

天生桥　位于唐崖集镇以北，沿南河上溯 3 千米处，由一自然形成的层岩叠拱横跨山

南河天生桥　　杨国忠　摄

涧成桥。桥一侧傍依陡峻山岩，一侧濒临深渊。桥高约 35 米，长 7 米，宽 2 米，形如彩虹，蔚为壮观。桥下峡谷，碧水深潭，清风拂面。清代贡生文士才到此赋诗："不借人工力，天桥跨水滨。交通溪涧路，恒渡古今人。激浪喧雷鼓，奇功讶鬼神。年年无毁折，不计几千春。"桥上人行道连接唐崖、清坪两乡镇，是旅游胜地。

美丽村寨

近年来，唐崖镇加强传统村落保护，推进美丽乡村建设，唐崖司、钟塘、谢家坝等美丽村寨成为乡村旅游中的靓丽风景。

唐崖司村 位于唐崖镇东南部的唐崖河畔，距唐崖集镇 2 千米，为世界文化遗产唐崖土司城遗址所在地。该村文化底蕴深厚，以吊脚楼为主的传统民居星罗棋布，现存传统建筑面积 66.6 万平方米，2013 年入选第二批中国传统村落，2017 年 9 月入选首批湖北省"特色文化村"创建名单。

钟塘村 位于大活公路（大河边—活龙坪）沿线，距唐崖集镇 25 千米。村委会驻地钟塘集镇，兴建于清光绪年间（1875—1908），是"烈女"刘三姑（民间称刘仙姑）出生地，曾为钟茅公社、钟塘乡、钟塘管理区驻地，海拔 620 米。贯穿全境的青狮河，常年清澈可鉴，渔歌阵阵。两岸青山秀美，造型奇特，偶有甘泉汩汩，瀑布飞悬，姿态各异的土家吊脚楼点缀其间。村域土壤肥沃，白茶连片，与水影、山色相映成趣，呈现出一派原生

钟塘村风光 秦兴武 摄

态的江南茶村风光。

2014 年以来，着力改善基础设施，建设美丽乡村。硬化钟塘集镇街道，新建党员活动中心及村办公楼、建设钟塘小学综合楼及橡胶篮球场，改扩建磨达盖和盐厂坡两个美丽乡村点至老街公路，建成张家坝排洪沟渠。村容村貌焕然一新。2016 年，钟塘村入选湖北省农村综合改革领导小组办公室公布的 200 个美丽乡村建设试点村名单，同年被农业部授予“中国最美休闲乡村”称号。

谢家坝村 坐落在唐崖河畔，距唐崖集镇 5 千米，与唐崖土司城隔河相望，是洞龄逾 5 亿年的简槽沟溶洞群所在地。青龙嘴、河嘴上、两河口等地风光优美，村民依山傍水而居，素称“两河水乡”，历来是唐崖镇的水陆要冲；跌马坎组距村委驻地 1.5 千米，相传从前唐崖土司的一位武官骑马经过此地，马跌坎下，故名。2014 年，该村入选恩施州“最美乡村”候选单位。

2013 年起，在恩施州扶贫工作队的扶持下，统筹抓好农村产业发展、基础设施建设、村容村貌改善三大重点，推进茶叶、畜牧、林果、旅游等产业发展，开展民居改造、环境整治、污水治理等，建设美丽乡村样板。至 2018 年，新发展有机茶 1000 亩，管护老茶园 500 亩。实施通村公路畅通工程 6 千米，改善通组公路 8 千米，建成田间沟渠 12 千米、田间机耕路 5 千米。新建饮水池 2 个，铺设管网 6000 米，解决 1000 余人

谢家坝村稻田　　秦兴武　摄

蛇湾溪村寨子上小组 冉高峡 提供

的饮水困难。开展村庄环境治理200户、居民改造150户。通过一系列的项目建设，村容村貌焕然一新。民居多为吊脚楼，或三五栋形成一个小院落，或一两栋毗邻而居，门前栽花，屋后植树，庭院平整雅致。村委会办公楼是一栋改造过的三层小楼，中间的院坝成为电影下乡、广场舞、篮球赛场地。

蛇湾溪村 位于唐崖镇西北端，距唐崖集镇40千米，村域面积9平方千米，平均海拔750米，拥有丰富的林、竹、茶等自然资源，500余亩白茶基地是村民收入的重要来源，其他产业有蜜蜂养殖、生猪养殖等。该村坐落于一条长长的河谷中，两岸高山耸峙，树木葱茏，一条小溪蜿蜒而过，犹如蛇行，故名蛇湾溪。土家院落坐落在青山绿水间，呈现一幅“小桥流水人家，茶园绿树吊脚楼”的美丽画卷。近年先后投入300万余元，改善基础设施建设，硬化两河口村到该村村委会公路5千米，新修村组公路4千米，实施特色民居改造31户。

邀联溪村 地处唐崖镇北端，平均海拔500米，楠竹资源丰富。在邀联溪边的坪坝或半山腰上，点缀一栋栋吊脚楼，形成十多个大小不一的院落。一条贯穿全境水泥公路沟通外界。河岸遍布古麻柳树，逢涨水季节，村民以树为桥。

邀联溪深处偏远峡谷，有“人间秘境”之誉。溪流两边是万佛山、大头山。万佛山

邀联溪村风光　　秦兴武　摄

高大险峻，民间俗称“背靠小西天”，常年云雾缠绕。清道光年间（1821—1850）建有万佛寺，香火盛极一时。大头山与小村乡相连，凉风垭有块巨石酷似人头，故名。山上古木遮天，老鹰当空叫，群猴就近跑，处处见飞鸟。邀联溪村因山峰独特、山势陡峭，曾是电影《毕兹卡的年轻人》中主人公翻越悬崖寻找“佛水”的取景地。该村还有土地革命时期鄂川边区独立团政委冯义发烈士墓。守护该墓 80 余年的吴银娣老人，被评选为湖北省十大道德模范，其后人李贤付一家被评选为 2019 年恩施州最美家庭。

文化活动

唐崖的灵秀山水和浓郁的乡土文化，吸引众多的旅游观光者和文人、专家及影视媒体。咸丰县政府、唐崖镇政府因势利导，相继举办唐崖茶文化节、唐崖土司城遗址公园开园节、美丽乡村文艺会演、唐崖论坛等活动，营造浓厚的文旅宣传氛围。

影视拍摄　2000年10月24日，电影《毕兹卡的年轻人》(原名《硒世情缘》)，在尖山乡两河口村拍摄。该剧有120场戏在此拍摄，展示了土家民俗风情。剧情讲述土家族青年岩猛，为造福村民，找到传说中的“佛水”——含硒的矿泉水的故事。拍摄地两河口村是一个居住几十户人的土家山寨，距唐崖集镇35千米，三面环水，一面靠山，一座“甩甩桥”(吊桥)飞架在青狮河上。随着电视剧的播出，体现唐崖土家风情的“吊脚楼”“甩甩桥”“风雨桥”，及土家摆手舞，均给观众留下深刻印象。

2004年5月《丛林无边》电影剧组，2012年6月中央电视台《远方的家·北纬30°·中国行》剧组，分别到唐崖镇取景拍摄。

2014年11月，中央电视台《记住乡愁(第二季)》摄制组在唐崖拍摄专题片《唐崖司村——一诺千金》。纪录片以信守承诺为主题，讲述唐崖司村的历史变迁及民间习俗，展现数百年来唐崖司村村民传承一诺千金的美德，世代守护土司城遗址。

2015年8月24日，第九届海峡两岸媒体荆楚行采访团一行15人，到唐崖土司城遗址采访拍摄。此次活动由湖北省人民政府台湾事务办公室举办，参加活动的有来自台湾的台南古都广播公司、101新闻网、东森电视公司等媒体与大陆记者。两岸记者采访团通过一个星期的采访拍摄，详细了解唐崖土司城的历史以及申遗工程，领略荆楚地方文化的独特魅力。

2016年，中央电视台在唐崖镇拍摄《唐崖土司茶》宣传片；数十名摄影家到唐崖开展“中外摄影名家看唐崖”采风及创作活动。

第九届海峡两岸媒体荆楚行参访团在唐崖采访　　唐崖土司城遗址管理处　提供

2015 年 4 月，唐崖镇举办咸丰县第二届茶叶开园节　　咸丰县档案馆　提供

2017 年 11 月 13 日，中央新闻纪录电影制片厂《中国手作》摄制组到唐崖镇桂花村拍摄吊脚楼营造技艺。通过拍摄土家人在吊脚楼里的生活状态及吊脚楼的修缮过程，反映当地手工匠人的精湛技艺及土家族人民的智慧。

节庆活动

咸丰县茶叶开园节　2014 年起，咸丰县每年举办茶叶开园节，开展品牌推介活动，推进茶旅融合。2015 年 4 月 3 日，咸丰县第二届茶叶开园节在唐崖镇钟塘白茶基地举办。主办方为咸丰县茶叶协会、湖北圣浩现代农业科技发展有限公司。开园节以“承荆南雄镇遗风、展咸丰帝茶神韵”为主题，特邀农业部、清华大学、中国农业大学、恩施州茶叶协会等单位的专家以及国内 13 家客商参加。通过开展新茶采摘比赛、茶艺表演、唐崖茶品牌推介、客商签约等活动，提高“唐崖茶”公共品牌影响力。

世界文化遗址公园开园节　2016 年 6 月 11 日，唐崖土司城世界文化遗址公园开园节在唐崖镇广场举行。此次活动设立非遗展示馆，系统展示咸丰当地县级以上非物质文化遗产，进行非遗节目展演活动，500 多名演职人员、万余名观众参与。新华社、中新社、人民网、湖北电视台、荆楚网、黔江电视台、恩施电视台，以及《环球时报》《中国文物报》《湖北日报》《恩施日报》等 30 多家媒体应邀采访。

恩施州“文化和自然遗产日”活动　2017 年 6 月 10 日，恩施州“文化和自然遗产日”

2016 年 6 月 11 日，唐崖土司城世界文化遗址公园开园活动现场　　秦兴武　摄

2017 年 6 月 10 日，恩施州“文化和自然遗产日”唐崖活动现场　　秦兴武　摄

活动在唐崖镇广场举行。活动由恩施州委宣传部、恩施州文体新广局、恩施州文联主办，全州八县市非遗传承人现场展示传统技艺，展演优秀节目，展销非遗产品。非遗展演活动前，举行 2017 年恩施州“精准扶贫·文化惠民”演出季开幕式，吸引万余名观众观看参与。

2017 年 8 月 9 日，“乡风民风美起来”晚会现场 郑霓 摄

“乡风民风美起来”晚会　2017 年 8 月 9 日晚，咸丰县“乡风民风美起来”主题活动暨“最美系列”颁奖晚会在唐崖广场举行。活动以舞蹈《威风锣鼓》开场，通过南剧《世遗唐崖好家风》、舞蹈《中国美》等，展现文明、节俭、生态、健康的社会风尚。晚会表彰唐崖镇“最美乡村”3 个、“最美家庭”5 户、“最美唐崖人”5 人及部分“十星级文明户”。晚会开始前，在场嘉宾和观众参加推动移风易俗、提升文明乡风签名活动。

唐崖论坛　参见本志“荆南雄镇 · 遗产保护 · 文化价值”。

旅游服务

根据唐崖镇旅游发展规划，以鄂西生态文化旅游圈发展为契机，整合唐崖土司城遗址、朝阳画廊、青狮峡、严家祠堂、土司文化等旅游资源，形成以 463 省道和 030 县道为旅游大动脉的旅游带，综合开发集体验、观光、休闲于一体的旅游项目，旅游定位为“世遗唐崖·水脉古镇”。

住宿餐饮 20世纪80年代初期，尖山供销社在唐崖集镇开设皇城饭店，该饭店是咸丰县各乡镇名气最大、生意最兴隆的饭店。饭店共4层楼，床位70个，常年员工20人左右，名菜有黄角丁、鲢鱼、豆腐果、油茶汤等。唐崖镇召开的各种会议、咸丰县的一些会议，均安排在皇城饭店食宿，还有俄罗斯、美国、日本等外宾慕名而来。1997年皇城饭店承包给私人经营，饭店规模、业务依旧，年纯利润20万元左右。2000年，饭店改制，出售给咸丰县工商局，皇城饭店从此消失。

2010年以来，随着旅游业的兴起，唐崖集镇陆续开设皇城酒家、唐崖河客栈、小唐崖山庄等客栈5家、农家乐18家，可同时接待游客400余人。农家乐餐馆重点开发地方风味、乡村风味和土家风味等家常菜肴、小吃名点、绿色食品。美食主要有油茶汤、土家腊肉、土司宴（又名“土司十大碗”）等。唐崖集镇紧邻咸丰县城，城区有锦绣春天大酒店、君欣大酒店、长城大酒店等星级宾馆5家，汽车从咸丰县城直达唐崖景区约半小时。

旅游商品 主要开发唐崖绿色食品和旅游纪念品两大系列产品。

绿色食品主要有“唐崖土司茶”、山茶油、唐崖土蜂蜜、唐崖火腿、皮蛋、竹笋、橘柚等。2016年4月下旬，“唐崖土司茶”斗茶赛在唐崖镇钟塘村举行，活动由咸丰县茶叶协会主办，湖北圣浩现代农业科技发展有限公司等11家茶企选送的28个茶样角逐绿茶、

唐崖漆艺实践基地制作的霸漆工艺品　　唐崖土司城遗址管理处　提供

红茶和白茶冠军。同年7月6日，“女儿城杯”恩施硒茶第二届茶王和首届茶艺大赛在恩施举行，咸丰县瀑泉茶业有限公司选送的“唐崖土司红茶”获红茶“茶王”称号。2017年8月，湖北唐源食品有限公司选送的“这一泡”唐崖白茶，获中国茶叶协会举办的第十二届“中茶杯”全国名优茶评比一等奖。

旅游纪念品开发陈氏绣花鞋（垫）、何氏根雕、谢氏石雕等少数民族手工艺品，产品精巧，便于携带。2016年，唐崖土司城遗址管理处与中南民族大学联合设立国家级美术实验教学中心——唐崖漆艺实践基地，开发制作部分霸漆工艺品。

附：咸丰何氏根雕

咸丰何氏根雕历史悠久，源于清康熙年间（1662—1722）。主要传人何平从小在唐崖镇生活，20世纪80年代从事根艺创作。其作品选材严谨，制作精良，造型美观，宛如天成。2011年，何氏根雕入选湖北省第三批非物质文化遗产名录；2012年，何平被湖北省人民政府授予“湖北省工艺美术大师”称号。

《纳凉》取乌木金丝楠板根雕饰而成。作者别具匠心，将鄂西地域文化及乡村记忆渗透于作品之中，塑造了土家幺妹儿采茶归途中，在山涧洞口纳凉的休息形象。整件作品构图流畅，线条简约，挺秀清新，极具动感。2007年10月，该作品在中国第十一届根石艺术博览会中，获“刘开渠根艺奖”金奖。2019年8月，该作品入选第二届“中国好手艺”。

《纳凉》　　咸丰县档案馆　提供

《出浴》选用黄杨根抱石瘿瘤修饰精制而成。作品以唐崖土司夫人为原型，为促成覃、田两姓土司的结盟，龙潭公主田彩凤毅然嫁给唐崖土司覃鼎，作品描写了田彩凤临行前沐浴梳妆的情景。2012年5月，在中国工艺美术大师作品暨工艺美术精品博览会中，《出浴》获“中国工艺美术精品奖”金奖。

《出浴》 咸丰县档案馆 提供

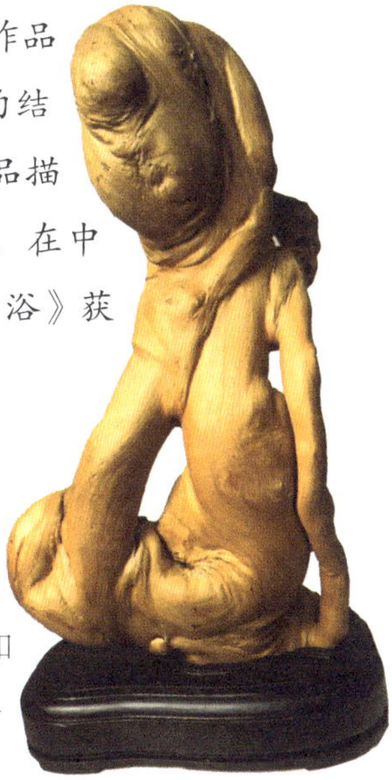

交通线路 从恩施州、重庆黔江区到唐崖镇，可走恩黔高速到咸丰县城，再转463省道和030县道到唐崖镇；从湖南龙山到唐崖镇，可走咸来高速到咸丰县城，再转463省道和030县道到唐崖镇。暂无直达机场，周边80千米处有重庆市黔江区舟白机场，120千米处有恩施州许家坪机场。

公路 咸丰县城至唐崖镇，有豪华客运中巴车10余辆，每15分钟发一次车。游客可在咸丰县城各个站点乘车。

水路 从重庆黔江区直接到唐崖镇，可在朝阳寺坐船，沿朝阳画廊直达唐崖土司城，时间2～3小时。

唐崖号游船

秦兴武 摄

唐崖镇旅游线路：唐崖镇区（唐崖土司城遗址、青狮峡、朝阳画廊）—四方石、邓家沟（茶叶种植观光园）—破水坪（高山攀岩、野外训练营）；钟塘村（茶叶、水稻种植观光园）—龙潭坝（唐崖河山水观光带）—朝阳寺镇（朝阳画廊）；小水坪村（农业观光、野外探险）—大水坪（严家祠堂）—邓家沟（板凳拳表演）—唐崖镇区（唐崖土司世界文化遗址、青狮峡、朝阳画廊）。

自驾游旅游线路 1：恩施—咸丰县城（恩黔高速 1 小时）；咸丰—唐崖古镇（唐崖二级公路半小时）；唐崖古镇—严家祠堂（唐崖至大水坪村半小时）；大水坪—钟塘村（约 40 分钟，沿途可观赏青狮峡风光）；由钟塘村返回咸丰县城（1 小时车程）。次日可到坪坝营（四洞峡）、黄金洞（麻柳溪）等景区。

自驾游旅游线路 2：黔江—咸丰县城（恩黔高速半小时）；咸丰—唐崖古镇（唐崖二级公路半小时）；唐崖古镇—朝阳寺水库（游船约半小时）；朝阳寺—严家祠堂（乡村客车约 40 分钟）；严家祠堂—唐崖古镇（乡村客车约半小时）；由唐崖古镇返回咸丰县城（半小时车程）。次日可到坪坝营（四洞峡）、黄金洞（麻柳溪）等景区。

唐崖镇旅游公路（土地垭段）　　秦兴武　摄

文物胜迹

唐崖镇域原为覃氏土司辖区，在武陵山区的活动由来已久，汉时史书已有明确记载，宋时鄂西覃氏势力已经显赫。元末设立唐崖土司，明天启年间（1621—1627）达到鼎盛。众多的文化遗址、古桥古道、古宅古墓、古井古木等展示出唐崖镇深厚的文化底蕴。

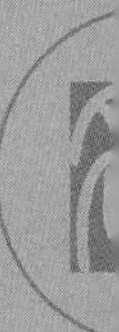

严家祠堂

严家祠堂位于唐崖镇大水坪村，又称龙洞祠堂，距唐崖集镇10千米，距咸丰县城40千米。清光绪元年（1875）严氏家族集资修建，石工杨胜锡、木工徐登甲主建。主体建筑为砖石结构四合院，分门厅、天井、正厅三部分，总建筑面积736平方米，是咸丰县内仅存的一座家族宗祠。1992年被列为湖北省文物保护单位。

建筑特色 严家祠堂外观设计采取赣派建筑格局，同时融进土家吊脚楼建筑风格和技巧，外面高墙环围，内部亭台楼阁，雕梁画栋，古朴庄严。

结构布局 祠堂坐南朝北，依八卦立位，东西两面建有封火墙（又称马头墙），高8.7米，飞檐高耸，青砖黛瓦。门厅3间，全木质结构。正中是六扇镂空雕花木门，高约6米，称为“六合门”。六合门一般不开放，祠中春秋祭祀、政府官员到此、族人考中进士进入祠堂谢祖祭拜，才能打开，平常只能从侧门进出。

门厅后边是长方形的天井，起通风透亮和排水作用。天井正中置一“放生池”。由8块石板、8根石柱砌成，六边形，池高1.7米，外壁刻“宗规”16条。

天井与正厅间建有阁楼。楼高10.7米，长宽均为7米，土家吊脚楼结构。上边的小屋供族长、执年（管事）议事用。一活动长梯直达阁楼，每当族中议事时，撤去梯子，其他人不得入内。

正厅长17米，宽12.2米，高8米，面积208平方米，四列三间二十四柱二十二骑，中间两列五柱六骑，两边两列七柱五骑。祭祀大厅横梁上分别悬挂“富春遗范”“敬宗收族”两块牌匾。正中是主神龛，供奉严氏历代祖先的总牌位。主神龛长约3.6米，宽约2.38米，高4.5米。中间供奉总牌位的主龛，是一微缩的宗庙造型，飞檐翘角，木雕瓦面，两门柱上雕刻两条栩栩如生的木龙。龛门正中上方雕有一大蜂窝，活灵活现，象征家族兴旺发达。主龛左右两座神龛稍小，略低于主龛，供奉族中逝去祖宗的

镂空盘龙石雕　　文林　摄

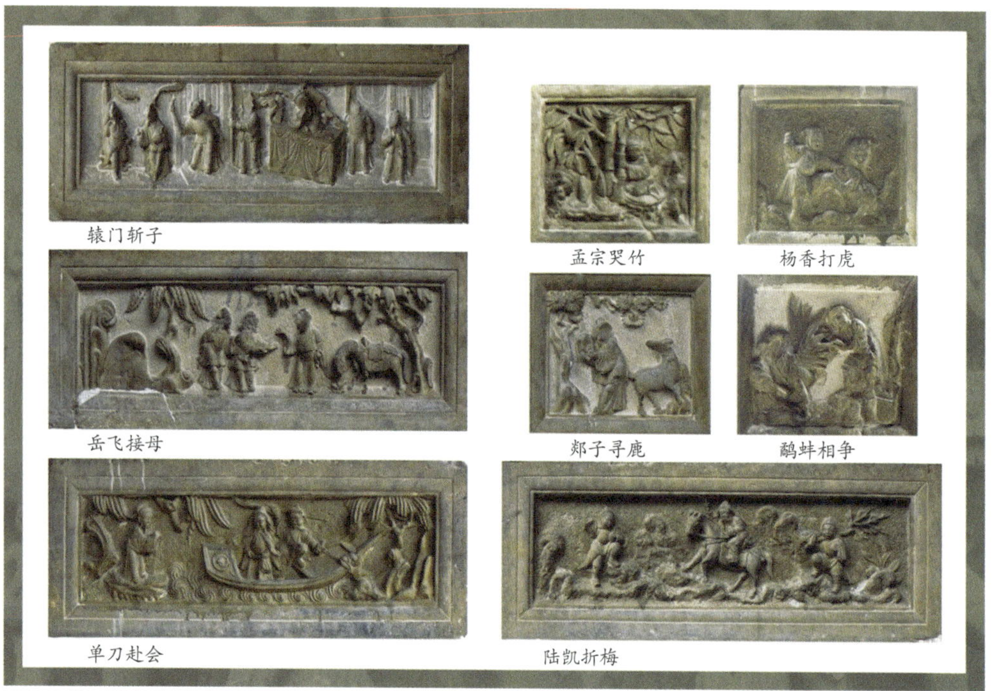

严家祠堂石刻　　秦兴武　摄

牌位。最初的神龛在“文化大革命”中被毁，但在严氏族人的保护下，主龛上的总牌位保存完好。

雕刻艺术　严家祠堂石刻是清朝末年石刻的杰作。放生池与庭院相接处斜置镂空盘龙石雕，长 2.6 米，宽 2.06 米。石上镂空镌刻“二龙抢宝”“三龙戏水”“鲤鱼跳龙门”

等图案。龙、鱼造型生动别致，似奔腾在波涛云海之中。相传七个工匠凿了三年才完成，工艺水平之高让后人望尘莫及。

亭中两柱柱础各有青石狮雕，左为狮子滚绣球，右为大狮戏小狮。狮下石座雕刻“孟宗哭竹”“杨香打虎”“单刀赴会”“辕门斩子”“鹬蚌相争”“岳飞接母”“陆凯折梅”“郯子寻鹿”8个故事，刀法洗练，形态逼真。

严家祠堂的木雕也很有特色。正厅上方有两块穿枋木雕，一块是“文王访贤”，一块是“三堂会审（苏三起解）”。亭阁照面木坊上刻“槐荫会”“七仙女送子”木刻画，画面精巧自然，清晰如初。

修缮保护　新中国成立后，严家祠堂曾被用作大水坪村小学校舍，人民公社“吃大锅饭”的大食堂，当过生产队的保管室，还担负起电影院的功能，一度成为大水坪生产队的政治、经济、文化中心。祠堂除围墙部分裂缝，瓦檐部分腐坏，彩画褪色之外，其余保存完好。2017年，咸丰县文物管理局投资40余万元，对门楼、亭阁、正殿及石木雕刻进行修缮保护。施工中坚持文物维修最小干预原则，保持原形制、原材料、原工艺，最大限度维护文物的原真性。

书法艺术　严家祠堂的匾额、门、柱、窗、梁、壁、碑等处的文字雕刻，均为书法精品。

天井与大厅间的阁楼　　文林　摄

大厅正中的横匾“敬宗收族”、阁楼顶上的匾额“富春遗范”、搁置未挂的匾牌“辉映客星”，均为镌刻的镏金大字，取法颜柳，字迹端庄厚实，笔力遒劲。

庭院左侧小门厅内外柱上楹联：“德观”（门楣上的字，下同）门刻“学衍五经敷文楚北；规循十矢绳其剑南”行书，用笔结字取赵孟頫笔法，笔法流畅率意，笔力运用恰到好处；“仁体”门刻“思其人甘棠胡不老；孝之至福草也应生”行草，用笔结字取自“二王”，整联行云流水，节奏明快，起伏跌宕。右侧小门厅内外门柱上门联：“愉以敬”门刻“鹭序鸠仪鸳排鹄植；鸾翔凤翥鹊起鸿骞”联；“绝不斋”门刻“钟鼓管磬羽龠干戚；笃簋俎豆制度文章”联，用欧风楷书，刚劲挺拔，既存篆隶笔意，又不失魏晋风骨。

前厅大门两侧的窗棂，镶嵌“礼义廉耻”“孝第（悌）忠信”八个木刻篆字，取法金文秦篆，厚重、圆润、飘逸，诠释着严氏家族的遗风。

庭院两侧竖立的数十块石碑，“放生池”所刻“宗规十六条”，刻字均为楷书，多取自颜真卿《多宝塔碑》笔法，字里行间疏密得当，笔力遒劲敦厚，节奏明快灵动。

严氏家训　唐崖镇龙洞严氏，原籍贵州思南府。清乾隆时，由商至咸丰，嘉庆年间（1796—1820），兴家致富。传至第三代方氏祖婆共育七个儿子，长大后各自发达，称为“严氏七房”。全家90余口人，恪守祖辈礼仪教化，虽人多口杂，但上下和睦，左右礼让，传为当地佳话。七房修达广置田产，却英年早逝。修达之妻称为七老婆婆，颇识大体，临终时托付族长，愿将家产捐出用于修建家族宗祠。族人感其德，历时三年建成严家祠堂，并在正厅两侧的石碑上镌刻“创建宗祠序”“宗祠规序”表其功德，制定“首士戒规六条”“祀典严规十五条”“增美奖章六条”“释回惩章十二条”等族规家训，教化后代子孙。

“创建宗祠序”由进士严梦简撰写，主旨是加强对家族成员的管理和教诲，“上以明尊尊之道，下以明亲亲之道，旁以明老老幼幼、贤贤贵贵之道。神道尽而人道立，将尊祖者即敬宗，敬宗者即收族，今而后宝田孙子规矩。”“增美奖章六条”规定：对于族中公而忘私、勤勉公事、光宗耀祖者一律给予奖励，富贵者破格尊崇，贫穷者破格周恤。“释回惩章十二条”在告诫族人为人公正、尊老爱幼、以家族为重的同时，也对诸如嫖、赌、盗窃、包揽词讼、会匪土豪等一切不务正业者，做出严厉劝诫。这些族规条款，兼有道德律令和情感皈依双重意义，成为规范、凝聚、激励家族成员的指南。

严氏家族每年举行春秋两次祭祖活动，届时严氏族人齐聚一堂，祭祀祖先，商议族事。闲时兴学教育子弟，传家风守家训，促进宗族发展。1925年出生的严天照因家境贫寒，一度辍学。经族长提议，祠堂每年资助4担稻谷，助其完成学业。他不负众望，中学毕业后考入武昌高级商业学校。严一焕、严天贤、严天爵等贫困生均受到祠堂资助，先后完成学业。

祠堂内还刻录明代学士王士晋的《宗规十六条》作为家训的补充，内容涉及伦理、婚姻、教育、职业、交友等方面，希望子孙庶几了然心目。“宗族当睦”“蒙养当豫”“勤则职业修，惰则职业惰”，这种亲善睦邻、尊师重道、勤俭兴业的治家之道，对于严氏家族产生了积极影响。

家风基地 2015年，大水坪村被定为咸丰县中医院扶贫联系村。咸丰县中医院确立“旅游扶贫”工作思路，挖掘严家祠堂文化价值，发挥祠堂文化“以德育人”功能。通过在严家祠堂开展尊老爱幼、移风易俗教育，与村支部联合举办主题党日活动等方式，加深群众对祠堂历史文化的认识，倡导良好乡风民风。

2017年6月，咸丰县民族博物馆、咸丰档案局（馆）联合举办“严家祠堂家规家训”主题展，将严家祠堂石碑上的“宗祠规序”等二十余条族规家训，以拓片形式在咸丰县民族博物馆展出。8月，咸丰县文联编印《唐崖增刊——严家祠堂》专号，刊文29篇，分为人文篇、启示篇、家风篇三部分，10万余字。

2018年5月，党风廉政宣教月活动中，严家祠堂挂牌成立“咸丰县家风家训教育基地”，全县1.4万余名党员干部走进严家祠堂，接受传统家风家训教育。同年，咸丰县纪委监委、咸丰县中医院联合摄制严家祠堂专题片——《仰文化以立族，守规矩以传家》，引领党员干部弘扬中华传统家庭美德：讲道德、守规矩、重家风。

重点文物

唐崖胜景除世界文化遗产唐崖土司城遗址、湖北省文物保护单位严家祠堂以外，还有恩施州文物保护单位唐崖民族中学早期建筑、观音摩崖造像、红军独立团战斗遗址、

唐崖民族中学早期建筑　　秦兴武　摄

风洞堡炼钢炉等文物点。

唐崖民族中学早期建筑　位于唐崖民族中学校园内，建筑占地面积 3200 平方米，由一条亭台式走廊和五间老式砖房组成。原来的院子建于清代，是当地富豪冉十万的房产，1949 年后划定为地主产业，贫农分房后只剩下两个石板天井和长 63 米的木质游廊。1954 年建校时，在游廊两侧加建五栋教学楼，两层石木结构，采用当时最流行的仿苏建筑，除木质楼梯和栏杆因日久残破而更换外，其余保存完好。校舍与游廊之间的两块平地，是当年老建筑留下的两个天井，石板铺就，未受严重破坏。

观音摩崖造像　位于唐崖集镇尖山大桥下面（原手扒岩处），佛像围在一个石刻圈子当中，旁边有一行小字，注明雕刻时间为明万历十三年（1585）。佛像高约 45 厘米，

观音摩崖造像 唐崖土司城遗址管理处 提供

莲花底座宽约40厘米，坐姿。佛像下面是唐崖河，枯水季节距离水面约2.5米。每逢唐崖河涨水，淹至佛像。

红军独立团战斗遗址 位于唐崖镇青狮峡，现仅存一块红色纪念碑。1934年7月28日，鄂川边区红军独立团部队从咸丰向活龙坪方向转移，半夜遭遇国民党军队围追堵截，红军独立团边打边撤，退到青狮峡。面对乱石穿空、悬崖绝壁，团长刘汉卿当机立断，用土白布扭成绳索，让战士们一个个从悬崖上吊下去，从而突出重围。同年8月，红军独立团在利川茅坝与敌遭遇，中共鄂川边区委书记兼独立团政委冯义发头部中弹，转移途中牺牲，葬于唐崖镇邀联溪村六组。2007年，咸丰县民政局、咸丰县老区建设促进会在战场遗址地立碑纪念。

红军独立团战斗遗址 秦兴武 摄

风洞堡炼钢炉　　　　咸丰县档案馆　提供

风洞堡炼钢炉　位于三角庄村，距离唐崖集镇约2.5千米。1958年9月“大跃进”运动中用火砖砌成，当地群众称为“洋高炉”。由武汉钢铁公司技术员指导，三角庄、杨家营两村群众修建。高炉周长12米，底部直径4.3米，顶部直径2米，高5米，炉门宽和高均为1.7米。

古桥古道

破水坪风雨凉桥　位于唐崖镇破水坪村，建于清光绪六年（1880）。凉桥为石台木

破水坪风雨凉桥　　咸丰县档案馆　提供

梁木面屋架，一孔，桥面有飞檐翘角，为亭阁式建筑。桥身长 15 米、宽 5 米，两端矮，中间高。桥进出口类似吊脚楼的“八”字形朝门，中间亭高 5.6 米，桥下河深 3 米。距此桥约 1 千米处，是“铁血英雄”温朝中就义的飞龙寺遗址。此桥保存完好，仍在使用。

落马滩平桥　位于原尖山区坪桥乡（今属朝阳寺镇），清道光十三年（1833），严修礼、严修信等人为“接龙脉”而主持修建，故又称“接龙桥”。此桥为石灰浆砌砂石石拱桥，单孔，长 15 米，高 6.8 米，宽 3 米，净跨 9.8 米，保存完好。

盐茶古道　“盐茶古道”对唐崖土司的兴盛起着重要作用。“咸邑水陆不通，生计太薄，商民概系盐、布、菽、粟为生涯。”土司王向朝廷进贡，多为当地山货，如桐、茶、

落马滩平桥　　咸丰县档案馆　提供

盐茶古道（局部） 唐崖土司城遗址管理处 提供

漆、蓝靛等，朝廷回赐丝绸、服饰、食盐等。从唐崖土司至原四川“外河”（今重庆彭水、涪陵、万州等地）的“盐茶古道”应运而生。古道从唐崖土司始，经坟坝坪、冒火山、麻溪沟、燕朝、铺子拗、小水坪、鸡爬坎、野猪道、岩峰窝、九盘岭、大路坝、板甲溪、梅子关、老黄溪、白石关、五里峡，到达郁山镇，陆路全长约200千米，然后走乌江水路到原四川“外河”。许多路段开凿于悬崖峭壁上，虽十分艰险，但避开了水路“倒流三千八百里”的大迂回，节省了往返时间。

唐崖土司十分重视盐茶古道建设，把这些古道列为“官道”管理。坡坎处凿有石梯，湿滑处铺有石板，悬崖陡坎处建有防护栏。十五里一亭，三十里一店，六十里一栈，遍布在盐茶古道上。沿途还建有各种小庙，来往行人随处可以烧香礼佛，祈求旅途安全，生意兴隆。大路坝禹王宫，建于明天启年间（1621—1627），宫内化钱铁炉上的铭文，就有外来客商与当地土民捐款修庙的记载。

朱家峡古道 位于唐崖镇和朝阳寺镇交界处，始于朝阳寺境内，直通唐崖镇。现存石步梯百余级。故道口有一石板桥，左侧石壁上刻有佛像，雕刻时间为明朝初年。相传朱家峡夜间闹鬼，号称“鬼赶场”，故造此佛像压邪。

古墓葬

土司墓

唐崖土司城遗址内现存土司时期的墓葬 12 座，城南、城北和城址周边也有零星分布，其中以双凤朝阳墓和覃杰墓最精美。

覃鼎墓 位于唐崖土司城内西北角、田氏夫人墓左侧 100 米处。为封土墓，平面呈馒头形，封土底径约 3 米，高约 1.7 米。封土正面立碑，碑两侧设抱鼓石，呈“八”字形。碑文阴刻楷书“武略将军覃公讳鼎之墓”，款“孝男覃宗尧祀”“庚午岁季春吉旦”。碑座为须弥座式，刻有卷云纹。覃鼎为唐崖土司鼎盛时期的首领，其墓形制简单，规模与身份不符，小于其夫人之墓。唐崖土司墓葬，有单室、双室、三室和四室等类型。双墓、三室、四室一般是夫妻合葬墓。按当地习俗，夫妇去世后是否合葬，要看八字，八字合则合葬，八字不合则分葬。覃鼎不与田夫人合葬的原因，据土司后裔称，是因为八字不合。

覃梓椿夫妇墓 位于唐崖土司城衙署南侧的御花园内，异穴并葬，按“男左女右”格局，坐西朝东，南北向排列，相距约 5 米，建于清雍正十三年（1735）。形制相同，均为竖穴土坑式，由封土和墓碑组成。覃梓椿是唐崖最后一任土司，其夫人田氏为忠峒土司之女。墓碑现存放于咸丰县民族博物馆。碑文阴刻楷书“皇清世授忠勇将军唐岩宣抚使司覃公讳梓椿号寿庵大人之墓”，两侧题记墓主生卒年月及安葬、立碑时间。

双凤朝阳墓 位于唐崖土司城南城墙外，为明代土司家族女性合葬墓，形制与覃值什用墓基本相同，墓主不详。占地约 30 平方米，高约 2 米。半地穴式封土墓，石构，双室，平面呈“八”字形，墓前设拜台。正面石构件雕刻马、驴等动物及花卉等图案，上楣雕刻双凤朝阳图。画面底部雕刻海水图案，上部以海水为基础雕刻有一株神树，树身两侧相向雕刻一对神鸟。该墓是唐崖土司城雕刻最精美的墓葬之一。

覃杰墓 位于杨家营村新田坡组，距唐崖土司城西南方约5千米，为夫妇合葬墓。占地约35平方米，高约5.4米。墓前设石板墁铺拜台，栏板望柱缺失。“文化大革命”期间曾遭到破坏。墓室共3间，前廊及墓室顶部均为起券式。两侧八字墙等石构件上雕刻动物、花卉等图案。中室葬墓主，后壁浮雕牌坊图案，牌坊匾额阴刻“覃杰”二字。

覃杰为唐崖第九任土司覃万金的二弟覃万璋之子，曾任唐崖钦依峒主。峒主亦称峒长，数寨或一个大寨称峒，设峒长负责征集赋税。明天启年间（1621—1627），在兵部侍郎王三善的带领下，随覃鼎参与平定安邦彦叛乱。唐崖《覃氏族谱》载：“越具钦依峒主覃杰，分掌司权。征水西安邦彦，随军门王总兵冒进大方苗巢，兵陷，是杰冲关斩煞，势如破竹，救陷出围，毫无损失。”

贞节牌坊与田氏墓 位于朝阳寺镇鸡鸣坝村（1994年前属尖山区）泗渡河畔半山腰。牌坊建于清道光十四年（1834）。坐南朝北，分3进，第一进是“海坝”，长5米、宽2.6米。由海坝上3级石阶，到第二进。每级石阶长5米、宽0.3米，台阶高0.2米，第二进正中是“覃门田氏贞节牌坊”。牌坊高4.5米、宽5米，四柱三间，中门高宽均2米，侧门高1.7米、宽1米，中柱宽0.33米，前后以鼓形护柱。三门均以整石为坊，坊额下角以卷草角花装饰，坊中上刻有渔、樵、耕、读等浮雕装饰，四周有卷草，万字花纹镶边，正面上部镌刻“唇楼飞舞”，两边分别刻“玉兔分光”“金乌齐寿”，背面刻

田氏贞节牌坊 秦兴武 摄

“云英生色”“雪梅增辉”字样，两旁柱正面刻“表志坤功□□歌同万载间；石铭母德葛覃咏继千秋后”楹联；背面刻“延时延壤孤儿可谓孝矣；克俭克勤伯母而永忠乎”。整座牌坊均为砂石仿木结构，飞檐翘角，蔚为壮观。

牌坊后为田氏墓，墓碑因年久风化，字迹难辨。整个墓地占地约200平方米。相传清嘉庆年间（1796—1820），湖北来凤县水田坝田氏，嫁与此地大户覃空为妻。不久覃空去世，田氏才十几岁。之后，兄嫂覃连夫妇相继离世，留下一对年龄尚幼的儿女覃元珠、覃元芬。田氏未改嫁，将覃元珠、覃元芬视为己出，精心持家，家道日渐兴旺。清道光二年（1822），42岁的田氏因积劳成疾而病故。覃元珠兄妹感怀田氏抚育之恩，为其立牌坊，以彰其美德，垂范后人。

沙堡溪吴氏墓 位于沙堡溪村一组，一大一小，夫妻各一墓。墓碑材料为青岩（俗称龙古石），由吴氏请“背老二”从李子溪（今咸丰县小村乡李子溪）运来，每人一次能背负100～150千克。右侧为女墓，立于清道光四年（1824）。男墓立于清咸丰二年（1852），墓主吴洪椿。男墓墓碑两侧，分别为咸丰县名士熊飞、冯永旭题铭。

空山岭古墓 位于空山岭村七组，又称王家坟，现存古墓2座，占地20余平方米，高约2米。墓碑立于清道光五年（1825），墓主王先芝。王先芝为小村兴隆沟人，父子二人长期从事道教及占卜活动，在小村、唐崖镇周边有一定声望。

戏楼老宅

钟塘戏楼遗址 位于钟塘集镇（今钟塘小学处），距今250余年，是从江西到钟塘定居的吴姓商人发动当地曹、杨、覃等十大姓氏集资所建，树有功德碑。戏楼建于庙堂内，四周有青砖砌成的围墙，庙堂的木柱直径65厘米，最高的柱子14米，顶端与底部一样大小。戏楼前面是天井坝，由1米见方、5寸（约16.7厘米）厚的石板铺成，是观众看戏的场所。原建筑面积2500平方米，戏楼两侧各建一堵防火墙，长35米，高14米，全以青砖砌成，属徽派建筑风格。戏楼为全木结构，高 10 米、宽 12 米、深 8 米，其柱子与庙堂的柱子一般大小，整栋戏楼都被漆成土红色。戏台设在二楼，离地面 3 米左右，戏台空间高 5.3 米、宽 5.8 米、深 5.8 米，有 33 平方米的台面。戏台两侧各有 2 间耳房，供演员化妆、候场使用。整个戏楼雕梁画栋，戏台前沿的横枋上，木刻浮雕众多，相互映衬。

历史上，周边大小戏曲班子均以能在钟塘戏台演出为荣。新中国成立后，当地群众时常请外地戏班前来唱戏；逢年过节，老少亦登台自娱自乐。20 世纪 70 年代，钟塘成立公社，修建公社办公楼时，拆除庙堂，戏楼因其功能特殊被保留下来。20 世纪 90 年代末，因钟塘集镇扩建被拆，现仅存戏楼遗址。

小水坪八圣祠遗址 位于今小水坪村小学处，土溪河畔，约建于 1940 年，由当地大户吴元臣、殷实户、陈显阳主持修建，附近百姓踊跃捐资。八圣祠为砖木结构，石砌围墙，占地 1000 余平方米。主体建筑为四层，一层为正殿，有木雕神像 10 余个；二层设戏楼，戏台约 40 平方米；三层为传道场所，四层为小阁楼。每年 6 月至 7 月有盛大庙会，在戏台唱人大戏（南剧）。1953 年，八圣祠改设为完全小学（1 ~ 6 年级）。1996 年“普九”（普及九年制义务教育）时拆除，学校改建为混凝土结构建筑，原八圣祠辟为操场。

八圣祠外为集市，前有吊脚楼，楼下设油榨坊、土纸作坊。旁边土溪河上，建有风雨凉桥，长约 50 米，宽 4 米多。20 世纪 80 年代被拆除，改建为水泥公路桥。

小水坪八圣祠复原图 吴斌武 作

沙堡溪吴氏老屋　位于沙堡溪村一组，当地称吴家院子，落成于清道光二年（1822）。建造者吴洪友，当地称“吴老勾”“吴老扣”，大约是“节俭”“吝啬”之意。原为四合院，其中堂屋悬挂三块匾额。前有朝门，外有坚固的围墙。1952 年土地改革时，吴家院子除分给冯姓等村民外，左边厢房作为村小学和村会议室。吴老勾在老屋发

沙堡溪吴氏老屋全貌　　彭家红　摄

沙堡溪吴氏老屋门窗雕花　　秦兴武　摄

沙堡溪吴氏老屋围墙　　秦兴武　摄

沙堡溪吴氏老屋“厍致堂皇”匾　　秦兴武　摄

迹后，又在钟塘村磨搭界修建一栋规模更大的院落。吴氏老屋现存一正屋、两厢房、一块匾、一段围墙。匾额内容：“为吴府亲家洪友先生荣造志庆　厈致堂皇　道光壬午岁桂月下浣□弟沙功荣题赠”。

磨搭界吴氏老屋　位于钟塘村磨搭界组，约建于清咸丰年间（1851—1861）。修建者为沙堡溪村大户吴老勾的后人。吴老勾在沙堡溪发迹后，又在磨搭界修建第二座院落。1952年土地改革时，该院落分配给覃、田、吴、钱、陈五家（其中吴姓为屋主，分得一间厢房，“文化大革命”期间被赶走）村民。后来，部分住户陆续搬迁，其中钱姓搬迁至钟塘老街后面，并把所属老屋部分的柱、门窗

磨搭界吴氏老屋吊脚楼　　宋健　摄

磨搭界吴氏老屋门楣上雕刻“诗书”“门第”　秦兴武　摄

等安装在新屋。吴氏院落现存“一正两厢”，占地约 600 平方米。正房共 5 间，七柱五骑，进深 2.8 丈（约 9.3 米）；转角和厢房六列五间，其中厢房排扇为九柱二骑。房屋的柱、枋、窗、门、柱础等构件雕刻精美，堂屋曾有大匾额。右边两间厢房之间相对的门楣上，分别刻写“诗书”“门第”。院落右前方有刘三姑牌坊。院落前为大片良田和青狮河，后面山体为形胜“龙背上”。

卷洞门曹氏老屋　位于卷洞门村二组（小地名旧称筱山，今为小山），曹氏族人历经三代，最终在清光绪年间（1875—1908），由曹懋勋修筑完成。房屋最初格局为“四合水”，中间为天井坝，前后为堂，左右为厢房。曹懋勋，字勉之，自号“筱山主人”，清光绪年间贡生，1912 年曾任咸丰县临时参议会议员。据碑文记载，曹懋勋辞官归里，务农治家，抚养子嗣，蹈德咏仁，邻里可钦。曹懋勋有九子，其长子和三子通过抓阄，分得曹氏老屋。1952 年土地改革时，曹懋勋的长子被定为地主，其房屋被改为当地学校和诊所。现曹氏老屋仅保存前厅过道，占地约 200 平方米，共 7 间，五柱四骑，进深 1.8 丈（6 米）；转角二间、厢房三列二间，厢房为五柱二骑。另有“谨馀堂”匾额 1 块、木刻对联 2 副。

曹氏老屋 宋健 摄

曹氏老屋窗花（左）、对联（右） 宋健 摄

古树名木

据咸丰县林业局2017年普查统计，唐崖镇有古树36株。其中，一级古树（树龄≥500年）6株：重阳1株、楠木1株、甜槠2株、杉木2株（即唐崖土司城“夫妻杉”）；二级古树（树龄300～499年）10株：刺楸2株、枫香2株、楠木1株、香果树1株、黄杉1株、柏木1株、甜槠1株、钩栲1株，主要分布在大水坪、袁家界、邓家坪等村；三级古树（树龄100～299年）20株，主要分布在袁家界、邓家坪、铜厂坡等村。

重阳木　位于南河村八组南河岸上，俗称乌阳树。树高24米，胸径2.14米，树龄814年。此树原生三大主枝，1952年砍去两枝，现存一枝，冠幅约27米。枝干寄生苦楝、白泡、奶浆树、金银花、三角枫、吊兰、还阳草等7种植物。其中苦楝树高5米，直径18厘米，与重阳木主枝合为一体，结合处形成一大疱，开裂成若干小块，状如连花瓣，当地群众视为“神树”。

南河重阳木　　咸丰县林业局　提供

润楠 位于升天界村孙家沟庙堡，树龄514年，树高18米，胸围2.91米，冠幅16米。润楠通称金丝楠木，属国家二级保护植物，木有香气，纹理直而结构细密，不易变形和开裂，史上属皇家宫殿、寺庙的建筑和家具用材。

甜槠 一株位于龙潭坝村酒厂背后，树高21米，胸围4.54米；一株位于大椿树村白蜡湾，树高22米，胸围3.9米。树龄均为514年。

麻柳树 位于邀联溪村一组小茶园。树高15米，胸径1米，树龄约200年。主干横跨小河22米，形成一座“自然桥”。洪水季节，可供行人过往，茂密的枝叶能遮挡风雨。

邀联溪村麻柳树 宋健 摄

邀联溪村麻柳树桥 秦兴武 提供

横路村“油茶树王” 杨华宁 摄

油茶树 位于横路村六组，树高 13 米，冠幅 9.5 米，胸围 1.98 米，树龄超过 500 年，油茶属灌木类，未纳入古树名木登记。油茶为境内主要灌木资源，二十世纪六七十年代，到处茶、桐成林，80 年代逐渐衰落，到 21 世纪初仅存 500 亩左右，主要集中在唐崖司、杨家营、横路、双河口、燕子嵌、大椿树、邓家沟、大水坪、何家沟等村。

小水坪村白茶基地　　秦兴武　摄

民间艺术

唐崖镇民间艺术种类繁多，具有浓郁的民族风情和地方特色。在文化教育和传播方式落后的时代，民间艺术不仅能够娱乐大众，也起到传承历史、传播知识、启迪智慧等作用。20 世纪 90 年代以来，境内民间歌舞、民间美术、传统技艺、传统医药等非物质文化得到传承和保护，民间文化活动精彩纷呈，群众精神文化生活不断丰富。

民间歌谣

古往今来，唐崖人以歌代言，以歌明志，以歌传情，生老病死、衣食住行、喜怒哀乐，无事不歌，无处不歌。民歌内容涉及劳动、生活、爱情、时政、历史、传说等。体裁分为山歌、小调、劳动歌、儿歌、灯歌等。不同歌体，有不同的曲调、唱词、演唱场合和对象。

山歌

山歌是最活跃的歌体，既有大量口口相传的固定唱段，又有即兴创作的歌。“黄金无假戏无真，山歌无本句句真。”山歌唱的是农活、家事等，词曲简短，乡土味浓。山歌声腔有高腔、平腔之分。高腔常用于盘歌、对歌；平腔音调柔和，旋律婉转，以倾诉、抒情为主。山歌大多是每首四句，每句七言，一、二、四句押韵。2006 年，尖山乡文化体育服务中心开展非物质文化普查工作，搜集山歌 148 首。横路村刘元弟、邓家坪村覃文丰、三角庄村覃文质等歌手，能一口气唱十来首山歌。

唱山歌　　咸丰县文化馆　提供

情歌　是唐崖山歌的主体，表现内容和手法丰富多彩，演唱形式有独唱、对唱。广泛传唱的有“大田栽秧”“薅秧歌”“郎在高山”“太阳落土”“白布帕儿”“郎在船上”“探妹”“送郎歌”“望郎歌”等系列。此外，还流传《万年不准姐丢郎》等经典情歌。

生活歌　从不同侧面表现劳动人民的生活状况，内容大体分三类。

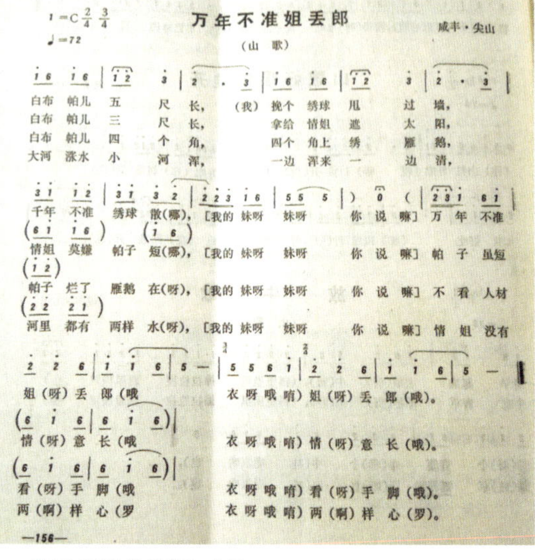

山歌演唱会　　唐崖土司城遗址管理处　提供　　《万年不准姐丢郎》曲词

一类是以单身、媳妇、穷人、长工等身份，倾诉苦情和控诉不满。如单身汉倾诉苦情：“造孽不过单身郎，想起单身哭一场。白天桌子空三方，夜晚睡的半边床。要苦不过单身苦，舂起白米无人煮。后园白菜无人薅，衣服破了无人补。”

二类是以父母、兄弟姊妹或夫妻身份进行规劝。如劝夫妻：“天上下雨地上流，夫妻吵架不记仇。白天同吃一锅饭，夜晚睡觉共枕头。”劝赌：“正月里来是新年，劝哥莫赌钱。十个赌钱九个输，哪个赌钱有好处？”劝孝道：“人生莫忘父母恩，父母恩情似海深。生儿育女循环理，世代相传至如今。”

三类是表达对生活的赞美，充满喜气。如《有朝一日时运转》《腊月三十过大年》《玩起花灯迎新春》等。

时政歌　直抒胸臆，表达劳动人民的鲜明态度，可独唱，可对唱。土地革命战争时期，活跃在唐崖河畔的红军深受农民拥护，并产生大量赞颂红军的山歌，形成“盼贺龙”“跟贺龙”“盼红军”“跟红军”“送郎当红军”“（为红军）打草鞋”等系列。独唱歌词如：“要吃辣子不怕辣，要当红军不怕杀；刀子放在颈子上，脑壳掉了碗大个疤。”对唱歌词如：（男）“桐油灯儿亮点拨，打起夜工搓索索。打起草鞋送哪个？送给前线红军哥。”（女）“哥打草鞋妹照灯，赶打草鞋送红军。哥若要跟红军走，妹不拉你脚后跟。”

新中国成立后，歌颂新中国、共产党和毛主席的山歌大量涌现。中共十一届三中全会以来，歌颂党的富民政策和现代化建设的山歌不绝于途，情真意切。

搞笑、扯白歌 这类山歌体现劳动人民豁达、乐观的态度。比如《扯谎歌》：“看到太阳落了坡，听我唱首扯谎歌。捡个岩头去引火，烧干一条大江河。看到太阳落了坡，听我唱首扯谎歌。昨天看见牛生蛋，今天看到马长角。”又如《扯白歌》：“扯白就扯白，六月落大雪，满河都是水，船都撑不得。牛栏关猫儿，身都翻不得；炭筛盖蛇蚤，气都出不得……说起大家都晓得，信不信，自己默（想）。”

盘歌 演唱形式一问一答，类似猜谜语，实际上是对歌、赛歌。盘歌内容庞杂，天文地理、社会历史、民风民俗、动植物、名胜古迹、古今名人无所不及。句式分双句、四句和多句。每当山寨赛歌时，男女老少围观者众多。往往以问得巧妙俏皮、答得灵活机智来衡量歌手的水平。传统社会中，盘歌还起到传播知识、启迪智慧的作用。比如：（问）“么子吃草不吃根？么子睡起不翻身？么子肚内有牙齿？么子肚内有眼睛？”（答）“镰刀吃草不吃根，石头睡起不翻身，磨子肚内有牙齿，灯笼肚内有眼睛。”

小调

根据演唱场合，分两大类：一类是灯调，一般在春节玩花灯时演唱。演唱形式有齐唱、对唱或一领众和，通常以锣鼓伴奏，也有唢呐、笛子、二胡等伴奏。二类是在劳动之余，或在剥包谷壳、择黄豆、采茶等轻体力劳动中用以抒情、消遣的歌曲。

小调为多段式，每首少则四五段，或十段，或十二段，一般以场景转换、四季更替，以及日期、月份和时辰顺序划分段落；多则几十段，乃至百余段，类似长篇叙事诗。每首小调句式各异，多为七字句，也有长短句；每段通常为三句、四句，也有五句以上的多句。

小调各有固定曲谱，每段反复吟唱。歌词题材广泛，包括爱情、生活、劳动、时政、历史传说等方面。

情歌小调 此为小调的主要题材，每首篇幅在十段以上，如《五里送情郎》《十爱》《十许》《十想》《十送郎》《十把扇子》《送郎歌》《绣荷包》《女儿十八春》《十二月相思》《十二时辰》《腊月望郎》《相思恨》等。其中，流传甚广的《梁山伯与祝英台》有104段。《十送郎》，从“阴阳河”送到“鸳鸯桥”“两河口”（唐崖镇内地名），一直送到“相思岸”，“相思岸上肝肠断”。盼归情歌《腊月望郎》，从腊月二十一望到腊月三十天，共10段，仍不见郎身影，只好自我安慰“今天不来有明天，再看正月间”。《相思恨》68段，《十许》27段，均为三句一段，各叙述一个凄婉的爱情故事。

历史传说小调 篇幅较短的有《十绣》《十字》《十把扇子》《十二月唱古人》《十二杯酒》《采茶歌》《倒采茶》《五更调》等。这类小调，每段一个历史典故或人物，言简意赅。《历史源流歌》共有180段，从“混沌初开乾坤上，才有天地人三皇。女娲炼石补天眼，伏羲八卦定四方”，历数历朝的皇帝、文武将相和重大事件，直到“中日战争刚停当，老蒋阴谋摆战场。三年内战得解放，老蒋台湾把身藏。从此成立共和国，人民幸福万年长”，或鞭挞昏君奸臣，或赞颂明君和忠臣良将，自始至终充满浩然正气。

此外还有生活小调、劳动小调等，如《十月劝郎》《七要》《十劝姐》《巧匠人》《打嫁妆》《十二月看花》等。

劳动歌

歌唱各个劳动者和劳动场景，主要有独唱《太阳落土又落坡》《洋芋歌》《茶籽树》，以及一人唱众人和的“薅草锣鼓”“劳动号子”等系列。

薅草锣鼓 在集体劳动中，往往鸣锣击鼓，伴之以歌，谓之“薅草歌”或“薅草锣鼓歌”。薅草歌在“改土归流”前普及。每年4月、5月锄草，数家共趋一家，多至三四十人，一家锄毕，复趋一家，一人击鼓，一人鸣锣，劳动者“闻歌雀跃，劳而忘疲，其功较倍”。其形式为歌师领唱，众人接腔合唱，锣鼓伴奏。歌师多为德高望重的长者，又是指挥生产劳动的行家里手。歌唱内容多为历史故事、古代名人等，有时即兴编唱。新中国成立后，多唱党的方针政策、新人新事等。锣鼓班子2～5人，乐器有大鼓、马锣、大钹、小钹等。若劳动人数多，场面大，就设两个锣鼓班，谓之“打夹锣鼓”。新中国成立初期兴盛一段时间，以后逐渐停止。

薅草锣鼓 秦兴武 摄

石工号子表演 马尚松 摄

劳动号子 主要有石工号子、打夯号子、扯风箱号子、行船号子、装卸号子、拖木号子等。石工号子又分撬石号子、拗石号子、抬岩号子和拖船（原木做的拖运石头的工具）号子。这些号子节奏刚劲有力，气势苍劲雄浑，情绪饱满豪迈。由一人领唱实词，众人帮腔唱虚词。比如：撬石号子在撬动大石头时喊唱："只要大家肯齐心，哪怕石头重千斤。只要大家肯齐心，只用四两拨千斤。"

儿歌 唐崖镇的儿歌采用大量方言，语句短小，流畅押韵，生活气息浓郁，一般采取父母与子女互动的方式。流行最广的有《虫虫飞》《走上街，走下街》《月亮走，我也走》《排排坐》《推磨嘎磨》《大月亮，小月亮》《打铁》《大脚板》。其中,《推磨嘎磨》为婴幼儿在成人协助下进行游戏时唱的歌谣。

南剧

表演形式 南剧属湖北省四大地方剧种、恩施州"五大地方戏曲"之一，已有300

古戏楼上演出传统南剧《杀狗惊妻》（图片来源:《咸丰文史资料》第十三辑）

多年历史，2008 年入选国家级非物质文化遗产名录。南剧因常在庙台上演出，又长于演唱连台大戏，俗称“高台戏”或“人大戏”。南剧起源于明末，当时唐崖土司城“荆南雄镇”牌坊上刻有“槐荫送子”“断桥接子”等戏曲图案，张王庙建有演出南剧的戏台。清雍正十三年（1735）“改土归流”后，南剧传遍唐崖各村镇，南剧职业、业余团队经常在寺庙、宗祠和戏台演出，唐崖土司城的张王庙、小水坪的“八圣祠”、钟塘戏楼、燕子嵌的灵珠观等场所，演出南剧历史均在百年以上。新中国成立前，唐崖河流域有 30 多座庙台。每逢会期，南戏戏班登台唱戏。重建、维修庙台，必邀南戏戏班“踩台”。

南剧声腔包括南、北、上路，兼部分昆曲、高腔曲调，以南北声腔为主。角色分生、旦、净、丑四大行，净角、小生、生角、老旦、摇旦（即花旦）唱本音，正旦、小旦唱边音。伴奏音乐由弦乐、击乐两部分组成。曲牌音乐和唱腔多由拉弦、吹管（唢呐、笛乐）伴奏。乐器有京胡、二胡、月琴、三弦、唢呐、笛子和盖板子。南北路戏以京胡为主奏乐器，上路以盖板子为主奏乐器。加扬琴、琵琶、笙、大提琴等乐器。打击乐贯穿始终。

代表剧目

剧目多为传奇和历史故事，如封神演义、东周列国、三国、水浒、杨家将、说岳等。剧本唱词常杂有方言土语，通俗易懂，生活气息浓郁。特别是一些生活小戏，唱词与道白鲜明生动，乡土气息浓郁。

《唐崖土司夫人》《女儿寨》是反映唐崖土司的南剧精品。

1989 年，《唐崖土司夫人》获文化部“全国少数民族剧本创作团结奖”。2000 年，《女

南剧《唐崖土司夫人》上演　　秦兴武　摄

儿寨》获恩施州剧本创作一等奖和“五个一工程奖”。在参加全国各种展演中，《女儿寨》获2011年湖北省少数民族文艺会演特别贡献奖、2012年湖北省首届艺术节楚天文华优秀剧目奖、2013年第三届全国少数民族戏剧会演银奖、2015年湖北省第九届“屈原文艺奖”优秀作品奖。2015年9月、2017年11月，《唐崖土司夫人》参加第二届湖北艺术节、第三届湖北地方戏曲艺术节演出；2019年，该剧入选全国少数民族地区艺术院团晋京展演优秀剧目，4月18日在中央民族歌舞团民族剧院演出。

《唐崖土司夫人》 由咸丰县剧作家颜惠根据明天启年间（1621—1627）唐崖土司内部土司王爷传位、土王招婿等一系列历史故事改编而成。主要剧情：唐崖土司夫人田氏重用汉人张云松，招其为婿；带侍女数十人赴女儿会，让其择婿成婚；推行土司兵勇“闲时为兵，农时为民”的政令；令儿子覃宗尧奉朝廷调遣赴边关建功立业，自己代子掌印，使唐崖走向鼎盛。这部剧作展示了土家族历来“海纳百川，包容四海”的雅量，赞颂土司夫人的开明、宽容、仁爱与智慧，使观众了解了土家族悠久的历史、民族性格和风情风俗。

《女儿寨》 女儿寨位于咸丰县大路坝区谭家坪村，明清时期属唐崖土司辖地。女儿寨奇峰突起，挺拔秀美，绝壁峭崖，古木参天。相传明朝初年，覃氏女玉仙，其父战败，自带女兵退守山顶，后寡不敌众，率女兵撑伞纵身跳下悬崖，感天动地，竟无一人伤亡，女儿寨由此而得名。1977年6月12日，几位少年在其山腰拾得8件金制饰品，其故事得以佐证。

2013 年 7 月，南剧《女儿寨》在第三届全国少数民族戏剧会演中获银奖　　郭一君　摄

剧作家颜惠以女儿寨故事为基础，改编为唐崖土司覃氏父女率兵归顺朝廷、领旨受封，并与背叛朝廷的反动势力做斗争的南剧。剧情反映金峒土司总管贺三丁勾结早年就脱离朝廷、退守巴蜀、盘踞蛮王界的麻老五，胁迫各地土司与明朝进行对抗，被金峒土司都爷痛斥其“犯上作乱，大逆不道”。于是金峒土司惨遭浩劫，都爷被打入牢房，其女覃玉仙率女兵退守云雾峰，急忙派人找朝廷将军搭救。麻老五、贺三丁攻山不止，覃玉仙等女兵寡不敌众，撑伞跳崖。朝廷大军赶到，粉碎麻老五、贺三丁自立为王的阴谋。金峒土司归顺朝廷，领旨受封，共沐皇恩。全剧共 6 场加一个尾声，演出时间约 90 分钟。

器乐

吹打乐

主要有吹锣鼓、花锣鼓、戏剧锣鼓、薅草锣鼓等。

吹锣鼓　由小唢呐主奏，锣鼓伴之，特点是节奏轻快活跃，喜庆抒情。曲牌有“起

花锣鼓 秦兴武 摄

板”“短板”“上山坳”“中山坳”“下山坳”“左靠”“节节高”“猛虎下山”“猴子出洞”等70余个，可长打长吹、短打短吹。每逢节日，各地敲锣打鼓结伴比赛。春节期间大吹大打7天。龙灯、挑花灯、地盘子等民间舞蹈多用吹锣鼓伴奏。秋后常在月下吹打庆祝丰收。

花锣鼓 以鼓、大鼓、大钹、喜锣四件打击乐器为主，以唢呐为辅，重在锣鼓点翻花，俗称“闹台锣鼓”。特点是节奏鲜明，曲调热烈欢快，音色粗犷淳厚，音量宽广舒展，颇具山野田园之风。曲牌有“龙抬头”“龙摆尾”“双龙抱柱”“如梦令”“虞美人”“红绣鞋”“水波浪”“双飘带”“状元红”“马上扬鞭”“点水鹊”“马过桥”“刘海戏蟾”“客蚂喝水”“牛擦痒”“扑灯蛾”“猛虎下山”“羊子上山”“星子满月”“过街调”等。

戏剧锣鼓 主要有灯戏锣鼓、傩戏锣鼓等。灯戏锣鼓一般在春节期间玩灯时演奏，曲牌有“长路引”“八哥洗澡”“喜鹊闹梅”“锦鸡拍翅”“风吹牡丹”“猛虎下山”等100余个。乐曲结构有一、二、三段式及多段式，以二段式居多。乐曲由“头子”和“溜子”两部分组成。“头子”是曲牌的主体，“溜子”为各曲通用。通常先奏两遍“头子”，再接“溜子”。曲调节奏是疏密有致，流畅活泼。

吹唢呐 唐崖镇各个山寨的唢呐乐队，均有代表曲目，有各自的演奏风格，少的能吹奏20个曲牌，多则能吹奏60余个曲牌，专兼职演出人员近300人，唐崖镇因此被称为“唢呐之乡”。

唐崖唢呐演奏 文林 摄

流行的唢呐曲牌有六大类：（1）基本练习曲，有15个曲牌40余首乐曲，曲调节奏鲜明；（2）用于嫁娶等喜庆场合的喜调，主要有“离娘调”“扮妆台”“大开门”“小开门”“扮妆台”“阳光照”等32个曲牌80首乐曲，曲调欢快热烈；（3）用于丧礼的哀调，有“道师令”“磕头转”“妈妈娘”“蚂蚁抬岩头”等8个曲牌15首乐曲，曲调凄伤哀怨；（4）宴宾调，包括“接茶调”“接客调”“请客调”“安客调”等8个曲牌11首乐曲，这类曲调在红白事上均可用；（5）正调，有“二流”“四平调”“浪淘沙”“三叠尾子”等16个曲牌27首乐曲，多数用于庄重场合；（6）小调，主要有“春来”“夏来”“秋来”“竹叶青”“放牛郎”“幺妹子”等63个曲牌92首乐曲。

唐崖镇邓家坪村郑氏是唢呐世家。演奏技巧上除采用联合换气外，还经常用波音、垫指和滑音，曲调流畅舒展，旋律发展上跳进用得较多，自成一派。民国时期，郑守康能吹奏“施南正牌子”正反72首、“花牌子”150首，还能吹奏“川牌子”。新中国成立前夕，郑氏唢呐仅存10余个曲牌。郑守康之子郑清云，能吹奏30多个曲牌，还练就鼻吹笛、口吹唢呐、脚按音符等技艺，他多次参加婚丧嫁娶、送贺礼等民俗活动。郑清云之子郑仁才，常年活动于咸丰县内唐崖镇、清坪镇、朝阳寺镇和活龙坪乡，多次带领唢呐班子到恩施州八县市和重庆市黔江区参加红白事演奏，是远近有名的“唢呐客”。2006年11月，郑仁才被咸丰县人民政府评为“首届民间艺人”。

民间舞蹈

民间舞蹈有灯舞、丧舞、傩舞等。灯舞从正月初九开始表演，元宵节结束。新中国成立后，唐崖镇盛行灯舞和丧舞，傩舞逐渐消失。灯舞有地盘子、采莲船、花花灯、狮子灯、龙灯、蚌壳灯、车车灯、挑花灯等。丧舞俗称“跳丧”“绕棺”，仅在丧祭活动中的进行。

地盘子 又名“三人转”，起源于清末民国初，流行于唐崖镇燕朝一带，湖北省首批非物质文化遗产。它通过生角、旦角、丑角三个角色打趣逗乐、插科打诨的表演，表现欢度春节的喜悦和对新年的祝愿，同时也较含蓄地表现男女爱情，富有乡土气息。

地盘子表演　　咸丰县文化馆　提供

表演时，生角、旦角、丑角距离始终固定在三个点上，犹似等边三角形。生角、丑角都猫着腰，眼盯旦角，而旦角始终走“丁丁步”，故取名“丁丁猫”。表演高潮时，旦角步伐加快，转动灵活，“丁丁猫”宛若盘子在地上转动，“地盘子”名称由此叫响并延续下来。

表演形式是且歌且舞，互问互答，一人领唱，众人帮腔，唱一段词，打一板锣鼓。表演开始时，生角、旦角先上场，唱完一段后两人交换位置，接着丑角出场，动作和生角相同。最后三人一起表演，一进一退一阻，边唱边跳，配合默契，唱完一段后又交换位置，循环往复。舞蹈动作有“梭步旋转”“鹤鹰展翅”“怀中抱月”“半边月”“单推磨”等十多种。动作特点以下沉、顺边、颤步、“丁丁步”为主，贯穿始终。

唱腔有高腔、平腔、颤腔及“闹五更”等民间小调。高腔高亢优美，加上众多衬词，曲调显得和谐轻松，富有乡土韵味；“平腔·罗幺姐调”经过改动，曲调更加舒展柔和；颤腔在平腔基础上发展变化而来，曲调抑扬顿挫，节奏鲜明，有一颤一颤之感。“大板腔”是一种民间小调，曲调平稳舒缓，如歌如诵；颤腔抑扬顿挫，节奏鲜明。表演结束时，演奏“离调”，有难舍之意。

采莲船 采莲船是唐崖镇民众喜闻乐见、自娱自乐的一种灯舞。春节期间，每个村都自发组织一个或几个采莲船团队，以拜年的形式逐家逐户表演。其表演程式如下：

采莲船表演　　秦兴武　摄

灯队在路途或接近表演场所（某家或某单位）时，演奏民间打击乐“长路引”。到主家大门前时，唱“开财门”。唱完“开财门”，主家打开大门，鸣鞭炮欢迎灯队（有的主家在大门前摆上字谜，灯队用灯歌唱出谜底后才开门迎客）。灯队进门，用唱词先拜主家神龛，再依长幼顺序拜全家成员，接着拜请“三缝”（裁缝、织渔网师傅、蓑衣匠）和九佬十八匠。拜年完毕，采莲船划至表演场地中央，从左至右以“跑马”动作转几圈，为表演打开足够的场地。然后进行一段唱腔一板锣鼓交替表演。表演动作时，锣鼓伴奏，不同的动作有不同的演奏曲牌。跳完一个动作，唱一段歌谣，船停在原地摇荡。演唱形式为一领众和，和的歌词为衬词、衬字或重复领唱者的后一句或后半句。唱腔丰富多彩，主要有“长路引”“拖船调”“撬船调”“水波浪”“鲤鱼漂滩”等数十种曲调，有的高亢激昂，有的热烈欢快，有的优美抒情，有的委婉动听。唱词除“开财门”“送五瘟”“修洛阳桥”等固定选段外，其他唱词为即兴创作，对歌、盘歌、扯谎歌均可。主家可参与歌唱，盘问采莲船的来历时，灯队以“修洛阳河桥”十二段对答。灯队即将离开主家时，唱“扫瘟神”；接下来唱“送歌神”，再唱几段祝福告别语，在“长路引”中离去。

花花灯 又名“二人转”“地蹦子”，清末民国初传入唐崖镇，流传于杨家营、三角庄、燕朝、小水坪一带。经过民间艺人的改造，揉进当地山歌、民间小调和其他灯类有特点的动作，使之成为独具特色的民间舞蹈。

花花灯在春节期间表演，既可单独活动，也可与其他灯舞一起活动，室内外、庭院广场均可起舞。表演花花灯的旦角、丑角，均有特殊装扮。丑角头戴草帽，身着蓝色长衫，腰系飘带，手持棕叶大蒲扇。旦角头搭头巾，穿对襟花衣和花裙子，胸挂圆镜，两手拎花手巾。在“长路引”的锣鼓声中，二人对舞出场，且歌且舞，一板锣鼓一板唱腔，一人领唱众人帮腔，气氛热烈欢畅。新中国成立后，这种舞蹈由双人发展到四人、六人跳，歌词注重宣传党的方针政策和好人好事，寓教于乐。

花花灯有“梭步”“河鹰闪翅”“半边月”等表演造型。动作特点是顺边、下沉、晃悠。旦角含蓄、灵活、轻巧；丑角潇洒、大方、自如。跳“梭步”时，既有“梭”的成分，又有“滑”的感觉。“晃悠”时，要顺边顺摇，大方而不拘谨。

伴舞乐器为马锣、大锣、大钹、皮鼓，演奏“长路引”和“过门”。“长路引”用于开场和出场，“过门”为中间奏乐。唱腔有平腔和几首小曲调。有的唱词似说似唱，朗朗上口。

车车灯表演　　秦兴武　摄

车车灯　外形似一面大鼓斜躺着，又名“鼓儿车”。通过坐车人（旦角）和推（拉）车人（生角）在路途之中的一问一答和相互逗趣，表达一对青年人对爱情的向往和追求。推（拉）车人推（拉）着“车子”，随锣鼓节奏，表演各种规定动作。

车车灯音乐跟其他灯类一样，唱腔主要是表达该舞的思想内容和角色间的感情交流，锣鼓击乐主要是给舞伴奏的，且都是一段唱腔一板锣鼓。

狮子灯　唐崖镇的狮子灯，一般由大头和尚、孙猴子、狮子一起表演，有的由两个猴子、一个和尚和一公一母两个狮子组成。和尚、猴子均有相应的服饰、面具和脸谱。狮子用布制狮皮，用竹篾、彩纸扎裱狮头，二人藏在狮皮中表演。各种角色根据自身特点表演，猴子体现顽皮、活泼、刁钻、灵巧，和尚体现朴实、憨厚、本分、沉稳，狮子体现凶悍、威猛、大气。若二狮组合表演，则体现一公一母的性别特点。

玩狮子灯一般在堂屋、院坝和广场进行，要用桌、凳、椅等搭建高台。高台模式有“观音坐莲”“冲天炮”“天鹅抱蛋”“鲤鱼跳龙门”。“鲤鱼跳龙门”用长凳搭建，仅供大头和尚、孙猴子表演。

舞狮动作丰富，有“狮子仰天”“狮子扑地”“狮子打滚”“飞蛾巴壁”“喜鹊登枝”“猛虎下山”“狮子飞滚”“虎骑龙背”“独立顶柱”“雄狮望月”“狮吼八方”“猴子出洞”“八仙过海”“八仙庆寿”等40余个造型。

龙灯　唐崖人认为，龙是驱疫逐邪的神灵，春节舞龙灯，就是对龙的尊敬和崇拜，舞龙灯后全年百事顺遂、风调雨顺。

正月初九出灯。龙灯队在出灯前，请当地有文化、有德望的老者为龙头画上眼睛，谓之“点睛”。接着挨家挨户表演，谓之“拜年”。龙灯过处，各家各户放鞭炮、燃火焰，烧香磕头迎拜龙神。表演时，玩灯人赤膊举龙，在火光灯影中吆喝奔跑，表演“龙腾太空”“懒龙翻身”“螺丝转顶”“双龙抢宝”“推波助澜”等。元宵节，数条龙聚在一起表演至子夜。收灯后，在河滩烧毁龙灯，以示“龙归大海”。

九子鞭 唐崖民间舞蹈之一，属生、旦双人舞，常与“采莲船”“狮子灯”一起表演。它用1米长的竹棍两端，分别在手、脚、腿、肩、背、腰等9个部位，均匀而有节奏地连续敲打，故得其名。

九子鞭动作简单，道具轻巧，不择演出场地。表演时，男女演员身穿彩衣彩裤，腰系红绿飘带，手持“连响”，在音乐声中起舞。舞姿活泼、明快，节奏感很强。动作特点是膝微屈，略成下蹲状，且有上下颤动感。其中，竹棍过头顶击打后肩叫“雪花盖

民间业余文艺队表演九子鞭　　咸丰县文化馆　提供

顶”，横胸前击打左右肩叫“花子打街”，击打左右腰部叫“懒龙缠腰”，击打左右小腿叫“苦竹盘根”，左右脚踢毽式触棍叫“花子踢球”，二人对舞棍式叫“连八棍”等。

新中国成立后，九子鞭不断推陈出新。在演出人数上，由二人表演发展到四人，甚至十几人、几十人一起登台起舞。在音乐上，加上伴舞的笛子、二胡、板胡、箫等乐器，加上民间小调、山歌和流行歌曲用来做伴舞音乐，效果颇佳。活跃范围不仅在民间，在文艺舞台上也竞放异彩。在唱词上，用于反映新生活、歌颂党的方针政策，鼓励人们积极向上。

穿花　唐崖镇流行的一种丧祭舞蹈，各村均有业余穿花队伍。当地老人去世后，为冲淡丧堂冷清凄凉的氛围，人们敲锣打鼓，绕棺而舞，又称“绕棺”。“绕棺”时，围观者可随时加入，人数可多可少，时间可长可短，有时通宵达旦。

穿花是男子群舞，并伴以锣鼓，有巴人傩舞遗韵。在舒缓哀怨的锣鼓声中，穿花人面色沉静而虔诚，在棺材周围闻声起舞。动作的基本特征是屈膝、扣胸、顺边、沉臀，始终以“鸡尖步”（碎步）为基本步法，整个舞蹈以“穿”“闪”“腾”“挪”为纽带和要素，形成 40 余个舞蹈造型，如“拜四方”“观音坐莲”“兰花手”“梭梭步”“雪花盖顶”“黄龙缠腰”“单梅花”“双梅花”“古树盘根”“犀牛望月”“野鸡翻坳”“牛擦痒”“挽笆篓”“海底摸螺蛳”“单一字”“双一字”“翘脚一字”等。上述舞蹈造型，都是两人相对，同起同落，同时完成。穿花有特定的音乐曲牌。伴舞乐器有盆鼓、大锣、大钹（或小钹）等。若参舞人较多，加入木鱼、马锣。

穿花　　咸丰县文化馆　提供

唐崖傩戏表演　　秦兴武　摄

傩戏 唐崖镇的傩戏源于傩祭，傩祭用来驱邪逐疫、祈福纳祥，俗称“傩愿戏”。一堂傩愿戏经过 3 个阶段，即许愿、显愿、还愿。敬傩的村民有什么心愿，往往许下傩愿，若愿望达成，则请道教徒择日设坛“还愿”。每年农历八月十五日至腊月二十四日，乡间驱除邪魔鬼魅、消除灾难厄运、庆贺人寿年丰时，请若干人表演。一般是上半夜做法事祭神，下半夜唱戏娱人。

傩戏还在“抗灾保丰收还愿”中演出。入春，每家每户许愿，愿伏羲爷爷、伏羲娘娘保六畜兴旺、五谷丰登，洋芋像马脚，苞谷像牛角。冬天举行还愿仪式，表演傩愿戏，演什么角色就戴什么面具。

傩戏表演艺人多为法师出身，某些剧中人物为傩坛所祀神祇的化身，因此傩戏剧目和表演均有浓烈的宗教风格。参与者化妆表演，翻跟头，舞刀剑，吹牛角。通宵锣停鼓不停，戏停舞不停，演员轮流登场。

傩戏造型有正神、凶神、世俗人物三大类。面具俗称“脸子”或“脸壳子”，用于区分角色和身份，因此着装更方便，几人能装扮表演十几个角色。

傩戏音乐有打击乐和唱腔两大类，均贯穿整个行傩活动。打击乐为舞蹈动作服务，乐曲热烈欢快，淳朴而具古风。唱腔旋律和节奏简单，保持浓郁的“巫风”。唱词质朴率真，诙谐活泼，好听易懂。

传统工艺

唐崖镇的民间传统工艺有石刻、木雕、竹编、刺绣、做布鞋、榨油、打铁、木工、镶嵌、土纸加工、打草鞋等。到 20 世纪末，很多民间技艺工艺面临失传。

石刻 唐崖石刻以青岩、砂岩为主要材料，加工成磨、槽、碓、缸、盆、础、柱、栏杆、碑和各种工艺品。雕刻题材有吉祥图案、历史典故、历史人物、神话故事及驱邪纳瑞的吉祥物等，雕刻工艺有圆雕、浮雕、线雕、镂雕等。

谢先华作品“磨豆腐”（左）、雕花石墩（右） 文林 摄

唐崖土司城的各种石雕，代表当地在明朝时期的最高石刻水准。仿木构的衙署石牌坊，采用高浮雕、浅浮雕、圆雕、透雕相结合的手法，堪称石雕杰作。张王庙内的石人石马，形神兼备，活灵活现。覃值什用墓、田氏夫人墓、双凤朝阳墓、覃杰墓等墓葬，均有大量石雕作品。其中，覃值什用墓的祭台栏杆、墓壁、墓顶、墓廊、墓柱等，雕刻花草、瑞兽、团花、云纹等图案60余幅，均为浮雕或透雕精品。此外，土司城遗址出土的各种石雕摆件和生活器具，如大型摆件“金凤献瑞”、生活器具雕花石缸等。

彭家沟村谢先华是新中国成立后的名匠之一。20世纪90年代以来，咸丰县内重要石雕建筑和石雕作品，多数由谢先华完成。如唐崖土司城遗址修复、坪坝营和黄金洞景区石刻、县城南门大桥石刻等。南门大桥石刻包括“改土归流”“土司制度”“巴人祀虎”“西兰卡普”“吊脚楼”“风雨凉桥”“楚蜀大道”“朝阳电站”“忠堡大捷”“红色苏区”等十余幅浮雕，集中展现咸丰县的历史变迁和民俗风情。1994年，谢先华为湖北省第三届少数民族运动会创作的吉祥物“白虎”（土家族图腾），被中国体育博物馆收藏。

2013年，唐崖石刻作为扩展项目被列入湖北省非物质文化遗产名录。2014年5月，谢先华被命名为湖北省非物质文化遗产代表性传承人（传统美术）。2017 年 6 月，咸丰县文体新广局、咸丰县文化馆与谢先华合办唐崖石刻传习所，培训石刻艺人，交流石刻经验。

木雕 唐崖传统木雕，广泛用于建筑构件、家具器物、祭祀礼仪等方面，雕刻内容有各种花、鸟、人物、故事、文字、符号等，雕刻手法有线雕、圆雕、浮雕、透雕等。建筑方面，常在房屋的梁、柱、柱础、枋、檐、栏杆、窗、门板、屏风、匾额等构件上进行雕饰，谓之“雕梁画栋”。家具雕刻涉及广泛。厅堂陈设有桌、椅、案、几、凳、神龛等，卧室有床、洗脸架、梳妆台、首饰盒、衣柜、挂衣架等。雕花床以“三滴水”最具特色，床架正面有三层滴檐，层层镂花雕刻，下有雕花边缘的踻脚板，另外三面有雕花栏杆、装饰花板，嵌有镜屏；满床雕刻的图案多为“喜鹊闹梅”“双凤朝阳”“龙凤呈祥”“麒麟送子”等。

刺绣

是唐崖女性喜爱的手工艺，衣裙、围腰、鞋、袜、鞋垫、枕巾、枕套、头帕、手绢、荷包、被子、匾额、挂图、烟袋等，凡与布有关的用品，均有刺绣。绣的花边和图案，色彩鲜明，线条清晰，形象自然生动。迄今，绣花鞋、绣花鞋垫仍是馈赠精品。

绣花鞋 青年女子，穿花鞋赶场、串亲、约会，引人注目。鞋面一般为青、蓝、粉红绸布。鞋尖正面用五色丝线，绣各种花草、动物图案，如蝴蝶、蜜蜂、蜻蜓、喜鹊、鸳鸯、梅花、菊花等。鞋口滚边，绣“狗牙齿”。童鞋则用各色花线。鞋帮绣“龙凤”“花草”“喜鹊闹梅”等图案。

绣花鞋垫 先将布壳剪成鞋样，粘贴白布，待干燥后，在鞋样上刺绣，刺绣图案有人物、花鸟、动物、文字等。然后用条形布包边，用针线缝扎，谓之“绞边”。再围绕内边纳一道十字绣，谓之“锁边”。最后在空白处用针线依序扎满，谓之“打底”，鞋垫即成。绣花鞋垫还是传情之物。男子看上心仪姑娘，会探问可否送一双鞋垫，若姑娘允诺，则亲事有望；女子看上心仪男子，则主动赠予绣花鞋垫。一般妇女赠予绣花鞋垫，则表达亲情、友情。

竹编 唐崖人利用丰富的竹资源，编制各种器具和工艺品。各村寨都有篾匠，或以竹编养家糊口，或利用农闲编制竹器增加收入。竹编产品多种多样，有箩筐、背篓、撮箕、笆篓、晒席、挡席、斗笠、鱼篓、筲箕、簸箕、筛子、筛篮、花篮、提篮、针线篮、烘笼、凉席、凉椅、竹凳、竹箱、门帘、鸟笼等数十种。竹编图案有方字格、人字路、一颗印、梭子花等。

背篓是最常见的竹编。有柴背篓、花背篓、娃娃背篓等。大斗背篓（也称“柴背篓”“稀篮背”）宽大结实，风格粗犷，用于背负柴草、山货等，是收粮纳物的必备工具。娃娃背篓上圆下方、上大下小，通体呈网格状和椅子型。

花背篓工艺精致，图案鲜明，体态婀娜，是女性“赶场”、走亲访友的体面器具，如今成为旅游工艺品。一般选荆竹和楠竹，把竹纵向破开，分割竹条，再加工成厚薄一致、粗细均匀的扁篾、丝篾。扁篾、丝篾必须厚薄一致、粗细均匀。青篾带绿色表皮，反之为白篾。如编织花纹图案，一般需要黑色、红色篾条。黑篾先刮节去青，再用松脂熏烧。红色篾条用“粑粑红”（当地在糍粑、泡粑等食品上印制图案的一种天然染料）兑酒后煮制而成。用扁篾编底，青篾编框架，丝篾配搭花篾编织篓身，最后锁口、系背篓系（竹篾编制的背带）。

做布鞋　唐崖女子从小学做布鞋。女子第一次相亲成功，以亲手做的布鞋作为送男友的信物。出嫁前几个月，一般不做农活，专做布鞋，少则十几双，多则几十双。这些鞋是新婚前后赠送男女双方亲属的特殊礼物。做布鞋要经过打布壳、剪鞋样、粘鞋底、纳鞋底等程序。乡村女性一般是在饭后茶余，田间劳作休息时便拿出来纳，常常是三五人一群，边聊天，边纳鞋底。直到20世纪80年代，大多农村女性会做布鞋，家人热天穿单布鞋，冬天穿棉布鞋。20世纪末，做布鞋和穿布鞋的人锐减，代以各式皮鞋、旅游鞋、运动鞋等。但有少数妇女，特别是老年妇女坚持做布鞋，或供家人穿，或赠送，或出售。

打草鞋　草鞋是唐崖人的传统劳动用鞋，特点是廉价、轻便、防滑、透气。春夏秋三季一般穿有底无帮的草鞋；冬天则内穿棕袜，外套“满耳”草鞋。随着生活水平的提高，草鞋逐步退出历史舞台。少数老人坚持编织工艺更加精巧的草鞋，作为休闲、保健鞋或工艺品出售。鞋的大小长短因脚和季节而定，有诀云：“要得草鞋不打脚，穿起一甩甩得脱”；“夏穿一根索，冬穿一面锣”。编织材料就地取材，如稻草、桐麻皮、棕片，以及废旧的布、编织袋等。编织工具简单，有“才”字形的“草鞋马”、弯弓形“绊子”、剪刀、锤子等。

土法造纸　唐崖土法造纸源于民国年间小作坊，用竹和构树皮生产毛边纸、粗壳纸、细火纸。20世纪70年代，小水坪公社队办企业重新开窑造纸，年均生产火纸8000余捆（每捆80张）。其生产工序共有几十道，整个过程都是手工操作，工艺流程主要有十道：砍竹、浸竹、沤竹、煮竹、踩竹、制浆、舀纸、榨纸、剥纸、晒纸。1982 年起，龙田湾村二组吴银书继续沿用传统技术生产火纸，至 2016 年，每年生产火纸约 7000 捆，除供应唐崖镇燕朝周边地区，还销往活龙坪、小村等乡镇。

火纸加工　　雷云　摄

附：2018 年唐崖镇非物质文化遗产项目

2018 年唐崖镇非物质文化遗产一览表

表 7

项目	类别	级别	传承人	主要流行区域
土家吊脚楼营造技艺	传统手工艺	国家级	刘长品、覃其安	唐崖全境
唐崖石刻	传统美术	省级	谢先华	彭家沟、双河口、唐崖司等地
油茶汤制作技艺	传统技艺	省级	马金现	燕朝、横路、钟塘等地
板凳拳	民间武术	省级	陈俊发	小水坪、燕朝等地
地盘子	民间舞蹈	省级	—	原尖山区燕朝、坪桥一带
跳丧舞	民间习俗	省级	刘国鉴	燕朝、钟塘、蛇湾溪等地
严氏眼科中医疗法	传统医药	省级	严一福	—
唐崖唢呐	民间音乐	州级	郑仁才	唐崖全境
土家族传统婚俗	民间习俗	州级	—	唐崖全境
土法造纸	民间手工艺	县级	吴银书	小水坪、燕朝一带

说明：此表由唐崖镇政府提供

周天玉历时 4 年完成的唐崖十字绣《琴棋书画》（长 3.2 米、宽 1.2 米）

风土民情

千里殊风，百里异俗。唐崖镇是土家族、苗族、侗族等少数民族聚居区，各民族的衣食起居、生产劳作、休闲娱乐、婚丧嫁娶、岁时节令、方言俗语等方面一直保持着鲜明的地域特色和民族特点。

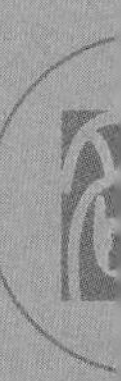

美食小吃

美食小吃多种多样，主要有油茶汤、咂酒、土司十大碗、土家腊肉、扣肉、糍粑、油粑粑、唐崖皮蛋等十余种。

油茶汤 传统饮食，位列恩施州“十大名吃”之一，“唐崖土司油茶汤”入选咸丰县“十大名吃”之首。2011 年，咸丰土家油茶汤制作技艺入选湖北省第三批非物质文化遗产（传统技艺类），唐崖镇双河口村马金现是油茶汤制作技艺代表性传承人之一。

油茶汤的特点是香、脆、滑、鲜，既可饱腹，又提神解渴，有“一天不喝油茶汤，满桌酒肉都不香”，“不喝油茶汤，心里闷得慌”之说。

油茶汤所需材料，包括食用油（菜油、猪油、茶油）、“泡货”、佐料、茶叶等。“泡货”，即阴米（糯米蒸熟后阴干）、阴苞谷（玉米煮熟后晒干）、花生米、干土豆片、豆腐丁、芝麻、核桃仁、黄豆、鸡蛋等。茶叶为中等炒青，茶叶太粗则失清脆，太细则香

唐崖油茶汤 文林 摄

味不足。春夏用新茶，味道更鲜美。佐料包括姜、蒜、花椒、胡椒等。

制作油茶汤时，首先用食用油将“泡货”炸酥备用。然后油炸适量茶叶，加水于锅中煮沸，放上佐料，舀入碗中，加上“泡货”即成。佐料和“泡货”的选用随客人口味。

“油茶汤不冒气，烫死傻女婿。”喝油茶汤要轻吹慢饮，细嚼慢咽。一碗油茶汤，油浮在表面，温度极高。若不知底细，大口喝下去，必受口舌之罪。传统喝法不用勺或筷，端起碗转圈喝，讲究把汤和“泡货”同时喝完。要做到这一点，需要“舌头上长钩钩”。

咂酒 咂酒源于蜀中，盛行于明清，至今在唐崖民间遗存，在旅游景区展示。此酒以麦蘖做酒曲，拌和糯米、高粱、小米、玉米、杂豆，密封于酒坛中发酵而成。咂酒盛行时期，豪门巨户在宴会上招待宾客，还有丰盛的下酒菜和歌舞助兴。民间百姓则在劳动中驱散疲劳或在家中招待客人。咂酒不管繁简，均有特定的礼仪，以区别尊卑和长幼，明辨主客和亲疏。唐崖土司时期，有赞美咂酒的诗：“万颗明珠共一瓯，王侯到此也低头，五龙捧着擎天柱，尽吸长江水倒流。”

唐崖咂酒的酿制方法和饮食方式，载于清同治四年（1865）版《咸丰县志·风俗》：“咂酒，俗以曲蘖和杂粮于坛中，久之成酒。饮时开坛，沃以沸汤，置竹管于其中，曰

酿制咂酒

罗仕春 摄

咂篁。先以一人吸咂篁，曰开坛。然后彼此轮吸。初吸时味甚浓厚，频添沸汤，则味亦渐淡。盖蜀中酿法也。土司酷好之。”

2015 年 12 月，咸丰县土家咂酒被列入第五批恩施州非物质文化遗产名录。

土司十大碗 传承于土司时期。土司府在节日、婚娶丧葬、得胜庆功等重大活动时，在宴席上摆上髈、扣等佳肴，一共十大碗，以犒劳将士、招待嘉宾。“改土归流”后，唐崖人逢节庆、红白会，比照土司时期“髈扣席”规格招待客人，俗称“十碗八扣”“土家十大碗”“土司十大碗”。“十碗八扣”的特点，是餐桌上的装菜器皿全用蓝边大碗，菜肴原料以猪肉为主，烹调方法以蒸为主。菜品外观与土司府的“土司十大碗”无异，但实质有别，每道菜都荤素搭配，一菜两味，油而不腻，别具风味，更贴近百姓生活，并形成固定菜式。

“十大碗”上菜次序：第一碗喜沙肉，报菜名恭喜贺喜。第二碗酥肉，报菜名金元宝。第三碗炖土鸡，报菜名金鸡报晓。第四碗酸鲊肉，报菜名金玉满堂。第五碗蹄髈，报菜名根基永固。第六碗豆腐，报菜名虎虎生威。第七碗火炕鱼，报菜名年年有余。第八碗豆芽菜，报菜名银柱金顶。第九碗扣肉，报菜名满堂红。第十碗粉丝豆腐果，报菜名金果银丝。

土家十大碗　　康绍英　摄

“十大碗”除髈、扣两种菜品外，其余没有特别规定，大多根据当地物产及各自家庭情况而定。随着生活水平的提高，十大碗演变成十几碗，备选菜有：粉蒸肉、坨坨肉、蕨粑炒肉、豆豉炒肉、油豆腐丝、米豆腐、粉条、魔芋豆腐、神豆腐等。无论“十大碗”或“十几碗”，上菜要摆放有序，从第一道到最后一道，不能出错。

土家腊肉 农户习惯在腊月杀年猪，趁鲜用食盐，配以花椒、大茴、八角、桂皮、丁香等香料，用缸或盆腌渍十天左右，再用棕叶或绳索串挂，滴干水，最后用柏枝、柑橘皮或柴草慢火熏烤，或挂在灶头和烤火炉上方熏干。腊肉夏季无蚊蝇，三伏不变质，色、香、味、形俱佳。加工成菜肴，黄里透红，肥而不腻，瘦不塞牙，味道醇香，有“一家煮肉百家香”之说。腊肉既是唐崖镇各餐馆的特色菜品，又是俏销的土特产品。

糍粑 一般在重阳节和腊月打糍粑，有“重阳不打粑（糍粑），老虎要咬妈”“（腊月）二十八，打粑粑”“拜年，拜年，粑粑上前”等说法。商家常年打糍粑，集市摊点和店铺随时有售。

糯米（或者掺入适量小米、高粱等）淘洗干净，泡一夜或半天，滤干蒸熟，取适量于石制粑槽内，二人用“一”字形木棒或“丁”字形木锤碾打成整坨，再分捏成小团，

制作糍粑 秦兴武 摄

用大方桌或厚重木板压成小碗口大小的糍粑，五个一组重叠。用于走亲访友的糍粑，一般用柏枝蘸红、绿等色，印上叶纹、花草、“喜”字等图案。糍粑泡在木盆和缸里，十天半月换一次清水，至端午不变质。

油粑粑 男女老幼都喜爱的小吃，大小集市均有出售。大米和黄豆浸泡后磨成细浆，放入提子（形似酒提的金属模具），提子底层为米浆，中间放肉丝、葱、辣椒等佐料，上面再覆盖米浆，投入油锅炸熟。可现炸现吃，味道香脆；亦可放入锅中煮软了吃，或用热料汤泡着吃。用于招待贵客或赠送的油粑粑，还在原料中加入鸡蛋。油粑粑呈圆形，象征“圆满”；色泽金黄，象征“富贵”。

唐崖皮蛋 唐崖镇素称水乡，盛产鸭蛋，并大量加工成皮蛋。将生石灰、茶叶末、纯碱、草木灰和食盐等调和成糊状，包裹在鸭蛋上，放置一段时间，即成皮蛋。皮蛋剥壳后，蛋清晶莹剔透，蛋黄一目了然。蛋清柔软而富有弹性，口味香脆；蛋黄呈金黄色，酥而不腻。中医认为皮蛋性凉，可治眼疼、牙疼、高血压、耳鸣眩晕等疾病。

鲊海椒 又称“鲊辣子”，唐崖常用菜，恩施州“十大名吃”之一。将苞谷面（玉米粉）、鲜红辣椒浆与适量食盐拌匀，装入明水菜坛或倒扑坛发酵而成，经年不坏。菜色泽金黄，辣中带酸。可单独炒食，可与猪肉合炒；还可与肥肉片制作扣肉，烹制的菜肴油而不腻，易消化吸收。

风味小吃

取自当地食材，通过腌制、油炸、晾晒等方法制成，花样繁多，口味独特。

粉蒸肉 宴席必备菜。将猪肉洗净切成片，用盐、绍酒、酱油、糖、甜面酱、葱末、姜丝、五香粉和香油拌匀待用；大米洗净，沥干水分，用小火炒成微黄色，晾凉后擀成粗颗粒米粉；米粉倒入猪肉盆里，加少许水，至米粉湿润，每片肉裹上米粉，肉皮朝下，逐片码在碗里，蒸熟后反扣在盘里，即可食用。

酥肉 又名酥肉粑粑。主料为瘦肉粒、生鸡蛋浆和淀粉，佐料为姜、蒜、花椒等，再加上食盐拌匀，用勺子或筷子分离成小坨，用菜油炸酥即成。特点是香、酥、脆，一般用于逢年过节或各种喜庆场合。

风萝卜 白萝卜洗净、削皮，对剖后切成厚薄一致的长条，置阴凉处风干即可。配佐料煮熟食用。口味甘甜酥软。

长延菜 传统菜肴，也是家庭和餐馆特色菜品。白菜苔用开水烫过，晒干存放。食用时，先在冷水或温水中浸泡 30 分钟，清洗后切成小段，放油盐及佐料炒熟即可。

长延菜

神豆腐

晒干竹笋　　秦兴武　摄

干笋子　境内竹类品种十余种，毛竹（楠竹）、金竹、水竹、苦竹、丛竹、刺竹等。丛竹一季二笋，每年农历五月中下旬、八月中下旬各生笋一次，肉质细嫩可口。毛竹、水竹、刺竹一年一笋，分别于农历三月和八月生笋，生笋时节采摘去壳沸煮后，可晾晒制作干笋子，风味独特。

米豆腐　大米洗净，浸泡一天，和水磨成米浆。米浆放入锅内烧热，一边加适量食用碱（旧时用油桐果壳烧灰熬成的土碱），一边用力搅拌，直至煮熟，放于盆内，冷却即成。食用方法，切成长条或方形，或带汤煮，或凉拌。凉拌，配花椒油、酱油、醋、姜汁、蒜泥等调料。

神豆腐　传说灾荒之年，观音菩萨点化穷人，用一种树叶制作豆腐度饥荒，因此又称“观音豆腐”。这种树叶俗称“斑鸠柞”，洗净、揉碎、滤渣后，与适量草木灰水搅匀即成。神豆腐外观碧绿，质地细嫩，口感清香。

岁时节俗

唐崖镇除春节、元宵节、清明节、端午节、中元节、中秋节、重阳节、小年、除夕等中华民族传统节令外，还有过大年、牛王节、吃新节等土家族特色节日。

过大年 腊月的最后一天为“大年”。这天，阖家团聚，祭祖宴饮。上午，全家准备年饭，贴年画、春联，挂灯笼。继而上山祭坟，谓之“送亮”。

吃年饭，俗称“团年”。团年时间因不同民族、不同家族而异。少数家庭从凌晨开宴一直吃到天亮，取“越吃越亮”之意；部分家庭正午开宴，谓之“家道如日中天”；多数人家在下午晚饭时开宴。

年饭一般是“十大碗”，寓意“十全十美”。其中腊肉象征富有，鱼象征年年有余，青菜、白菜象征清白平安，芋头象征一年总要“遇到一头”。

“团年”前，先放鞭炮，后“叫饭”，再聚餐。“叫饭”，即在桌上摆齐菜肴，盛几碗饭，摆几杯酒，全家肃立，恭请去世的列祖列宗入座聚餐。年饭桌上，允许小孩剩饭，并说“吃不完哒”，当家人则答“多很哒，吃不完”“有吃有剩”等吉语。

“团年”后，要给家畜和果树喂年饭。给猫、狗喂食时，将年饭菜分类摆在地上，它们先吃哪种食物，则预示来年该物最贵。牛喂煮熟的玉米、秕谷和生鸡蛋、酒，感谢耕牛一年的辛劳。给果树喂年饭时，先在树身砍几道口子，再塞入少许年饭，边塞边说：“喂点肉肉，结起球球，喂点菜菜，结成带带。”有的地方给果树喂饭时全家出动，上演一幕“二人转”，一人扮果树，一人扮主人。主人先在树干上砍一道口子，然后开始对话。

除夕，全家沐浴，围坐火炉“守三十夜”。守夜过程中，亲邻互相串门，吃瓜子糖果，打牌下棋，摆龙门阵，彻夜不眠。电视普及后，一边收看央视春节联欢晚会，一边谈笑和玩乐。宵夜吃甜酒、粑粑。零时，燃放烟花爆竹，辞旧迎新。

唐崖土家族有过赶年的习俗，即比汉族提前一天过年，大月在腊月二十九日，小月在腊月二十八日。赶年有多种说法，流行最广的有三种：一说土家族头领让民众提前一天过年，除夕这天趁敌方戒备松懈，发动突袭，大获全胜。二说土家族先民获悉敌方趁年三十发动袭击，且敌强我弱，决定提前一天团年，然后迁往外地。三说土家族先民贫困，大年三十还要为富人做苦工，为全家团圆一次，只好提前一天“团年”。

春节 正月初一为春节，俗称“新年大节”，是唐崖镇各民族的重要节日。当日，全家早起，穿戴一新；到水井挑水，上山找柴。挑水要把水缸装满，谓之“挑银水”；找柴取“招财”谐音。苗族有“抢水头”风俗，除夕零时，各家青年打火把、挑水桶，到水井抢挑新年的第一挑水，抢到第一挑水的人家，在新的一年家运最好。土家族在拂晓“抢秧水”，先烧香燃烛敬水井，再挑水回家，祈求新的一年雨量充足、庄稼丰收。

早餐吃糍粑、绿豆皮等。

整个春节活动持续到正月十五日。在此期间，择吉日拜年、出行。拜年，一般从正月初三开始，先拜岳父母，后拜其他亲朋好友。拜年带腊肉、粑粑、面条、糖食、果饼等。拜年回家时，主人“打发”（回赠）礼物，给随行小孩红包。其间，民间艺人聚集，有耍龙灯、狮子灯、采莲船等各种表演，热闹非凡。

“三十夜的火，十五夜的灯。”正月十五日晚上闹元宵，当地山歌唱道：“牛角呜呜叫，锣鼓咚咚敲，龙灯、采莲船，元宵真热闹。”届时，采莲船、花花灯、蚌壳灯等各种花灯齐聚，举行盛大的灯会。灯会结束，各灯队到河滩或空旷地再玩一趟，烧毁花灯，以示“狮子上山龙归海”，这一过程谓之“送灯”。此外，在房屋周围和田边地头点放路烛，俗称“排排亮”，目的是驱瘟辟邪、祈祥纳福。

牛王节　唐崖镇与鄂渝湘黔土家族共有的节日。相传农历四月初八，土家先民在一次战斗中失败，撤退到一条河边时，遭遇洪水阻隔。危急时刻，一头水牛游来，大家抓住牛尾巴，登上彼岸。此后，土家族以这天为纪念日，让牛享受优厚待遇，不耕地，灌白酒，喂生鸡蛋。

吃新节　是唐崖苗族、侗族的节日，时间为农历六月初六。这天“携鸡酒祭田间，谓之‘团苗’”。苗族把两个玉米棒分别砍成三截，与三枝谷穗蒸在饭上面，熟后盛于三

点路烛　　秦兴武　摄

个碗内，上放鱼肉、猪肉等，敬奉祖先，谓之“阴人不吃，阳人不领”。有的人家到田边祭祀五谷神。侗族谓之“尝新节”，用玉米、瓜菜办宴席，在神龛上敬奉祖先。祭毕，长辈先尝，然后全家同桌尝新。部分侗族同族长辈聚会晒谱书，会餐庆贺，因此又称“晒谱节”。

清明节 清明节前后，各家各户进行扫墓活动。用白皮纸打上钱眼，悬挂于竹竿或木棍，插在坟上，叫“挂清”。有谚语“清明挂一钱，子孙发万千”。在清明节前后三日内修缮祖坟，不忌方位，均为吉日。农人根据气候之暖寒，于此节前后，播种下秧。

端午节 农历五月初五为小端午，五月十五日为大端午。这天，男女老幼登山采集艾蒿、菖蒲、金银花、三角枫等熬水沐浴，谓之“沐浴兰汤，除病健康”；大门挂艾蒿、菖蒲；在屋内外洒雄黄酒，驱赶蜈蚣、蛇蝎等。家家户户包粽子，吃粽子。出嫁的女儿全家、定亲的男子到岳父母家“打端阳”，其中定亲的男子必备猪腿、面条、糖饼、粽子等礼物。女儿女婿、定亲男子回家时，岳父母“打发”草帽、衬衣等，未婚妻赠送男友布鞋、绣花鞋垫。

中元节 农历七月十五日为中元节，俗称“月半”。过月半一般在七月十二日、七月十五日或七月初一至十二日的任意一天。“年小月半大”，过月半是全家团聚的日子，出嫁的女子要回娘家。月半期间，置酒设香祭奠。一般以纸钱封包，或以金银锭装笼，上书祖先名讳，祭于中堂，谓之“清明祀坟，中元祭名”。新中国成立前，各庙还举办盂兰会。

中秋节 农历八月十五日过中秋，民间举行秋祭、祭月、摸秋活动。当晚，阖家在庭院吃糍粑、月饼、糕点、瓜果等，谓之“祭月”或“守月华”。

摸秋是在田园举行的吉祥活动，分求子摸秋和游戏摸秋两种。前者是无子女的夫妇，请亲友的子弟，趁夜到邻家菜园偷一个大南瓜，放在无子女的夫妇床上，有的还给南瓜披红挂彩或穿上婴儿服装，祈求早生贵子。后者属赏月玩乐，青少年嬉戏于田间林下，随手摘摸瓜果，边吃边玩。主人对摸秋者只能骂，不能打，“越骂越发财”。

小年 腊月二十三日或二十四日为“小年”，是唐崖境内各民族共同的节日。这天，首先“扫年”，即打扫屋内外灰尘，清理房前屋后水沟，然后祭祖上香，送灶神，吃一餐小年酒宴。此外，开始各家各户杀年猪、磨豆腐、打糍粑、炸酥肉、蒸扣肉、煮甜酒、推绿豆皮（米粉），购买糖食果饼、瓜子花生、香烛火纸、年画对联、烟花爆竹等，为过大年作准备。

生活习俗

饮食 农耕时代，唐崖人饮食俭朴。逢灾荒，靠蕨根、树皮、野菜维持生命。新中国成立初期，生活仍然艰苦，饮食以玉米、稻米、红薯、马铃薯为主，另加瓜菜，有“瓜菜半年粮”之说。改革开放以来，稻米成为主食，杂粮和面食成为生活调剂品。

饮食口味嗜酸辣。每个家庭备数个菜坛，或泡或腌大头菜、萝卜、辣椒、白菜、豇豆等四季蔬菜。多数辣椒晒干后贮藏，四季常备。喜晒干豇豆、干竹笋、干土豆片等干菜。喜吃豆制品，如白豆腐、油豆腐、霉豆腐、合渣、豆豉、炒黄豆等。喜吃油炸品，如油豆腐、油粑粑、酥肉粑粑、油辣椒和油茶汤所用的“泡货”等。好饮酒，以散装苞谷酒为主。待客时互相劝饮，有“无酒不成席”“怪酒不怪菜”之说。

服饰 土司时期，男女服饰不分。富者装饰华丽，穷者装饰简朴，甚至衣不蔽体，但服饰样式相同。上衣为“琵琶襟”、大袖筒、低领，衣襟、衣边、袖口缀三条花边，布料以青、蓝为主；下穿用八幅颜色各异的布料缝制的“八幅罗裙”，裙褶多而直。后来，逐渐有男女之分。男子上装由“琵琶襟”改为对襟短衫或无领满襟短衫，左衽大袖，花边少，裙较短，系腰带，打绑腿；女装上衣右衽、高领，衣长至膝盖，衣领、衣襟、衣边、袖口缀花边。老妇喜青色、蓝色，中青年妇女喜天蓝色、粉红等色。无论男女，一律头缠白、蓝、青色帕子。

民国以来，中青年男子穿对襟短上衣，布扣，高领，袖小而长，袖口滚边。老人穿满襟、短领长衫。裤不分老少，皆为青色或蓝色，白布裤腰。有身份的人和出门求学的人穿中山装。中老年头包青布帕，青年包青丝帕。普通之家的儿童，服装讲究“前遮羞，后遮沟”。小康之家，儿童春戴“紫金冠”，夏戴“冬瓜圈”，冬戴“狗头帽”“风帽”；帽身绣“凤穿牡丹”“喜鹊闹梅”“长命富贵”“福禄寿喜”等图案，正面缀银菩萨，帽顶、帽后吊银铃、银牌。由于贫富悬殊，贫者衣不蔽体，富者身穿绫罗绸缎或长

土司服饰　　唐崖土司城遗址管理处　提供

袍马褂。

新中国成立后，服饰力避奢华，款式单一，男女老幼一般穿中山装或军便服。鞋以布鞋、解放鞋、胶鞋为主，贫者穿草鞋，富者穿皮鞋。偏远地方的老年仍然穿对襟衣，包青丝帕。女性打扮简洁大方，一般编双辫、独辫，或剪短发，扎布条或别发夹，很少挽发髻，身环、胸挂、首饰、足圈基本不戴。

改革开放以来，服装款式向多样化发展，添置新衣成为寻常。成年男性多着休闲装、夹克、西装，童装、女装款式更加丰富。衣料逐渐以化纤为主，毛料、皮料、羽绒很快进入寻常人家，补疤衣、补疤裤不复存在。布鞋、解放鞋逐渐淘汰，代之以旅游鞋、运动鞋、皮鞋、拖鞋等。中青年女性开始留披肩长发，兴起烫发、染发之风。青年女子喜戴头饰、手链、胸前饰物等，中老年妇女喜戴耳环、项链、戒指。

婚嫁

“改土归流”前，唐崖男女通过“对歌”或“女儿会”自由择配。嫁娶仪式俭朴，新娘袖系红绿丝线，由其兄或弟背引至男家，即为夫妻。“改土归流”后，婚嫁依媒妁之言、父母之命，程序烦琐，大体经过择偶、出阁、娶亲三个阶段。

择偶 天上无云不下雨，地上无媒不成亲。青年男子相中谁家姑娘，须请媒人牵线搭桥。媒人携带男方准备的“遮手礼”，到女家介绍求婚男子及其家庭情况。媒人告辞时，若女家默认收下礼物，表示有意交往；若婉拒礼物，媒人不再登门。这一过程称“讨口气”。

在交往过程中，若女方有意结亲，则到男方“看门户”，考察男方情况。若考察满意，则由男方择日到女家“放梳子”。“梳子”类似信封，用红纸折成，内写“地久天长”和男女姓名及生辰八字等，外写“天长地久”等字。其后根据男女生辰八字，择定婚期。

婚期确定后，男女双方各自准备。男方准备聘礼，约请带宾（送聘礼和迎亲的领队）、力夫（抬陪嫁的人）、乐班等，布置洞房。女方购置嫁妆，礼请送亲客、总管（红白喜事总负责人）、内管（夫妻二人，又称“知客”）、掌厨师、锣鼓师等。

出阁 俗称“打发姑娘”。包括“过礼”、整“花圆酒”、哭嫁、开脸盘头、发亲等环节。

过礼。又称开礼，即男方把聘礼送到女方，并举行交接仪式。过礼时间为女子出阁前一天。先由男方按礼单顺序宣读聘礼，并逐一摆好。女方“接礼”（女总管）按照礼单逐一清点。“过礼”完毕，男方组织人员绑扎“陪嫁”。按陪嫁大小和重量，两人一抬，或一人一挑。小巧家私与粗犷家具搭配，既牢固又美观。柜子寓“早生贵子”，内装粮食、粑粑、葵花等，因此分量最重，安排三名壮汉抬送。抬陪嫁，要求一根绳绑扎到底，不打结、不回头，寓意“姻缘美满，白头偕老”。

整花圆酒。“过礼”的当天中午，女方举行酒宴，寓意姑娘“花开结果、花果团圆”。届时，女方亲友齐聚，同庆姑娘“于归之喜”。

哭嫁。姑娘出嫁前，要在闺房哭嫁，少则三五日，多则半月到一个月。这一习俗延续至20世纪80年代。哭嫁亦哭亦唱，悲喜交加，又称哭嫁歌。其形式有独哭、对哭、众哭。哭嫁词世代相传，也有即兴创作，内容包括哭祖宗之德、爹娘之恩、姐妹之谊、兄嫂之贤、故土之情等，一般先哭爹娘，后哭长辈，再哭兄弟姊妹、媒人等。“陪十姊妹”是“多人哭唱”的独特形式。姑娘出嫁的头天晚上，邀请未婚姑娘九人，连新娘共十人，在闺房围桌而哭。首先由新娘哭“十摆”，每哭“一摆”，厨师在桌上摆一样菜。“十摆”哭毕，其余九姊妹轮流哭。最后由新娘哭“十收”，直到厨师把酒菜收完。

开脸盘头。“过礼”当晚，女方请品行端正的妇女（俗称“盘头娘”），打开男方带

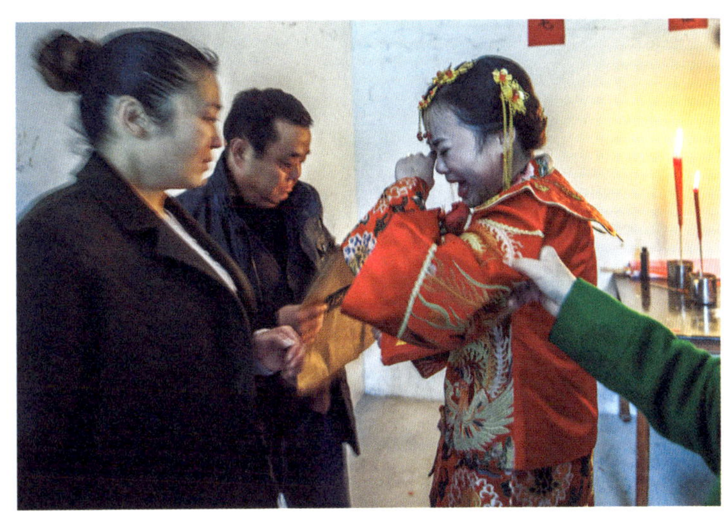

哭嫁　　秦兴武 摄

来的礼盒，取两根棉线，蘸上清油，绞除新娘脸上的汗毛（俗称“苦命发”），谓之“开脸”。“开脸”后，打开姑娘长辫，在脑后盘成“粑粑髻”；鬏心缠红头绳，套上发套，用发簪固定。这一过程谓之“盘头”。新娘“开脸”“盘头”后，头缠新丝帕，身穿“露水衣”。

发亲。举行婚礼这天为发亲日。届时，新娘由哥嫂或弟妹将背出闺房，经堂屋，出大门，开始起程。男方带宾跟随陪嫁队伍，凡过街、过桥、翻坳、过渡，均向众人敬烟或送红包，显示吉利大方。无论天晴还是下雨，新娘都要打把伞，叫“露水伞”。

娶亲　俗称“接媳妇”。包括铺床、坐床、闹房、拜客、回门等仪式。

铺床。新娘入洞房前，先由两位儿女双全的妇女（或夫妇），将女方陪嫁的被褥铺在新房的床上，并说四言八句：“铺床、铺床，儿孙满堂；先生贵子，后生姑娘。贵子成龙，姑娘成凤，十年八载，龙凤呈祥。”

坐床。新郎新娘拜堂后，抢先奔入洞房，争坐到床上。谁先坐到床上，将来谁就当家。“坐床”规矩是男左女右，以正中为界。姑娘往往坐在界线上，新郎尽力把新娘挤出界线，各不相让，若假若真。接着夫妻饮“交杯酒”，喝“和气茶”，洗“和气手”。“坐床”时，鸣炮奏乐，众人拍手嬉闹。

闹房。婚礼当晚，男方的亲友、邻居齐聚新房嬉闹。除新郎的父母、亲哥哥外，其他男女老少都可以到洞房大闹三天。届时，由客人说“闹房词”，与新娘对答，或自演自唱。若把新娘逗笑，新娘就斟茶，发放瓜子、糖果。

土家传统婚嫁　　龙建军　摄

拜客。是新娘与公婆、哥嫂等亲属见面的仪式，一般在婚礼的次日早晨举行。新娘拜客的礼物是出嫁前做的布鞋，称“喜鞋”。拜客在堂屋举行，新娘首先开口：“昨天才进 ×（新郎的姓）家门，大小长辈分不清。今日特地来拜见，还望今后多教训。拜见没啥见面礼，丑鞋一双表孝心。”婆家亲人接鞋时，要封赠新娘。祖父母接鞋时说：“公公婆婆，弓腰背驼，眼睛又雾，无鞋靸脚，接了孙媳，才有着落。双手新鞋，都很适合。封赠你俩，终身快乐。”一边封赠，一边掏出“喜钱”放在盘里。

回门。婚礼的次日或第三天，新娘偕同新郎回娘家，当天回转。路途遥远者，则七天后“回门”，可在娘家住宿一晚，但不同房。“回门”返程时，娘家赠予新郎钱物，叮嘱夫妻要相互谦让，孝敬双亲，善待弟妹和邻里乡亲等。回门后，夫妻到媒人家里谢媒，婚礼仪式结束。

20 世纪 90 年代以来，农村经济日益繁荣，现代文明步伐加快，传统婚俗从内容到形式都已化繁为简，放梳子、绑陪嫁、哭嫁等习俗已不多见。嫁妆物品也由柜子、箱子、桌凳等木制品逐步升级到彩电、冰箱、洗衣机、组合家具等，大货车、小轿车成队办婚事屡见不鲜。

生育 唐崖人对生育十分重视。妇女怀孕，称“有喜”。孕期，娘家饲养一头公猪，在女儿分娩前宰杀，制成腊肉、腊油；请篾匠编制娃娃背篓、炕笼、烘笼、摇篮等。临产期，娘家宰杀一只母鸡，加上十个鸡蛋，蒸熟后送给孕妇，称“催胎饭”。产后，丈夫怀抱“报喜鸡”，到岳父母家报喜。生男婴，抱红羽公鸡，生女婴，则抱红脖母鸡，双胞胎抱两只鸡。女婿返家时，岳父母回赠。生男婴，回赠一只母鸡，生女婴，则回赠一只公鸡。随赠腊肉、腊油、鸡蛋等。

婴儿出生第三天，外婆为婴儿“洗三朝”。用艾蒿、金银花藤、三角风藤、菖蒲等，加一个鸡蛋，煎熬成洗澡水。先给婴儿洗澡，再用鸡蛋在婴儿全身反复滚动。外婆“洗三朝”时，要说祝词：“长流水，流淌淌，聪明伶俐好儿郎。”“洗洗头，做王侯，后洗腰，一辈要比一辈高。”“洗脸蛋，做知县；洗腚沟，做知州！”最后，外婆拿起一根葱，在婴儿头上敲打几下，并说：“一打聪明，二打伶俐！”

婴儿出生三天后、十天后，分别“打三朝”“打十朝”，满月时“整满月酒”。这一系列活动，统称“讨茶”。“讨茶”举行的宴庆，男婴称“汤圆会”，女婴称“汤饼会”。

“讨茶”前，女婿把“茶食”（面条、糖等）送到岳父母家，再由岳父母送到亲戚

打三朝　　郭志军 摄

家，请他们“送茶”。岳父母“送茶”礼物：娃娃背篼、烘笼、炕笼、尿片、衣帽等用品，以及米酒、汤粑面（糯米粉）、肉、蛋等食品。若女儿出嫁时未给嫁妆，娘家借此送家具、被褥等，谓之“圆陪嫁”。其他亲戚据情准备礼物。

“男不赶三朝，女不去道场。”“送茶”一般为女性，外婆领头，随后按辈分跟随，年轻妇女挑担在后。第一担为“娃娃坛”，内装米酒，用红纸贴封口，其他担子随后。“送茶”队伍进堂屋后，女婿向岳母行礼，放红包在“娃娃坛”上，请岳母打开封条，把坛盖翻面，置于坛口。旧俗认为，若不打开“娃娃坛”，孩子会成哑巴。外婆还要进产妇房间，为外孙穿衣服，说封赠话，女儿（产妇）为母亲赠送红包。

整满月酒这天，外婆给外孙“放脚”，穿衣裤，边穿边说：“外孙健康又肯长，长大考个大学堂。不在外地当州长，就在省府坐大堂。不在部队当统将，就在重庆开银行。发财发得呼呼响，远近四处把名扬！”

丧葬 丧葬活动中，旧时有做法事、唱孝歌、打绕棺等习俗。

老人去世后，要做法事（也称“做道场”）。首先在孝家堂屋布置丧堂：用火纸遮住香火（神龛）上“天地君亲师位”的“天地”二字，意为“孝家已无天地”；用白纸写“当大事”横批和孝联，分别贴于大门上方和左右。堂屋正中置灵柩，灵柩前设灵桌，下点油灯。堂屋左上方摆一方桌，桌上置斗、升，分别盛满稻谷、玉米，插上“三宝牌”“祖师牌”，谓之“宝桌”。宝桌前方的墙壁上挂“地藏王菩萨”画像。丧堂布置好后，开始做“开路”“盖灯”“发丧”等法事，通宵达旦，直至下葬。

丧礼期间，通过唱孝歌，称述死者生平、慰勉孝家儿女、规劝世人等。首先追思亡者生前“盘家养口”“处世为人”“勤扒苦做”“善待家人”等美德，演唱“二十四孝”中的“王祥卧冰”“孟宗哭竹”“黄香扇枕”等典故，以及“六杯酒”“三奠酒”“辞别娘”等曲目。其次唱《三国演义》《水浒传》《西游记》中的“孔明借箭”“李逵接母”“唐王入梦”等章节，以及“杨家将”“岳母刺字”“薛仁贵征东”“穆桂英挂帅”等英雄事迹，化悲痛为力量。孝歌时而高昂跳跃，时而低回婉转。演唱形式为一领众和，或二人对唱；有时坐唱，有时在打绕棺时边跳边唱。伴奏乐器有鼓、钹等。凌晨唱“收场歌”，谓之“刹鼓送神扫瘟”。

灵柩一般在家停 3 ~ 7 天，择日下葬。停放第一天，亲人、道师、帮忙者陆续到场。帮忙者由总管统领，开出“当大事”执事名单，设“三班八房”，各司其职。亲人到场后，按照族间、亲戚顺序开孝。真孝子（亡者的儿子、儿媳）孝帕长 7 尺（1 尺≈ 33.33

厘米），一般孝子 5 尺，孙辈 3 尺。丧鼓一响，邻里乡亲齐来吊唁，在灵柩前作揖、磕头、鞠躬，孝子在灵柩左右跪候。吊唁者要送悼礼（唐崖称贺礼），20 世纪 90 年代前以送粮食为主，以后以送现金为主。有的随送挽联、花圈、祭幛、老被等。亡者为女性，娘家送的贺礼挂在灵堂正中，谓之“归堂”。亡者的女儿、内外侄女送的“老被”，按进屋先后顺序挂于灵堂。其他亲朋的贺礼挂于灵堂外。

安葬前一天晚上为“大夜”。届时，亲友毕集，鞭炮不断，锣鼓不停，歌舞不歇，直至拂晓出殡。出殡时，旌幡前导，孝子在灵柩前俯身而行，亲友捎带祭帐、花圈等送至墓地。路上，鼓乐齐鸣，爆竹不断。入土时，孝子跪在灵柩上先挖三锄。每挖一锄，叫一声爹或妈。主持葬礼的人说：“一锄挖金，二锄挖银，三锄挖出子孙昌盛。”最后由众人垒砌坟墓。安葬后的三日或七日内，孝子每天傍晚“送亮”，即用稻草扎把，置于坟前点燃，燃一香烛，放大鞭炮 7 挂。至此，葬礼结束。

改革开放以来，传统的殡葬习俗有所革新。

建房习俗

唐崖人修房造屋，从备料、选屋基、打屋场，到定朝向；从加工木料、排扇、立屋、上梁，到主体工程落成；从布盖、装修，到乔迁新居，均有特定的习俗。现仅介绍敬山神、敬鲁班、发锤、上梁、开财门等活动。

敬山神 是“伐青山”前的一个祭祀活动，又称“压码子”“打青山码子”。届时，掌墨师备三炷香、一叠板子钱，点燃蜡烛香纸，以求山神保佑。另取 2 ~ 3 张板子钱，画上似字非字的“字飞”和二十八星宿，并写“井”字连带顺笔三圈，折叠后，压在将要伐木的山林边的岩孔下。祭祀开始，掌墨师首先默念师祖、师爷、师傅，然后点燃香纸，念念有词，完毕，方可伐木。

敬鲁班 立屋当天凌晨四五点钟，举行敬鲁班仪式。首先，主人备红布 4 ~ 5 尺

（1 尺≈ 33.33 厘米）、公鸡 1 只、刀头肉 1 块、酒碗 3 个、酒、斋粑、豆腐、净茶摆放在东南西北中五个方位；另一方位备三炷香、一叠纸钱、掌墨师的“五尺”；在屋场正中摆放一桌，上置刀头肉 1 块、酒碗 3 个、豆腐，取五谷杂粮（茶叶、大米、黄豆等）放在桌下。准备就绪，掌墨师用长线在“解马”“木马”“滚马”上和东南西北中五个方位点燃香纸，再将“五尺”插在桌前的地上，用红布盖住“五尺”顶部，又将墨斗、凿、锉、捶等工具摆放在桌上；同时，其余木匠将斗杠、筋带、大锤、楗杆等立屋工具摆放在桌的前方。然后，掌墨师开始祭拜。

发锤 是立屋“发扇”前由掌墨师举行的一种仪式，一般在上午八时左右进行。届时，主人备红布、公鸡、刀头肉、酒、斋粑、豆腐、净茶等物，摆放在屋场正中（堂屋位置）的方桌上；在另一方位备三炷香、一叠纸钱、“五尺”等物。准备就绪，掌墨师说“福事”：“东边一朵祥云起，西边一朵紫云开。祥云起，紫云开，鲁班差我起扇来……”“拖山榨，木马煞，一百二十凶星恶煞，弟子用雄鸡来挡煞，弟子红花落地百无禁忌！”

发锤时，掌墨师一手拿“响锤”，一手提雄鸡，左脚登在中柱上，口中念道：“此锤不是非凡锤，上不打天，下不打地，又不打人丁六畜，专打屋场的五方蛮师、光头和尚、邪魔妖气。发锤落地，大吉大利。良公到此，鲁班在位，前后左右人排齐，老老少少齐用力，弟子高喊一声，起！又起！再起！”

念毕，掌墨师用“响锤”敲击中柱，起锤方向必须向前、向左、向右，忌向后方。发锤后，众人一边齐声喊“起”，一边用筋带拉，用楗杆撑，用楼梯顶，合力把排扇立起来。

上梁

上梁过程中，要举行祭梁、开口梁、制梁、包梁、缠梁、升梁、抛梁粑、下梁等仪式。各仪式均由掌墨师和他的大弟子主持。

祭梁 把梁木置于堂屋正中，掌墨师一手拿斧和凿，一手端菜盘（盘中置酒、肉、豆腐等），只身步入华堂，在梁木前焚香烧纸，祭鲁班与祖先，然后对梁木行跪拜礼，说福事：“一个茶盘四角方，张郎设计鲁班装；四方雕起云牙板，一把壶儿放中央。……主人拿来（酒壶）有何用？祭这宝贵的栋梁。一祭栋梁头，子子孙孙当诸侯；二祭栋梁腰，子子孙孙在朝纲；三祭栋梁尾，富贵荣华长流水。”

吟诵完毕，大弟子手持斧、锉，快步进入华堂，边走边念：“……栋梁栋梁，生在凤凰山，长在九龙岗；生得又粗又长，长得又直又光。张郎云中打马提斧来砍倒，鲁班又

开梁口　　秦兴武　摄

把尺量提锯来截料。头节，皇帝修了金兰宝殿；二节，修了孔圣学堂。只有三节，不长不短，不短不长，为主东做起了万代的栋梁！”

开梁口　祭梁后，在大梁两端开凿与中柱安装相吻合的“马口”。届时，掌墨师和大徒弟各拿斧、锉，分站梁头和梁尾。先由梁头掌墨师说一段福事，凿去梁木东头的一块木屑。然后梁尾弟子说一段福事，在梁西头凿去一块木屑。

开凿梁口时，主东跪在梁下，反手牵住上衣后摆兜住木屑，用红布包好，置于梁木与中柱之间，意为“进财”。木匠最后封赠：“属腾落地莲花凳，主东修造与儿孙，一块木渣你接定，富贵荣华万万春。”

制梁　即开梁口后，象征性地把梁木修正、刨光。制梁时，师徒两人一个削，一个刨，同时说福事：“此梁此梁……别人拿去无用处，唯有主东做栋梁。吩咐弟子来砍倒，切头切尾用尺量。大尺量来三尺三，小尺量来丈八长。主东请起四十八个好儿郎，轻吹细打迎进木场。木马一对好比鸳鸯，曲尺一把横量直量，斧头一把铲得四四方方，刨子一去刨得坦坦平阳，墨线一根弹在中央，两边安起夜明珠，中间安起明月照华堂。”

包梁　又称“缠梁布”。即把笔墨、五谷、钱币、开梁口的木渣和一本万年历用黄纸包好，再用一块边长一尺三寸（约 43.33 厘米）的正方形红绸布，把黄纸包包裹在中梁正中，包裹后的红绸布对角线与梁木中墨线重合，最后将红绸布的四角，用钉子穿入铜钱眼钉紧固定。木匠师徒二人一边包梁，一边说福事。通过包梁，祈愿主家“字墨传家、五谷丰登、财源茂盛、万古千秋”。

包梁完毕，由掌墨师“赞梁布”：“说此布，讲此布，讲起此布有哈数（来由、背景）。立春过后就备土，清明一到把种出，五黄六月开花结果，七月八月收捡到屋。北京城里弹的花，南京城里纺的花，杭州城里织成布，苏州城里染成这块大红布，十月才摆在汉口的绸缎铺。今日主东缠梁用此布，天圆地正，发人发富。”

缠梁 又称“套梁”。即把梁木抬至堂屋正中的条凳上，用筋带系住两端，为升梁做准备。首先由掌墨师缠梁头，边缠边封赠：“手拿金带长又长，拿起金带缠屋梁，左缠三圈开金库，右缠三圈开银行。”有的这样封赠：“手拿金带软如绵，黄龙背上缠两缠，左缠三转财运旺，右缠三转子孙贤。”

然后由弟子缠梁尾，边缠边封赠：“你缠梁头我缠尾，主东坐起百事美，主东坐在银山上，银山脚下出银水。”有的弟子这样封赠：“师傅缠梁有讲究，弟子缠梁有来由。主东住起中堂祥云不散，主东住起两头紫气浓稠。”

升梁 即提升和安装梁木的仪式。升梁前，掌墨师唱升梁歌：“两根中柱左右立，黄龙抬头上梁脊。两头立的金银柱，主东发财有根基。东边升起一丈八，西边升起十八尺。万丈高楼今日建，主东富贵今日起，起呀！”这时，众人握住筋带，登梯上爬，梁木随之步步往上升，每上一步梯，掌墨师说一段福事。

梁木提升到安装位置，鸣锣击鼓，放鞭炮，掌墨师和徒弟开始攀梯上梁，边上边轮流说福事，最后师徒和诵：“手攀屋梁，境登天堂，送财送喜，降吉降祥！”

师徒和诵后，分坐梁头和梁尾，开始“赞屋场”“赞酒瓶”“赞粑粑”。

上梁说福事　　秦兴武　摄

梁头师傅赞屋场:“坐在梁头打一望，主东坐个好屋场。前有喜鹊报佳音，后有玄武镇煞方，左有麟麟配狮象，右有青龙配凤凰，粮山棉海地下出，金山银海土里藏。”

梁尾弟子:“坐在梁尾望四方，此个屋场好气象。前有龙头吞珍珠，后有龙尾戏银浪，左边修起金银库，右边修起鱼米仓，金银库里藏金宝，鱼米仓内万担粮。”

有的地方,“赞屋场”采取问答式。师傅问:“哪位仙人定的向？哪位神师造的梁？哪位良工起小样，哪个高手立中堂？哪位壮士安磉磴？哪位英雄开屋场？”徒弟答:“白鹤仙人定志向，鲁班先师造栋梁，掌脉师傅起小样，能工巧匠立中堂，石匠师傅安磉磴，众亲好友开屋场。”

抛梁粑 “赞粑粑”后，由师徒两人或大徒弟一人在屋梁上抛撒糍粑、泡粑、糖果等，让男女老少争抢，抢粑粑就是抢财喜。抛梁粑时，要说祝词。

如果由大徒弟一人抛梁粑，则要从梁头走到梁尾，边抛，边走，边说:“弟子脚站梁头来发话，手拿粑粑来抛撒。一撒主东财源盛，二撒主东很大家（大方），三撒各位仁义好，四撒各位力气大！”若由师徒两人抛梁粑，则师傅先说:“站在梁头高又高，手拿粑粑把梁抛，一抛五谷大丰收，二抛四季把财招。”大徒弟接着说:“粑粑又乖又好吃，抢得粑粑是财喜，老人吃哒要年青，细娃吃哒不生病。”

有的地方，师徒还要通过说福事，一问一答“理粑根”，讲粑粑的来历。

抛梁粑即将结束时，师徒二人各留一对大糍粑，专抛主人家。房主早已准备好簸箕，接住梁粑，以示“吉祥如意，金银粮米归仓”。抛大糍粑时，师傅先说福事:“快过来，主人家，送你一对大金瓜，自从今日落成后，坐进华堂好发家。”徒弟接着说:“一对粑粑往下抛，主东快点来接到，自从今日生财道，满堂都是财和宝。”

下梁 是上梁仪式的最后一幕。师徒先谢主东，再谢众人，然后翻身下梁，边下边封赠。师傅:“鹞子翻身下屋梁，主东稳如泰山梁。人坐宝地千年有，荣华富贵万年长。”徒弟:“鹞子翻身下屋脊，主东万事都如意。勤劳致富发财路，给你搭的冲天梯。”下毕，鞭炮齐鸣，唢呐高奏。掌墨师说最后一道祝词:“锣鼓喧天鞭炮响，恭贺主东造华堂。修华堂，造华堂；赞华堂，颂华堂。人满堂，亲满堂，钱满堂，粮满堂，金满堂，银满堂。福禄寿喜满华堂，千古落成百世昌。”

开财门 房屋全部竣工后，举行开大门仪式，谓之“开财门”“踩财门”。参加人员，一是掌墨师（装扮鲁班），二是亲友，其中三名能言善辩的亲友扮成“踩门”的“紫微星”“文曲星”“财帛星”。开财门的头天晚上，关上大门，拴好门闩，防止“走了财气”。开财门一般在凌晨寅时，取“寅”与“银”谐音，表示“进金进银”。吉时一到，掌墨师在门内，亲友在门外，一问一答吟唱“踩门歌”。

随后，门外亲朋好友轮流吟唱。比如：凤凰展翅下山来，加官晋爵进钱财。一送田园千百万,二送文武状元来，三送主家多富贵，四送东西南北财，五送五子登科早，六送太公下山来，七送金银千百万,八送牛马到门来，九送久长又久远，十送文武登将台，十一送儿孙千千万,十二送黄金到家来。

黎明，掌墨师作总结性“说福事”：凤凰展翅下山来，文武百官两边排。荣华富贵主家爱，辞别天宫下凡来。一送天子打蓝伞，二送三星来临凡，三送朝廷赠莽带，四送四季大发财，五送五子登科早，六送公子登将台。七送天宫七仙女，八送文武两秀才，九送三星坐龙位，十送贵府状元来，十一送富贵荣华到，十二送宰辅早登台，月月都送双喜到，主家金银进门来。

掌墨师说完，打开大门，高喊“恭迎三星进门”。“三星”带着“金银财宝”“文武状元”“福禄寿喜”进屋，向主家道贺，仪式结束，主家择日迁住新居。

体育游艺

民间体育游艺有板凳拳、赛扁担劲、提四马腰、跳丁丁步、踩高跷、赶山、爬竹竿、荡秋千、打陀螺、打三棋、翻花、羊子吃麦、猜谜语、踢毽、跳绳、跳房子、捡子、抵棍、扳手劲、拔河等四十余种。

板凳拳 清末民国初，军阀混战，土匪横行。人们为生活计，习拳练武蔚然成风，大水坪、小水坪、钟塘等地，均有传授武术的“偏褂行”。世居小水坪的陈氏家族，为保全性命、财产，抗暴图存，世代操练板凳拳。成群结队的外来匪盗，慑于板凳拳的威力，从不敢窜入陈氏家族居住的院落为非作歹。清宣统二年（1910）冬，同盟会会员温朝钟，在大路坝（与小水坪相邻）一带组建以“反清灭洋”为纲领的农民起义军，小水坪陈再瑶带领 100 余名板凳拳弟子参加。清宣统三年（1911）一月七日，温朝钟率领农民起义军攻打四川黔江县城，板凳拳弟子一马当先，为起义军攻占黔江立下头功。

操练板凳拳，器械随处可得，功力随时可发，步伐稳固，动作粗犷，手法多变，刚劲有力。攻防架势 36 个，以吼声助力、助威、助势，主要招法有撞、压、顶、砸、扫、架、磕、劈、栽、撑、磨、拦、挑、翻、拐等。对付长重兵器，一般采用双把式，一拦一架、一压一扣、一撞一击，夺敌兵器得心应手；单把式撩、挑、冲、扫，横扫前后左右，势不可挡。如运用得法，人凳合一，数十人不得近身。

板凳拳在唐崖镇相习成风，经久不衰。陈俊法 8 岁跟爷爷陈博斋习武，经过 30 年的操练，成为板凳拳的传承者。2011 年，板凳拳被列入湖北省第三批非物质文化遗产（传统体育类）名录。

赛扁担劲

分抵扁担、扭扁担两种。

抵扁担　三人一组，一人当裁判，两人比扁担劲。先在地上画一个圈，直径略长于扁担。两人站在圈内，各以肩、胸、腹、下颚等部位（双方部位相同）抵住扁担一端，裁判发令，双方同时用劲，把对方抵出线外者为胜。

扭扁担　两人各用单手或双手握住扁担一端，互为相反方向用劲扭转，使对方扁担脱手或扭转翻腕为胜。

提四马腰　又叫“拔腰带”，是在田间、地坝或草坪上进行的一种摔跤活动。比赛时，解下头巾当腰带，两人互相抓住对方的腰带进行扭摔，将对方摔倒在地为胜。扭摔时，可用勾、绊、缠、绞、挂等脚法，以及推、拉、扭、搬、摔等手法、身法，但不得以手脚或头抓击、踢、撞，否则违例犯规。此外，双方手掌不得脱离腰带，如滑脱，裁判即令暂停，重新抓稳腰带，再行比赛。每局约定时限，时限一到，若未出现摔倒方，则以犯规少、进攻多者为胜。也可划定边线，被推出线者为输。20 世纪 80 年代，提四马腰相继被列入县、州、省和国家民族体育比赛项目。

跳丁丁步　俗称“打拜拜脚”。单腿跳跃前进，在限定的距离，最先到终点者为胜。距离过长者，跳到一定距离后，可换脚跳。

踩高跷　俗称“骑高脚马”，取两根齐肩高、单手能握的竹棍或木棍，在竹木棍距离地面约 1 尺（约 33.33 厘米）处绑一截横木，做成“高脚马”。然后双脚分踏横木，依托双手和两臂持棍行走。从同一地点出发，先到终点者为胜。除平地赛跑外，还可以比赛上坡、下坡、跨越沟、跨越坎等。比高度，从一定的高度往下跳，跳得高（深）并保持在“马”上者为胜。

赶山 20世纪90年代以前，唐崖镇盛行赶山，又称赶仗。它既是一种狩猎活动，又是一种体育活动，还是一种谋生技艺。赶山必须组建一个班子，少则三五人，多则十余人。另有一群猎狗，少则三五只，多则七八只。常年赶山者，俗称“赶山佬”，是“九佬十八匠”的“九佬”之一。

赶山一般从秋后开始，直到次年春天。秋后，野猪、麂子等野兽膘肥肉满，是捕猎佳季。严冬，自然界“坚壁清野”，野兽四处寻食，在白雪上留下脚印，更是赶山良机。赶山场地一般在近处山场，早出晚归。也有远征他乡，时间长达月余或数月者。

赶山班子进山前，先拜猎神“梅山神”，祈求平安、多获猎物，许愿“大财大谢，小财小谢”。进山后，先在野兽必经路口设网，派人把守，谓之“坐呛”。同时，以猎犬为前导，搜寻野兽气味，循味追击，谓之“跟骚”。另由两人任“赶脚”，循野兽足迹追赶。在猎犬和“赶脚”的追击下，受惊的野兽沿经常出没的路径奔跑。为防止猎物另寻逃路，安排若干人在预设的路径两旁吆喝，谓之“吼野呛”。猎物现身后，人吼、犬吠、号角鸣，数里外可闻。“赶脚”在后面赶，“吼野呛”的人左右夹攻，猎物惊慌触网被擒，或被枪手击毙。这时，吹三声牛角，称“倒山角”。“赶脚”闻牛角声，迅速到指定地点集合。对猎获的野兽，由老猎手扯七根茅草塞进猎物口中，谓之“封嘴”。然后抬起猎

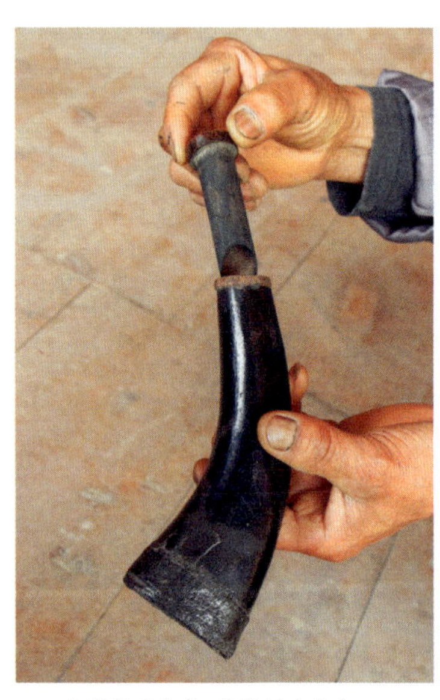

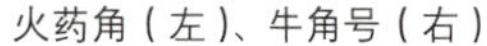

火药角（左）、牛角号（右） 咸丰县档案馆 提供

物，鸣角而归。

回村后，在院坝摆桌案，置酒肴，再谢梅山神。礼毕，解剖猎物，按规矩分享。主枪手得兽头、兽皮和血口肉。其余按“沿山赶鸟，见者有份”分配，不歧视任何一个参与者。如果一个班子截获另一个班子所追捕的猎物，猎物由两个班子平分。

荡秋千 土司时期，唐崖人就爱荡秋千。秋千绳常系在河岸、场坝的大树上，每逢节日，土家姑娘成群结队，轮番比试。清道光《施南府志》载《蛮村秋千曲》:“散毛司畔多村舍，柳荑乍生梅欲谢。蛮姑结队斗轻盈，早春已见秋千架，秋千之架高入云。”新中国成立后，荡秋千仍在唐崖镇流行。1986 年，荡秋千被列为全国少数民族体育运动会比赛项目。

打陀螺 俗称“打波螺”，是唐崖镇青少年喜爱的体育运动。陀螺用木头制成，上部为圆柱体，下部呈圆锥体。再用手指粗的竹竿，一端系绳，用作抽鞭。打陀螺时，用鞭绳按顺时针方向缠绕陀螺圆柱体部分，置地抽鞭一拉，陀螺在地上直立旋转起来。接着不时地用鞭绳按顺时针抽打，确保陀螺在一定场地内持续旋转，以旋转时间长者为胜。

打三棋 唐崖流行最广的民间棋类。该棋就地取材，在石板或平地上，用火炭头、石子、木棍等画三个不同大小的正方形，一个正方形套一个正方形，再把三个正方形四角、每边中点分别用直线连接，即成棋盘。棋盘上有 20 条直线、24 个交叉点，交叉点是落子的地方。每条直线上的 3 个交叉点，是对弈双方占点抢线的焦点。打三棋的棋子，石子、纸团、木棍、叶片均可。对弈双方轮流把自己的棋子布在棋盘上的交叉点，叫“摆子”。凡在交叉点上占得一条直线上的三个点，即成“打三”，可在棋盘上提掉对方任何一颗棋子。若一方只剩两子，或虽有三子以上但无法连成一条直线，即为败方。摆子阶段，若双方始终未形成“打三”，动子阶段棋盘已满，谓之“闷棋”。出现“闷棋”，先下子者为败方。

翻花 俗称“翻叉”，是培养儿童想象力、锻炼手指灵活性的一种娱乐形式。翻叉只需 1 米左右线绳一根，打结，呈环状。一般为二人对玩，借助十指，通过勾线翻动，挑翻成“双十字”“花手绢”“面条”“牛槽”“酒盅”“媳妇开门”等十几种花形。

羊子吃麦 类似“老鹰抓小鸡”的儿童游戏，背景是牧童的羊子吃了田主的麦子。游戏中，扮成羊群的儿童站成一列，后者牵着前者的衣摆连成一串，排在最前面的充当牧童，再由一人站在牧童面前充当田主。首先由牧童与田主讨价还价，接着田主开始千

“羊子吃麦”游戏 秦兴武 摄

方百计抓羊，牧童尽力阻拦，羊群努力躲闪。被田主抓住者，与田主交换角色，进行下一局。

猜谜语

一般在茶余饭后、劳动间隙或节日聚会时，喜欢猜谜语。这些民间谜语形象生动，雅俗兼备。除少量字谜外，多以生活中常见常用的“事”和“物”为谜底，俗称“财谜”。

财谜

一个葫芦七个眼，哭的哭，喊的喊。（脑壳）

金箱箱银箱箱，里头装个乖姑娘。（眼睛）

红朝门白粉墙，里头住着个耍二郎。（舌头）

十个兄弟同路耍，每人头上顶片瓦。（手指）

一个屋儿窄又窄，恰恰装到五个客。（鞋）

白天抱起睡，晚上分开睡。（扣钮）

指拇大个圈，够你猜半天。（抵针，即顶针箍）

长的少，短的多；短的用脚踩，长的用手摸。（楼梯）

九十九丘田，丘丘都相连，黄马跑不过，白马跑上前。（筛子）

怪相怪相，鼻子长在背上。（茶罐）

外圆内四方，下圆上四方。（石磨、筷子）

老鼠子巴（爬）门枋，搂屁股一火枪。（老式挂锁）

讲个就讲个，一屋两头坐，一头开染坊，一头推幺磨。（墨斗）

远看像头牛，近看光骨头，吐的吐瓜子，滚的滚绣球。（风车）

穿起鞋子睡，脱起鞋子走。走了几多弯弯路，遇到几多读书人。（毛笔）

小来吃得做不得，大来做得吃不得。（竹笋）

红帕帕包冷饭，又好吃又好看。（石榴）

对门坡上一个碗，天天落雨落不满。（鸟窝）

黑脸包公，把守屋角上，扯起八角旗，专捉飞天将。（蜘蛛）

一只脚蹬蹬蹬，两只脚开天门，三只脚火塘坐，四只脚守朝门。（碓、鸡、三脚、狗）

字谜

四座大山山挨山，两条大川川重川，四个太阳循环转，四张嘴巴紧相连。（田）

一点一横长，一撇下南洋，两个木匠坐在石头上。（磨）

贝字欠两点，莫作目字猜。（资）

大字（自）加一点，不认太和犬。（臭）

方言　俗语

方言　唐崖方言，其语法、词汇与普通话基本一致，语调、语音有较大差异。另外还有名词后缀、拟声、指代、叠词等方言。

从声调看，方言的阴平、阳平与普通话基本一致，上声与去声基本对调。但有少数阴平和上声变声为阳平，比如 [tiē]（贴）、[tiě]（铁），方言为阳平。

从发音看，方言中出现大量声母、韵母变音。比如：声母翘舌普遍变音平舌，[n] 普遍变音 [l]，少数汉字声母 [f] 变音 [h]、[r] 变音 [y]；韵母 [u] 变音 [ou]、[e] 变音 [uo]、[ue]

变音 [io]、[ie] 变音 [ai]、[ian] 变音 [an]、[uan] 变音 [an]、[un] 变音 [en]、[eng] 变音 [ong] 或 [en]。结果，把“难度”读作“栏豆”，“繁荣”读作“还 [yóng]”，“药方”读作“[yó] 慌”，“鸟雀”读作“了 [qio]”，“衔接”读作“寒接”，“峰峦”读作“轰兰”，“轮流”读作“[lén] 流”，等等。

很多拼读为[e]、[ai]、[an]的汉字，前缀鼻音[ŋ]。比如“讹”“遏”“额”“爱”“矮”“癌”“挨”“按”“暗”“案”“岸”“雁”“严”“研”“验”“阎”等，方言分别发音[ŋe]、[ŋai]、[ŋan]。“压”“哑”等字，方言变音为 [ŋa]。凡汉语 [ou] 单独成字，方言普遍发音 [ŋou]。

少数方言没有对应的汉字甚至拼音。比如：[bàn]，表示“挣扎”；[biàn]，表示“孩童玩耍”，比如“扁乖乖”（玩玩具）、“扁水”（玩水）；[diāng] 表动作“提”，如“[diāng] 水”即“提水”；[dǐng]、[biǎ] 表示“扔”，如“[dǐng] 石头”“ [biǎ] 稀泥巴”；[bā] 表示“攀爬”“起立”“东山再起”“粘贴”等，如“巴树”即“爬树”，跌倒后“爬起来”发音“巴起来”，“贴广告”发音“巴广告”；[niā] 表示“粘贴”“撒娇”；[kā] 表示动作“挤”“插”；[jué] 表示“骂”；[gū] 表示“蹲”；[gě] 表示动作“锯”；[chēn]（阴平）表示“舒展”；[māng] 表示“胖”“憨”；[miá] 表示“眨”“耷拉”；[miē] 表示“掰开”；[mié] 表示“思考”；[niě] 表示“避”“让”“挪”，如“ [niě] 边边”表示逃避责任；[piǎng] 表示“混时日”；[zǒu] 表示动作“塞”，如“把石头塞进去”发音“把石头 [zǒu] 进去”；[shén] 表示“撑”“担当”“胜任”，如“用肩膀把木料 [shén] 起”“这项任务我 [shén] 不起”；[zuá] 表示“踹”；等等。

少数字词除汉语本意外，另有方言含义。比如：“盘”，方言有“养育”“饲养”“种庄稼”“搬运”等意，如“盘儿养女”“盘阳春”“盘木料”等；“痞”，方言中有两层意思，一指在竞技活动中作弊、耍赖，二指为达到某一目的采用纠缠、耍赖的办法；“很”，方言中还表示“有本事”；“活路”，通常指“任务”“生产活动”；“泼”，在方言中充当量词时，类似汉语“拨”，指一批、一班子人；“场合”，方言还有“场面”“阵势”“声势”等意。

名词一般后缀“儿”“子”。比如：“猫儿”“狗儿”“蜂儿”“老鼠子”“麻雀子”“茶叶子”“箱子”“柜子”“帕子”，等等。“什么”一般说“么子”。父母、长辈昵称孩童为“狗子”“狗儿”等。动词后的助词“了”“啦”一般用“哒”代替。比如：“吃饭哒”即“吃饭了”，“哥哥来哒”即“哥哥来啦”。

指代类方言。比如：“哪个”（谁）、“则边人”（旁边人、非当事者）、“么子”（什么）、“哪阵”（什么时候）、“啷个”（怎么样、为什么）、“弄个”（这样）、“勒塌”（这里）、“那塌”（那里）、“哪塌”（哪里）；“上面”“上方”说成“皮头”“皮面”“上头”“高头”；“下面”“底部”说成“透脚”“兜脚”“下头”。

时间类方言。拂晓（麻麻亮）、中午（中干时候）、傍晚（擦黑）、刚才（将才）、今后（二天、二回、二遍、改天）、迟或晚（暗）、一会儿（一港港儿、一哈哈）、从前（往回、往天）、立刻（跟倒、接倒、眨眼）、偶尔（三不知时、要不时），等等。

儿童方言多用叠词。比如：牛牛、马马、狗狗、猫猫、雀雀（鸟类）、虫虫、桌桌、帕帕、滚滚（轮子）、果果（水果），等等。且有大量“纯方言”，比如：尬尬（肉）、芒芒（饭）、梭梭（面条）、米米（葵花、花生）、丢丢（鸡）、嘀嘀（ 车）、把把（粪便），等等。

沟通畜禽类方言。唤猪：“诺哇——诺哇”；唤狗：“懊懊——”；唤羊：“咩——”；唤牛：“忙——”或“咩呀——咩呀——”；唤猫：“咪——”；唤鸡：“勾勾”；唤鸭：“啰啰”，等等。

除以上方言用词外，还有大量称谓、动作、体态、描述类方言。

称谓类方言简表

表 8

普通话或其称呼	方言	普通话或其称呼	方言
爷爷	嗲（嗲）、公	外公	大嘎（嘎）、嘎公
外婆	嘎嘎、小嘎	爸爸	老汉、爹
姑母	孃孃、爸爸	本人	各（国）人、老痞
丈夫	当家的、男的、男客	妻子	右客、堂客、屋里的
成年男子	男般（家）	已婚妇女	女般（家）、婆二客
男青少年	糙子娃、糙糙娃	未婚女青年	青头姑娘
不懂事的青少年	梦虫虫	孕妇	四眼人
娘家	后家	女婿	门婿客
傻子	哈包、哈子	游手好闲人	逛逛（客）
挑拨离间的人	夺客	贪吃的人	饿马桶、饿食佬
小偷	爬老二	强盗	棒老二、抢犯
公猪	脚猪、伢猪	母猪	草猪
公狗	伢狗	母狗	草狗
公牛	牯牛	母牛	沙牛
公猫	男猫	母猫	女猫
公鸭	鸭亲	母鸭	鸭母
公鸡	鸡公	母鸡	鸡母
蜈蚣	雷公虫、千脚虫	蟋蟀	灶鸡子

续表 8

普通话或其称呼	方言	普通话或其称呼	方言
鸟类	雀二	蜗牛	螺丝
青蛙	（青）客蚂	蟾蜍	癞客包
蛇	溜子、钱串子	蝌蚪	客蚂鱼儿
蝙蝠	檐老鼠	乌鸦	老娃（子）
鹳	青桩、饿老痴	猫头鹰	猫骨冬
蜻蜓	阳丁丁	蝉	吹米虫、咪呐子
毛巾	帕子、幅子	菜刀	薄刀
螳螂	孙猴儿	马蜂	牛角蜂
床单	坝单、卧单	女内衣裤、乳罩	小褂褂
背心	汗架架	内裤	窑裤儿
工具	家什	斧头	猫子
砍柴刀	沙刀	犁	铧口
头	脑壳	拳头	锭老二、锭子
肘	道拐子	腋下	噶子窝
小腿	连二杆	踝骨	螺丝骨
膝盖	客膝老	裸体或裸上身	光董董
面具	脸壳子	玩具	乖乖、家家

动作、体态、描述类方言简表

表 9

普通话或其称呼	方言	普通话或其称呼	方言
蹲	姑、跩	低头、弯腰	勾（起）
摸、碰	捞、膀	撬	拗
肩扛	老、夯	抓、搔	抠
攀爬	巴	推（搡）	消
转动、旋转	车（转）、旋	丈量	印
粘、贴	巴、俩（lia）	搅拌	豪
摔倒、跌倒	搭、跩、搭扑爬	跑、逃、回避	调、梭、磨边边
巴结、奉承	喝泡舔肥	咒骂、教训	日绝、绝
胡说	嚼牙巴谷	挑拨离间	说空话、斗祸
唆使	支起	恐吓	黑
捉弄、挖苦	西阔、殃酸	强迫、蛮干	刁鼓、架鼓、下鼓
理会、打招呼	答白	嘱咐	交判
调皮、捣蛋	带厌、讨嫌	冲动、不顾后果	兴头日脑、嘚包
聊天	俩（lia）白、扯谈	说大话	耍抛
炫耀	二气	赌气	使气
撒娇	放俩（lia）	闹矛盾	办灯、扯皮

续表 9

普通话或其称呼	方言	普通话或其称呼	方言
不认真	张事王长、意大洋活	拖沓	裸连、皮（扯）
努力、卖力	判皮、攒劲、起股子	勉强、费力	下蛮
感谢	劳慰、操烦	故意	刁子
态度生硬	日古古的	有把握、有本领	有哈数
点子多、心眼多	日眼蚊	可怜	造孽
糟了、糟糕	拐哒、遭哒	失败	水了、哦嗬
干净	索利	脏	奶带
不讲卫生	哪湖	吝啬	狗夹、啬巴
冷清	冷火秋烟	热闹	闹热
方便	撇脱	便宜	相应
风趣、恶作剧	猎确、确包	软	趴
开始	架势、架蔑	结束、完毕	刹果、归一
如果、假设	喊起、要是	重新、再	梯单、重单
骗人	烫人	结实、牢固	蛮实

说明：表 8、表 9 内容由湖北省咸丰县唐崖镇志编纂委员会搜集整理

谚语

民间谚语涉及人与自然、生产生活、社会交往、市井百态、医疗保健、家庭关系等方面，特点是就地取材、形象生动、深刻精辟，在各种场合广泛运用。

气象农事

二月初一晴，山中树木发两层。

土地菩萨打伞，荞麦光杆杆。

三月三，蛇出山；九月九，蛇钻土。

清明才断雪，谷雨才断霜。

清明要明，谷雨要淋。

栽秧烤火，谷子不用簸。

立夏不下，犁耙高挂。

小满不满（雨量不足），芒种不管。

阳雀（杜鹃鸟）一催，活路成堆。

五月要干（清朗），六月要涵（雨量充沛）。

七（月）臭八（月）烂九（月）生蛆。

白露谷子不勾头，割回家中喂老牛。

重阳无雨一冬干，重阳无雨看十三，十三无雨一冬干。

八月犁田一碗油，九月犁田半碗油，十月犁田净骨头。

早上发霞，等水烧茶；晚上发霞，干死客蚂（青蛙）。

早晨漫天雾，最好洗衣裤。

雾上山，地不干；雾下坡，太阳多。

一杠（虹）杠西，干断河溪；一杠杠东，一日三冲。

一日黄沙三日雨，三日黄沙九天晴。

有雨天边亮，无雨顶上光。

太阳打反照，晒得变鬼叫。

星星稀，披蓑衣；星星密，晒脱皮。

蚂蚁搬家蛇过道，必有大雨到。

河里鱼打花，天天有雨下。

蜻蜓飞得高，明日似火烧。

石头冒汗，等水煮饭。

云往二仙岩（音 ái）蓑衣帽子拿拢来，云往黔江晒破黄缸；云往龙潭有雨但不忙，云往大田晒干烂田。

生活哲理

天有阴有晴，事有成有败。

逢贵莫赶，逢贱莫懒。

田里长谷，书里出金。

为人不读诗书，行夜没得亮烛。

三穷三富不到老。

谷怕胚时旱，人怕老来穷。

笑破不笑补，笑懒不笑哭。

紧把手，年年有。

细雨落成河，粒米凑成箩。

为人不学艺，挑断箩斗系。

笑长命，愁生病。

早上洗脚，当吃补药。

饭要吃个欠，莫要吃个厌。

吃得生，当得兵。

大小是个揖，长短是个棍。

挓起板板，撞到坎坎。

婚姻家庭

宠儿不孝，宠狗上灶；娇女泪多，娇儿祸多。

养儿不读书，等于养个猪。

猪看蹄爪，人看从小。

兄弟孝和金不换，妯娌孝和家不散。

水不搅不浑，人不走不亲。

不是黄泥不烂路，不是草籽不沾身。

除了青㭎无好柴，除了郎舅无好亲。

说起回娘家，脚像翻羊叉。

为人处事

人要忠心，火要空心。

吃得亏，同得堆。

修桥补路，养儿无数。

长约期，短还钱。

托人如托山。

头回遭蛇咬，二次不钻草。

满壶全不响，半壶响叮当。

叫的老鸹不着肉。

热肉好吃，冷账难还。

吃人三餐，还人一席。

好亲戚不如穷菜园。

好好开花好好谢。

不知咸淡莫掺盐（参言）。

蚊子遭扇打，只怪嘴伤人。

十个说客不如一个夺客。

话冷了说得，铁冷了打不得。

鼻子大压不住嘴。

山高挡不住太阳，牛大压不死虱子。

筷子拗不过门枋，泥鳅翻不起大浪。

山再高没有脚板高，浪再大也在船底下。

天干无露水，老来无人情。

吃了木耳，忘了格蔸。

歇后语

唐崖司的马——是岩的（是确定的）

和尚的脑壳——无法（发）

麻子打呵欠——全体动员（圆）

跛子进医院——自觉（治脚）

瞎子打灯笼——照别人

十五个驼背子睡一床——七拱八翘

驼背子淋雨——背时（湿）

叫花子走夜路——假忙

缺耙齿吃粉条——松不得口

怀胎妇人跨门槛——挺身而出

吴二的哥哥——无一（无法、无用）

狗咬月亮——不知天高地厚

猪往前拱，鸡往后刨——各有各的招数

野猪拱黄连——自讨苦吃

母猪上楼梯——光是嘴硬

磨眼里的蚂蚁——条条是道

癞蛤蟆遭牛踩——周身都是病

鸭子赶场——大摇大摆

三个菩萨作两个揖——对得住一个对不住一个

韭菜炒青椒——亲（青）上加亲（青）

一根头发遮得住脸——翻脸不认人

大门口挂粪桶——臭名在外

火柴头修磨子——走一方黑一方

茅厮（厕所）边打铺——隔死（屎）不远

桌底下作揖——伸不起腰

三十夜喝酒——尽力而为

矮子爬楼梯——步步登高

杨家营老榨房吊脚楼　　秦兴武　摄

名人与名镇

唐崖钟灵毓秀，英才辈出。他们敢为人先，多有建树，对唐崖产生较为深远的影响。

人物传略

覃化毛（生卒年不详） 因战伤身故。系鄂湘主流覃氏公认始祖覃汝先曾孙，唐崖土司始祖。化毛从小随奉军门，为人刚果沉毅，孔武多力，且弓马娴熟，谋勇兼备，在兄弟中最为突出，深得父兄钟爱倚重。元至元二十年（1283），奉长兄世袭镇国大元帅覃尔毛之命，领兵3000人，攻打马化龙，取得唐崖五峒地，置唐崖军民千户所，以化毛为千户。化毛治理唐崖，仿仲兄散毛抚蛮仁政，百姓安居乐业，为感其恩德，尊称覃化毛为“覃启处送”（意为“上天赐予的仁主”）。元至正十五年（1355），任唐崖长官司首任长官。

覃鼎（？—1627） 唐崖土司第十二代司主，以武功著称。明天启元年（1621），四川永宁宣抚使奢崇明叛乱，先后攻占重庆、遵义等地，并一度包围成都。覃鼎奉调渝城，生擒叛军首领樊龙、樊虎。天启三年（1623），奉调征讨奢崇明、奢崇辉，血战报捷。覃鼎因屡立战功，被明朝廷升职为都司佥事兼宣抚司宣抚使，封“武略将军”，行参将事，赐建“荆南雄镇，楚蜀屏翰”牌坊。至此，唐崖土司达到鼎盛，土司品级由长官司升为宣抚司，土司城逐步扩建成“三街十八巷三十六院”，土司疆域达600平方千米，成为鄂西南著名土司之一，史有“文容美（容美宣慰司）、武唐崖”之称。

田彩凤（？—1630） 龙潭安抚使之女，唐崖土司覃鼎之妻，唐崖土司掌印官。

明万历年间（1573—1620），唐崖土司与龙潭田氏土司为争夺地盘，互相攻伐。为平息战乱，田彩凤许配唐崖司主覃鼎。田覃联姻后，两司互不侵犯，和睦相处。田氏“相夫教子，皆以忠勇名著一时”。覃鼎奉调出征期间，田氏总理司务，负责安定后方，保证战区粮、械等物资供给，“内则地方安谧，外则转输无乏”。

田氏重教弘文，深具远见卓识。湖广荆州府江陵人张云松，博学多才，因邻居发生命案，连累在卷，被迫出走异乡，于明万历三十二年（1604）来到施州卫大田所滴水岩隐居。田彩凤知道后，将云松迎至衙署，筹办书院，教习诸生，传授汉文，后来招云松为婿。云松入赘后，在署继续任教，为传播汉文化，促进民族间和睦相处起重要作用。

田氏立有章法，无论职官大小、人际亲疏，均不得违犯。覃鼎去世后，子宗尧袭职，肆行不道，田氏绳以礼法。后来，田氏打破子袭父位惯例，将司主位传给覃鼎的侄子覃宗禹。

田氏是一名开明的女性。到四川朝奉峨眉山时，派人到当地发达地区学习养猪、种桑、养蚕、刺绣等技术，唐崖司一带的养猪传统就此流传；返程途中，将随侍奴婢百余人沿途择配。田氏病故后，葬于土司城后山，墓葬规制仅次于最大的土司王坟，碑刻“明显妣诰封武略将军覃太夫人田氏之墓”。

严修信（1782—1851） 字成斋，出生于唐崖镇大水坪村龙洞老屋基，膝下四子。清嘉庆九年（1804）贡生，列封修职郎。龙洞石渠书院名师。石渠书院在鄂川湘陕甘一带有良好声誉，吸引众多庠生到此深造，培养了刘梦草、王一枝、刘甲望、丁秀绫、冉广仁、周世宬等良才。注重对子孙的培养教育。长子严道彰，太学国子监；次子严道忠，贡生；三子严道林，拔贡，文林郎（县令钱乔云亲题碑文）；胞侄严道培，清加五品。次孙严梦简，任贵州盐提举司正堂。严修信深受咸丰县三任学政训导鲁元、贺青莲（后升汉阳府学教授、中书）、熊啟愚敬重。严修信七十寿辰时，熊啟愚登门拜访，赠“星耀长赢”金匾。严修信去世，已在汉阳府教授十年的贺青莲闻讯赴咸丰，撰写碑文，评价严修信“仰慕伯乐相马、慧眼识才教育方法，铜盘重肉鼓励恩宠学生的北齐杨氏风范，所教子弟皆奋翼云路”。熊啟愚为其撰写墓碑联“瑞霭春山兰芽挺秀，封崇夏屋竹策钟祥。”

严梦简（1828—1887） 又名严昉，字金山，严修信之孙，严道彰次子。原尖山区落马滩人。清朝进士，钦赐花翎贵州盐提举司直隶州正堂。清朝咸丰县学政训导贺青莲对其读书时评价：“果入成均郡庠，如籣茁其芽，奋翼云路。”为官清廉，自恃清高，体恤民情，深得民心。朝廷巡检到贵州巡查时，严梦简在署中忙于事务，未到署前迎接，有蔑视上司之嫌。巡检妄奏，被革职回原籍落马滩，郁愤屈志，断杼教子，度过余生。四子中，三人庠士，一人名师。至今留有民谣：“落马滩有个严金山，立誓做好官，贵州走一趟，回首落马滩。”执教期间，与堂兄严梦珽（国子监）一起设计龙洞严氏宗祠，亲历督建，并撰写创建宗祠序。

温朝钟及其就义处——唐崖镇破水坪飞龙寺　　咸丰县文化馆　提供

温朝钟（1878—1911）　字静澄，咸丰县大路坝人，庚戌咸黔农民起义主要领导者。少时志量不凡，剪掉发辫，弃举子业，于经史外谋求救国图存之道，探讨社会改革之策。清光绪三十三年（1907），在重庆加入同盟会，面晤孙中山。返乡后，在咸丰县大路坝、唐崖镇及重庆黔江等地组织"风俗改良会"，鼓励"男人割辫，女人放足；奋发自强，不当洋奴；精练武术，团结救国"。随着川鄂边区革命形势的高涨，"风俗改良会"更名为"铁血英雄会"，并提出"义联英俊，协和万邦，推翻满清，打倒列强，复兴中华，实行共和"的政治纲领。清宣统元年（1909），"铁血英雄会"更名为"湘鄂川黔铁血联英会"，会员发展到数万人。宣统三年（1911），温朝中临时组成革命军200余人，任革命军司令总长，发布"讨清檄文"，揭竿起义，两度攻占黔江县城。在鄂、湘、川、黔四省官军的残酷围剿下，革命军奋战半月后，起义失败。1月17日，温朝钟率数十人退走唐崖镇破水坪飞龙寺，身陷重围，壮烈牺牲，时年33岁。1912年，国民政府批准温朝钟等为革命烈士，赠匾"铁血英雄"，准建专祠。

严雪樵（1886—1959）　字首瑞，唐崖镇屯浦坝人。幼年得刘姓庭师（贡生）悉心教授。后延聘马河名医吴赫武、四川万县眼科医生万某讲授医学5年。在此期间，遍读《审视瑶函》《眼科大全》《目睛大成》《银海精微》等中医经典，数年后成为闻名咸丰县内外的眼科医生。

严雪樵

严雪樵18岁时，在家开铺行医。清宣统三年（1911），将药铺迁至尖山寺场上，由其子严子祥主管，又聘萧二元为掌柜。他平时在家，逢场则去坐堂应诊。1927年任尖山团总，任职2年，从政兼医。他擅长眼科，对治疗外障眼疾蟹睛翳、突珠翳、鱼泡翳、花翳白陷、胬肉攀睛、绿水灌瞳、黄水灌瞳，内障眼疾白内障、暴盲、云雾移睛等疑难杂症，无不得心应手。在长期实践中总结出“外障者风凌、血结、气滞，内障者劳神、肾虚、血少”十二字诀的病因机制。咸丰县城田某患蟹睛翳，行走如蟹横行，经治即愈。由于医术高超，登门求治者络绎不绝。近及周围邻县，远至贵州、四川、重庆、湖南等地。他治病不分贫富，随来随诊。远者住诊，不计时间，治愈为止。常告诫生徒：“医生应崇尚医德医风，注重伦理，应心正意诚，有术有道，克己救人。”1936年，鸡鸣坝有人到唐崖司用土法接种牛痘，收费很高，且要先付钱。他知道后，捐大洋18元，为多名无钱交费的儿童接种。每当天花、麻疹、痢疾、疟疾、流感等传染病发生或流行，便在尖山寺场上摆摊施药。

新中国成立后，他虽年逾古稀，仍心系人民卫生事业。1952年，与其子（眼科医生）创办尖山长坪联合诊所。1959年病逝。

冯义发（1904—1934）　湖北省人，中共党员，红三军某团书记长。1934年1月留驻活龙坪，在金家洞一带发动农民，成立农民委员会，同地主恶霸、土豪劣绅做斗争。4月中旬，中共湘鄂西中央分局决定成立“中共鄂川边区工作委员会”，领导鄂川边区苏维埃运动，冯义发任书记兼活龙坪独立大队政委。鄂川边区红军独立团政委花顺涛遇害后，冯义发兼任独立团政委。6月16日，鄂军保安三团纠集地方武装1000余人围攻金家洞。洞内仅30余人，还有一些是伤病员。冯义发沉着应战，据险杀敌，坚持三天两夜。敌人以烈火浓烟破洞。冯义发带领大家下阴河，穿尾洞，滑下绝壁转移。8月中旬，独立团在李子溪摆脱敌人“追剿”，突袭利川毛坝，从上下场口夹击利川县保安中队。适逢毛坝赶场，独立团顾及百姓，不敢放手作战，大部分敌人乘机逃走。冯义发站在场口一块大石头上指挥战斗，头部中弹，在转移途中牺牲，葬于唐崖镇邀联溪村，时年30岁。

刘汉卿（1910—1935） 又名刘兴让，湖北长阳县人。1930年在洪湖参加红军，次年随军转移鹤峰，任红三军特务队第三分队队长。1934年1月，与花顺涛等在咸丰活龙坪建立鄂川边区红军独立团，任团长。在没有主力支援又得不到上级指示的情况下，独立团同数倍之敌周旋，坚持在鄂川边区游击一年零三个月。

1934年7月1日，独立团活龙坪独立大队大队长王文臣中敌离间计而叛变。4日，刘汉卿等误入黑岩角，被王文臣扣押。王文臣诱逼刘汉卿交出独立团，被断然拒绝。7月22日，水坝逢场，刘汉卿被特许在家丁看押下赶场。适逢大雨，刘汉卿躲进场头一户人家避雨，拿出几块钱让监视他的家丁买酒称肉“打平伙”，另一家丁（中共秘密党员）自告奋勇留下“监视”刘汉卿。3名家丁走后，刘汉卿与秘密党员从后门逃走。几经辗转，在钟塘找到独立团，继续任团长。

1935年2月，国民党重兵“围剿”鄂川边区游击根据地，刘汉卿率独立团突出重围，转战湘西与主力红军会师，编入红2军团5师13团，刘汉卿任团长。会师时有353人、144支枪。贺龙称赞：“给你几个人，拉回来一个团，好样的！”同年11月下旬，刘汉卿在湖南辰溪浦市战斗中牺牲，时年25岁。

张鸣凤（1914—1977） 唐崖镇燕朝人。1933年参加红军，1934年5月加入中国共产主义青年团，同年7月加入中国共产党。红军时期，历任湘鄂西红3军红7师战士，红二方面军红2军团红4师12团班长、排长，红二方面军红2军团红5师13团连长。抗日战争时期，历任八路军120师359旅718团连长，120师教导团学员、冀中军区1分区16团副营长、营长，120师359旅718团营长，抗大总校上干班学员、延安中央党校学员，新四军4师（淮北军区）3分区独立团副团长。解放战争时期，历任华东九纵77团团长、34军101师302团团长、华东军政大学学员。

张鸣凤

新中国成立后，历任华东公安16师46团团长、华东公安16师参谋长、胶州军分区兼日照、石臼所守备区副司令员、青岛守备区副司令员、守备19师副师长。1955年被授予上校军衔，被授予三级八一勋章、二级独立自由勋章、二级解放勋章。1957年因病离职休养，1977年7月因病在青岛逝世。

吴银娣

吴银娣（1916—2018） 唐崖镇邀联溪村村民，受红军之托，守护烈士墓80余年。

1934年8月，红军鄂川边区独立团攻打利川毛坝，政委冯义发在战斗中受伤。独立团撤退到邀联溪村板栗坪时，冯义发因伤势太重而牺牲，由独立团就地掩埋。红军临走时，嘱咐吴银娣一家照看好烈士墓，并赠送一匹大白马作为酬谢。吴银娣的公爹坚决不要，红军便赠送1个褡裢和8个大洋。从此，吴银娣一直守护这座红军墓。逢年过节，吴银娣一家老小都到红军墓敬香、扫墓。吴银娣年事已高、行动不便之时，把守护红军墓的任务交给几个儿子。在吴银娣的坚持下，她的后代养成打扫红军墓的习惯。每年，她在儿子的搀扶下，爬坡上坎，到红军墓前来回走几次，吩咐儿子将墓前的杂草清理干净。吴银娣坚守承诺，世代守护红军墓，见证军民鱼水深情，2015年入选咸丰县十大道德模范“诚实守信”代表，2016年入选湖北省十大道德模范。

吴世梦（1919—1977） 咸丰县小大乡五村（今唐崖镇小水坪村二组）人。在新中国成立初期的剿匪战斗中，先后带领民兵单独作战7次，配合部队作战5次，打死土匪10余人，捕捉恶霸4人、匪首数人，收缴步枪3支、炸弹10余枚、子弹130余发。其中解围小水坪、伏击滴水岩、三抓袁某某、两擒刘某某等剿匪反霸的英勇事迹，传遍县内外。1951年3月初，省委、省政府、省军区召开民兵英模代表大会。吴世梦在剿匪战斗中成绩突出，应邀出席会议，获锦旗1面、步枪1支、子弹50发及其他奖品。湖北省政府主席李先念曾于1951年、1953年两次给吴世梦去信，鼓励他再接再厉，再立新功。1977年在燕朝公社土溪河电站因公罹难。

罗斌（1925—2007） 咸丰县黄金洞人，中共党员，毕业于湖北省第七高中，后在湖北省教师进修学院进修。从教30余年，桃李遍天下。1952—1955年任咸丰一中教导主任，后调往咸丰三中（现唐崖中学）任教导主任、校长。1978年调回咸丰一中工作至退休。1978—1983年，任副校长兼教导主任，坚持在教学第一线，治学严谨，治校有方，成绩卓著。1979年，采取“三集中”（优生集中、教师集中、领导精力集中）办法抓高考备考。当年，260名高中毕业生参加全国统考，大中专院校录取132人，占毕业生总数的50.8%，其中11人考取全国重点大学。1982年高中毕业生220人，录取到大中专

罗斌

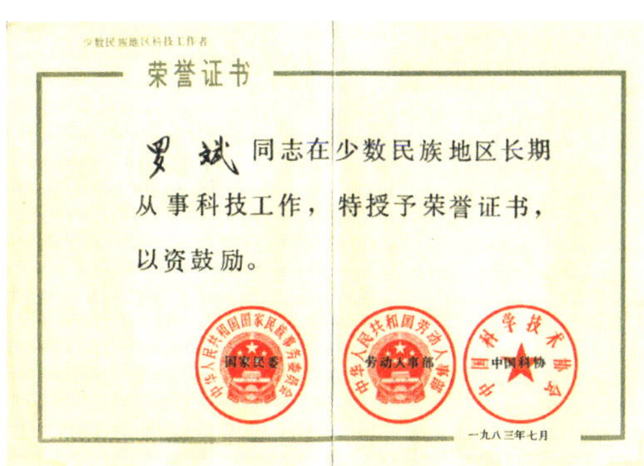

少数民族地区科技工作者

荣誉证书

罗斌同志在少数民族地区长期从事科技工作，特授予荣誉证书，以资鼓励。

一九八三年七月

罗斌所获荣誉证书　　咸丰县档案馆　提供

院校 149 人，录取比例名列恩施地区前茅，受区教育局表彰。1983 年高中毕业生 120 人，录取到大中专院校 112 人，占毕业生总数的 93.3%，为历年之最。1980 年、1981 年两次被评为全县文教战线优秀共产党员，两次被评为恩施地区文教战线标兵。1983—1984 年任县一中党支部书记，1983—1986 年任名誉校长。1983 年 2 月，教育部、中华教育工会授予罗斌“五讲四美，为人师表”优秀教师称号。1985 年 9 月获恩施州政府颁发的荣誉证书，1988 年获全县“老有所为精英奖”。

陈照南（1932—2014） 唐崖镇唐崖司村村民，唐崖土司城址的守护人。陈照南生于战乱年代，新中国成立后曾任生产大队主任、民兵连长等，1958 年 7 月加入中国共产党。“文化大革命”期间，陈照南带领村民尽力保护唐崖土司城遗址，使其免受浩劫。1980 年，唐崖土司城遗址大规模修缮，陈照南凭着对土司城原貌的了解与熟悉，参加维修工作。修缮完成后，受文物管理部门委托，看护土司城遗址，领取极其微薄的报酬。1987 年，陈照南与当地文管部门签订合同，承担文物管理、卫生清洁、遗址讲解等众多工作。从此，他守望土司城近 30 年。在此期间，陈照南接待游客近 10 万人次。2014 年 3 月 26 日，陈照南打扫完土司城，突发脑溢血去世。2016 年 5 月 21 日，中央电视台纪录片《记住乡愁》讲述陈照南近三十年如一日守护土司城遗址的故事。2017 年 1 月，陈照南入选由中央文明办主办、中国文明网承办的“中国好人榜”候选人（诚实守信类）。

陈照南

喻光扬（1940—1998） 唐崖镇破水坪村人，中共党员。1961 年 8 月毕业于咸丰师范学校，在尖山区燕朝小学任教。1963 年调任县广播站技术员，常年挑着竹篓（内装铁

喻光扬

丝、喇叭、钳子等工具），翻山越岭，走村串户，为农户安装广播喇叭、排查线路故障，被称作“广播篓子客”。“文化大革命”期间，反对“脱产闹革命”，顶住种种压力，坚守工作岗位，保证广播节目正常播出。他坚信“广播是一项能改变土家山寨贫穷落后面貌的伟大事业”。

1984 年 10 月，喻光扬任咸丰县广播电视局局长后，在全县推行以“职工聘用制、工资浮动制和站长负责制”为主要内容的农村广播管理体制改革，打破“铁饭碗”。全县农村广播事业焕然一新，1985—1986 年发展喇叭 1.4 万余个，广播通村率 98%、入户率 60%。1986 年 11 月，喻光扬出席全国农村广播电视工作会议，做题为《实行“三制”管理，振兴农村广播》的典型发言，其后作为典型经验在湖北省推广。1989—1991 年，广播宣传连续三年获恩施州好稿好节目评比第一名；1990 年获湖北省山区县评比第一名；1991 年咸丰县广播电视局被表彰为全国广播电视系统先进集体。

因工作突出、为官清廉，先后被评为“全省广播电视系统先进工作者”，省、州“优秀共产党员”。1992 年 5 月调任县政协副主席，兼任县广电局总工程师。1993 年享受国务院政府特殊津贴。1998 年 2 月因病去世。

名人与唐崖

张忠培情系唐崖“小故宫”　张忠培（1934—2017），湖南长沙人，中国考古学会理事长。1956 年毕业于北京大学历史系考古专业。曾任故宫博物院院长、故宫研究院名誉院长、故宫博物院学术委员会副主任委员等职。

张忠培在唐崖土司城遗址申报世界文化遗产过程中，两次到咸丰县唐崖土司城遗址，指导遗址的考古研究和申遗工作，为该遗址成功列入世界文化遗产做出了重要贡献。

2012 年 3 月 22 日，他在唐崖土司城考古发掘现场指导，赞扬唐崖土司城的格局体现了“家天下”理念，如果故宫是一个大故宫，那么这里就是一个“小故宫”；他表示“唐崖土司城址不仅保存得很好，而且还有地面构筑物和完整的城市道路遗存”；他指出，唐崖土司城址保护工作刚刚开始，相对有点滞后，考古发掘也有些不到位的地方。上述意见，得到湖北申遗团队的采纳。张忠培回北京后，向国家文物局表示，支持唐崖土司城遗址与湖南老司城遗址联合申遗。11 月，经国家文物局公布，唐崖土司城遗址正式被列入中国申报世界文化遗产预备名单。2013 年 3 月 12 日，国家文物局决定湖北唐崖土司城遗址、湖南永顺老司城遗址、贵州播州海龙屯遗址联合为“中国土司遗址”，作为中国 2015 年申报世界文化遗产的唯一项目。

2014 年 5 月 31 日至 6 月 1 日，由湖北省文物局、三峡大学主办，咸丰县人民政府、湖北省文物考古研究所和三峡大学民族学院承办的唐崖土司学术研讨会在咸丰县举行。张忠培就唐崖土司城址的保护利用发表独到的见解：“如今，文物正在发挥着它的价值与作用。像故宫、长城等地一年的游客量，相当于其他国家的人口总数，这正强有力地说明了文物遗产的价值。文物已经成为旅游的载体，但我希望在开展旅游的同时，更要把保护工作作为基础。同时，也要使当地的群众受益，使之成为一个一举多得的项目。”张忠培还对唐崖申遗给予殷切希望：“我看到我们的政府在文物保护方面付出了很大的代价，也坚信唐崖土司城址最终能顺利通过联合国的验收，我有这个信心！”

萧洪恩考察研究唐崖 萧洪恩生于 1961 年 5 月，湖北省咸丰县曲江镇人，土家族，现任华中农业大学文法学院教授，兼任中国少数民族哲学与社会思想史学会副理事长。

萧洪恩的家乡毗邻唐崖镇。少时，常随父母到唐崖集镇赶集，观看、游玩土司城遗址，感受土司文化氛围。成年时进出唐崖镇，谙熟唐崖民俗风情。其后游学武汉，1982 年暑假搜录唐崖《覃氏族谱》。1998—2002 年在恩施州委党校任副校长期间，常到唐崖土司城遗址调研。2003 年调华中农业大学工作，从事农村社会学、民族社会学研究与教学，因此再次关注唐崖土司城遗址。2004 年，组织唐崖文化考察，撰写《现代化背景下土家族新型村落文化传统的生成——以湖北省咸丰县唐崖土司村为个案》等论文，并指导研究生进行相关研究。2016 年，将多年研究所得集结成册，出版发行《世界遗产地——唐崖土司城》(世界图书出版公司出版)，全书 33 万字。

黄柏权助力申遗获嘉奖 黄柏权 1962 年生于唐崖镇大水坪村何家沟，土家族。现为湖北大学历史文化学院院长、联合国大学人类文化与环境研究网三峡大学人类文化与环境研究中心负责人，长期从事南方民族历史文化、区域文化、非物质文化遗产保护利用研究工作。2016 年，因在唐崖土司城址申报世界遗产过程中做出重要贡献，获湖北省人民政府嘉奖。

1992 年，黄柏权陪同古建筑学家张良皋考察唐崖土司遗址及一些地方古建筑，通过各种方式呼吁对唐崖土司遗址进行有效保护。1998 年，再次到唐崖土司遗址、刘家大院、王母洞古建筑群考察。2001 年，湖北电视台、湖北省民族宗教事务委员会、湖北民族学院联合拍摄《武陵土家人》8 集纪录片，黄柏权作为策划和撰稿人，把唐崖土司遗址放在第一集《失落的陈城》，拍摄纪录张王庙、石牌坊、古街、土司皇坟、夫妻杉、古井等，并对土司遗址看护者陈照南老人进行采访。《武陵土家人》在湖北卫视等媒体播出，获少数民族"骏马奖"。纪录片的拍摄和播出，宣传了唐崖土司遗址，推动了遗址的保护。

2012 年 11 月 17 日，唐崖土司城遗址入围中国世界文化遗产预备名单。2013 年 3 月 25 日至 27 日，黄柏权代表三峡大学民族学院，带领岳小国、曹大明博士一行，实地考察唐崖土司历史文化。4 月 15 日，受湖北省文物局委托，承担"世界文化遗产预备项目唐崖土司史料搜集整理研究"课题，形成 10 万字的《唐崖土司资料汇编》。

搜集、征集资料的同时，黄柏权团队还推进唐崖土司的学术研究。三峡大学民族学院主办的《三峡论坛》，在 2013 年第五、六期集中刊发研究唐崖土司的论文 10 多篇。2014 年 5 月 31 日，由三峡大学、湖北省文物局主办，三峡大学民族学院、湖北省文物考古研究所、咸丰县人民政府承办的"唐崖土司学术研讨会"在咸丰县城召开，会议收到论文 48 篇论文，其中三峡大学民族学院占 20 多篇。这次会议为唐崖土司申报世界文化遗产奠定了学术基础。之后，三峡大学民族学院师生多次到唐崖土司遗址调研，提出建议。

唐崖土司城址申报世界文化遗产成功后，黄柏权继续关注和研究。2016 年 6 月，三峡大学民族学院与湖北省古建筑保护中心、咸丰县人民政府等单位联合举办"第二届唐崖土司论坛"，旨在把"唐崖论坛"办成品牌，把对唐崖土司的研究坚持下去。

陈飞挂职咸丰促申遗　陈飞，1977 年 1 月生于陕西咸阳。2001 年毕业于西北大学考古专业，同年 7 月在湖北省文物局从事地面文物保护管理工作。2012 年 9 月，任湖北省文物局文物处副处长。2015 年 6 月任湖北省古建筑保护中心副主任，9 月升任该中心主任。2013—2015 年，挂职咸丰县人民政府副县长。2017 年 1 月，任湖北省文物交流信息中心、湖北省古建筑保护中心主任（湖北明清古建筑博物馆馆长）。

陈飞挂职咸丰县副县长期间，任申遗现场指挥部副总指挥长，负责唐崖土司城址申报世界文化遗产工作，对唐崖土司城遗址的研究、保护和宣传推介做出了突出贡献，获省政府记功一次。初到咸丰，陈飞迅速投入工作。在唐崖镇政府召开的征地拆迁动员会上，代表县委、县政府作表态发言。凭着自信和坚韧，各项工作快速推进，创造了申遗工作的“唐崖速度”。

陈飞发表众多有关唐崖土司城遗址的论文、纪实和推介文章:《唐崖土司荆南雄镇坊价值探析》(《三峡论坛》2013 年 6 期)、《唐崖土司城址，2015 年世界文化遗产申报项目》(《世界遗产》2014 年 5 期)、《唐崖覃氏土司的春秋岁月》(《中国文化遗产》2014 年 6 期)、《唐崖土司城的选址与营建》(《中国文化遗产》2014 年 6 期)、《唐崖城唐崖人》(《北京晚报》2015 年 7 月 23 日)、《“土司遗址”突出普遍价值体系下的容美土司遗址与唐崖土司城址研究》(《中国文化遗产》2016 年 3 期)、《唐崖土司城址申遗历程》(《武汉文史资料》2017 年 6 期)、《唐崖土司城址的申遗之路》(《湖北文史》2018 年第一辑)。主编《唐崖土司城址》(湖北人民出版社，2015 年)。

人物表录

唐崖镇英烈人物一览表

表 10

序号	姓名	性别	出生年份	出生地	民族	职务	备注
1	闻华山	男	1900	燕朝小水坪	土家族	乡农会委员	1950 年被土匪杀害
2	王三元	男	1901	尖山区燕朝	土家族	红军侦查员	1933 年参加红军，1935 年牺牲于贵州
3	熊老春	男	1905	尖山区燕朝	土家族	红军战士	1934 年 3 月参加红军后无音讯
4	黄南廷	男	1905	燕朝官家堡	土家族	红军战士	又名黄启然，1934 年参加红军，次年牺牲于贵州
5	唐东成	男	1910	燕朝乱石窖	土家族	红军交通员	被土匪杀害
6	秦昌锡	男	1912	尖山区钟塘	土家族	志愿军战士	1949 年参军，1950 年入朝作战牺牲
7	黄春元	男	1912	尖山燕朝	土家族	红军战士	参加红军后失踪

续表 10

序号	姓名	性别	出生年份	出生地	民族	职务	备注
8	方照廷	男	1915	燕朝何家沟	苗族	志愿军战士	1948 年入伍，1950 年入朝作战牺牲
9	吴志清	男	1917	尖山燕朝	苗族	解放军战士	1947 年入伍，次年在湖北孝感作战牺牲
10	熊朝必	男	1917	尖山燕朝	土家族	红军战士	1932 年参加红军，随军长征到甘肃后情况不明
11	秦云成	男	1922	燕朝碓窝石	土家族	民兵班长	1950 年配合解放军剿匪，抓土匪头子 1 名，后被土匪杀害
12	游清泉	男	1923	尖山燕朝	土家族	解放军战士	1949 年参军，1953 年失去联系
13	严天福	男	1924	燕朝大水坪	土家族	解放军排长	1951 年 12 月在四川中江县剿匪时牺牲
14	周明轩	男	1925	尖山五龙坪	土家族	志愿军战士	1951 年参加志愿军，在朝鲜战场荣立二等功，在东线战斗中牺牲
15	秦永清	男	1926	燕朝	土家族	解放军战士	1948 年牺牲于安徽宿县
16	陈和清	男	1927	尖山大椿树	土家族	志愿军战士	1951 年 8 月在朝鲜黄海道牺牲
17	严天云	男	1936	尖山	土家族	解放军副排长	1960 年病逝于武汉市
18	黄元刚	男	1954	唐崖钟塘村	土家族	农民	1993 年 4 月救落水儿童牺牲
19	王成兵	男	1983	尖山三角庄	土家族	解放军战士	2005 年 10 月因公牺牲，广州军区追记其三等功

说明：此表人物源于《咸丰县军事志》(1989 年内部刊印)，黄元刚、王成兵为编者补录

唐崖镇乡贤名人选录表

表 11

序号	姓名	出生时间	出生地址	工作单位或职务	主要经历或突出成就	备注
1	黄柏权	1944.2	大椿树村	湖北省人民检察院退休干部	曾任咸丰县县长、湖北省人民检察院副检察长等职	中共湖北省第七次党代会代表
2	卢国琪	1963.3	官家堡村	南京审计大学马克思主义学院教授，硕士生导师	从事马克思主义理论、中共党史研究	发表论文 70 余篇，主编或合编专著 10 余部
3	谢先华	1963.5	彭家沟村	唐崖镇著名工匠、唐崖石雕传承人	完成唐崖土司城石刻修复任务	唐崖石刻被列入湖北省非物质文化遗产名录
4	陈德全	1964.6	小水坪村	1997 年留学美国，供职美国一医学科研机构	1996 年获中国博士后证书	发表生命科学、医学科研论文 80 余篇
5	任晓明	1966.1	钟塘村	咸丰县融媒体中心专题部主任	创作电视片 200 余部，多部作品获国家级奖励	2015 年获评咸丰县“十大道德模范”
6	黄永红（女）	1968.10	大水坪村	音乐教师，中国音乐家协会钢琴考级考官	开办文化艺术培训学校，累计培训 5000 余人	创作的歌曲《牵牛花》获全国校园歌曲创作奖
7	刘道远	1973.12	原尖山区鸡鸣坝村	恩施州道远建设工程有限公司董事长	成立道远工程公司，上缴利税 1000 余万元	被评为“现代服务业领军人才”

续表 11

序号	姓名	出生时间	出生地址	工作单位或职务	主要经历或突出成就	备注
8	严克友	1982.4	大水坪村	华南理工大学教授，纳米材料和新能源领域专家	获香港科技大学纳米科学与技术博士学位	在国际期刊上发表学术论文 60 余篇

说明：此表人物信息由湖北省咸丰县唐崖镇志编纂委员会收录

严家祠堂（前侧） 秦兴武 摄

艺文杂记

唐崖文艺丰富多彩，除流传的民间歌谣、传说故事外，还吸引众多文人雅士到此揽物抒怀、吟诗作对，留下大量名篇佳作。该篇选录部分诗词、楹联、民间故事及散文佳作，以供阅赏。

诗文选粹[1]

*凭吊唐崖司

〔清〕冯永旭[2]

其一：烟树苍茫望里分，当年歌舞寂无闻。唯留废苑埋荒草，但见空山走白云。
古木寒鸦玄武寺，斜阳衰草土司坟。千秋凭吊情何极，况听哀猿又叫群。

其二：石人石马在浪州，大仙留下几千秋。青草齐眉难开口，黄尘满面起兜鍪。
狂风呼呼无毛动，细雨霏霏似汗流。牧童有绳牵不走，狂鞭怒打不回头。

*饮唐崖黄香府通守署中

〔清〕唐方耀[3]

唐崖高百尺，官舍寄崇冈。远树千峰涌，清风两袖梁。
薄书论吏治，樽酒话同乡。自笑风尘客，松醪醉满觞。

*九日同张慎斋游元武寺

〔清〕夏文蔚[4]

佳节携樽入翠微，频高爽气正菲菲。日沉古寺钟声急，云接尖山雁影稀。
万里遨游聊遣兴，十年漂泊暂停机。得偕胜友联新句，欲尽浊醪踏月归。

---

① 题前带*号的作品，均选自清同治四年（1865）版《咸丰县志》之《艺文志》。

② 冯永旭，湖北咸丰县人，清道光年间（1821—1850）贡生，候选直隶。

③ 唐方耀，湖南宝庆副榜，清嘉庆年间（1796—1820）咸丰县知县。

④ 夏文蔚，清嘉庆年间（1796—1820）进士，道光年间（1821—1850）唐崖通判。

*过唐崖谒张桓侯庙

〔清〕熊飞[①]

森森花木径通幽，二十年来记旧游。栋宇凄凉空署冷，乡村错落午烟稠。
崖疆已改新周索，石马如腾古阆州。国土有风威不猛，千秋庙貌枕江流。

*手扒岩阻渡

〔清〕黄家遂[②]

一天梅雨洗前溪，旅次无聊借舍栖。茅屋数椽生意乐，林峦千嶂湿云低。
新添蛛网丝飘软，骤落沙痕水漾齐。欲济有舟行不得，孤吟望到夕阳西。

*天生桥

〔清〕文士才[③]

不借人工力，天桥跨水滨。永通溪涧路，恒渡古今人。
激浪掀雷鼓，奇功讶鬼神。年年无毁折，不计几千春。

*晚宿尖山寺

〔清〕吴观乐[④]

灯影幢幢帘影纤，深宵滴沥寒声严。天公作戏洒珠玉，老我何心咏絮严。
三日掩关卧贫士，四郊无褐愁穷檐。拥衾起坐不成寐，窗纱射人风力尖。
初晨早起似晓鸦，开门云阵翻风车。搅空乱坠玉龙甲，著体纷飞天女花。
怀古歌谣唱黄竹，前村煜火分三家。野梅偃蹇故作态，瘦骨傲人当路乂。

---

① 熊飞，字遇溪，清朝咸丰县岁贡。

② 黄家遂，清嘉庆年间（1796—1820）咸丰县知县。手扒岩位于现唐崖河尖山大桥处。

③ 文士才，清道光年间（1821—1850）咸丰县岁贡。

④ 吴观乐，清嘉庆年间（1796—1820）咸丰知县。

*烈女刘三姑行（节选）

〔清〕宋文藻[1]

为访香檀入幽谷，群芳中有女贞木。鸺鹠欲啄女儿花，河姑下视天应哭。
烈哉贞女刘三姑，随爷持家阿母俱。生成丽质招人妒，倏来浊水浣明珠。
久贮深闺谁觌面，桃花不合墙头见。伏戎恶少伺而狙，风语华言佯相煽。
风狂且暴屡将侵，狡童有意妾无心。闱门谨避鱼潜沼，烧香不敢立花荫。
一朝缇萦晨出汲，四顾无人势岌岌。向天大号贼胆惊，雨欲淋花花未湿。
网络幸脱归来晏，婉转娇啼香魂颤。阿母闻之慰藉深，妾恐狂且情犹恋。
只愁门前或再逢，绣履罗裳密密缝。针线未停肠已碎，拼将一命绝狂蜂。
夜深悄把房栊闭，珠泪阑干啼声细。拜谢爷娘养女恩，今生难报双亲惠。
惨把红绫七尺裁，琼花入梦岂重开。誓将为厉来杀贼，贞魂不肯上阳台。
邑宰张公贤令尹，采风及此闻之悯。旋将恶少置典刑，颈血浇坟慰幽眇。
更为表奏请于朝，丹诏飞来下九霄。牌坊桌楔辉金碧，刘氏三姑烈女标。
从古佳人福不佳，貌则芙蓉肠则铁。延陵昆季古贤流，慷慨酎金续此楼。
只许贞魂长坐卧，不容游蝶漫寻秋。楼成重过牌楼山，楼下清溪水一湾。
流水似为呜咽语，贞魂犹自怨红颜。瀑泉世族多贤媛，亮节英风辉史传。

楹联选辑

1. 张王庙楹联：

其一：百里雷霆驱石马；万山风雨舞泥龙。

其二：威名赫赫修千古；日月荡荡播万年。

2. 钟塘灵官庙楹联：三眼能观天下事；一鞭警醒梦中人。

3. 小水坪八圣祠庙联：闲人免进贤人进；盗者休来道者来。

4. 唐崖司大寺堂庙联：大寺传千古，千家有幸千家福；

唐崖镇八方，八德无亏八洞仙。

5. 原尖山区五龙坪村大屋涧义渡对联：上下完全两义渡；往来不收半文钱。

---

① 宋文藻，名古芗，清末岁贡生，咸丰县八大才子之一。刘三姑，咸丰县义悌里钟塘人，今唐崖镇钟塘村一组磨搭界，“矢志守贞，捐躯明志”，被清朝时期的省、府、县三级志书载入“烈女”，民间称“刘仙姑”。

6. 温朝钟百字对联：某年秋，尖山大水坪严宝轩七秩寿庆，又逢孀媳诰封，孙子续娶，三喜临门，亲友云集。温朝钟闻讯而至，与贡生刘云卿相遇，二人畅叙情怀各陈己见。云卿出一百字联要温属对，温略加思索，即成下联。

刘云卿上联：传家遵祖宗遗训八九代，重凿井耕田重延师课读，不过思水源木本善继贻谋，际秋暮冬来匆匆设宴，菊香梅放济济登堂，皆说道翁添鹤算孙续鸾胶媳应凤诰，筑台莱歌静好扬节孝表淑贞，齐倾北海樽共酌春山酒，贺寿贺婚贺旌奖恰值小阳初及时光。

温朝钟下联：处世抱正直公和七十载，对亲族朋友对乡党里邻，无非欲扶弱抑强力驱暴戾，奈欧风美雨咄咄逼人，洋浪胡尘茫茫卷地，方才图预决狐疑声震狮睡咸奋龙飞，舒经略启明聪勉俊英除奴隶，唤醒愚夫梦招回中国魂，保种保邦保教权胚胎大同平等社会。

传说故事

石牌坊怎么立起来的

唐崖土司城遗址，如今还耸立着一座石牌坊。传说明天启年间（1621—1627），唐崖土司奉调征剿，屡建战功，朝廷授升土王为宣慰使，还赐两道皇令：一道封他“大坊平西将军”，并赐“帅府”二字；一道赐建石牌坊一座，光耀千秋。

土王请来三百多个手艺高超的石匠，前后历三年零六个月，才把这座石牌坊凿磨雕刻完毕。土王选一个吉日，叫来几百个土民立石牌坊。哪知人太多，又没有一个好办法，牌坊就是立不起来。土王只得叫停，选吉日再立。第二次人又太少，还是没有立起来。土王气上来了，叫来掌墨师（工程总管），限他第三次非要立起来不可，否则重罚。

第三次立牌坊这天，土王叫来几百个土民，大摆筵席。席上，大家喝酒吃肉，一醉二饱。唯有掌墨师心急如焚，吃不下，咽不进。他左思右想，硬是想不出一个好办法。

眼看吉时要到了，他急得团团转。

正在这时，来了一个叫花子。他头戴烂毡帽，脚穿破鞋，衣衫褴褛，身背一破篮，手拄一拐棍。这人长相也古怪，额角凸起，瘦脸高鼻，大耳朵，长下巴，眼睛闪亮。叫花子径直到土司大院讨饭吃，土民们见他可怜，就给他打来一簸米饭，一大盆菜，又随便抓来两把竹筷送到他面前，叫他吃饭。叫花子并不吃饭，却把那把筷子插在米饭中间，又拿起木瓢，把饭直往竹筷周围垒呀垒呀，那竹筷就稳稳当当地直立在饭中间了。然后，叫花子扬长而去。土民们感到很稀奇：叫花子为什么把竹筷立在米饭当中？为什么讨饭又不吃饭？

掌墨师瞄着这一簸米饭及米饭中间的一把竹筷，眼中一亮，叫声“有办法了！”他转身叫几个徒弟去请那叫花子回来，要重谢这个恩人和师傅。几个徒弟找了半天，连影子都没看到。

吉时一到，掌墨师吩咐所有工匠，各执其事。又叫那些土民挑土、担沙。这样一边立柱子，一边垒沙土，立一根，垒一根，立一排，垒一排，一点没犯“搬绊”（挫折）。不到两日，石牌坊正正当当地耸立在土司城正殿前。那刷金的“荆南雄镇”“楚蜀屏翰”8个大字，在阳光下闪亮，土司城显得格外气派。

据传，唐崖土司自从石牌坊立起来后，就更加强盛。

（讲述人：陈照南；记录整理：丁德煜）

两口锅的来历

两口锅，是唐崖土司皇城名胜之一。它在皇城右侧、贾家井的一个小漂坎下。传说几百年前，这里有一对水鸭子。一年四季，都喜欢在贾家井里的岩板上栖息，每日早出晚归，从不分离。这里的乡亲，有空就来逗弄，有甩岩头吓的，有大声吼的。时间久了，水鸭子也不计较，自顾飞去又飞来。枪打它不到，箭射它不着。

这事传到土王那里。他想，这一定是对神鸟，如能吃到这种神鸟的肉，当然也会跟神鸟一样，枪打不到，箭射不着。土王一阵欢喜，立即命令士兵，20人带鸟枪，30人带土炮，40人带弓箭，亲自带领，分上下左右四路，悄悄到贾家井捕捉神鸟。

当士兵进入贾家井时，水鸭子听到脚步声早已展翅腾飞，土王扑个空。正在他捉摸不定时，“啪”的一下，水鸭子又回到原地。土王喜出望外，以手势命令士兵：“弓搭箭，枪灌子，炮上药，伏身行进。”水鸭子一见士兵冒头，立即展翅腾空。士兵枪、炮、箭齐发，没有碰到水鸭子一根毫毛。土王眉头一皱，主意又生，忙找来两个亲信，附耳低声说：“你俩去拿两副渔网来，暗藏在漂坎上的密林边，待水鸭子飞回时，从上撒下，网住水鸭子，那时就可捉住了。”

两个亲信得令去了。土王又与另外一个亲信调换衣物，令其带兵回城，自己抽身钻进漂坎上面的密林里躲藏起来。不多时，两个亲信拿来网，蹑手蹑脚，到土王身边躲着。三人睁大眼，注目上空，静静地等候水鸭子到来。

水鸭子翱翔在唐崖河上空，见土王和大队人马已去，就又展翅飞回，停在井心的岩板上，洗澡，梳毛，悠然自得。土王看在眼里，喜在心头，手一挥，两副渔网撒下，两只水鸭子被罩住。土王纵声大笑。水鸭子闻声，拼命地拍打身下的岩板。只见水花四射，岩浆迸飞，瞬间井中迷雾腾起，吓昏了的土王滚到井里。两亲信不敢睁眼，抱头爬到井壁下。许久，风和日丽，土王苏醒，眼看渔网已烂，只剩网边。漂坎下出现一对相距尺余、灶锅大小的两个岩坑。两只水鸭子分别站在两个坑口上。土王一动，两只水鸭子就钻进坑里。

后来，不管哪一年天干，唐崖河水干涸了，贾家井水干没了，这两个坑总是清水满盈。由于坑口坦斜如锅，唐崖人称之“两口锅”。

金银塘的来历

顺唐崖河而下，距张王庙1000多米远有口塘，叫“金银塘”。

据说张王庙石人石马修成时，土王为炫耀功绩，召集文武官员、绅士、工匠和远近宾朋，在马殿大摆宴席。马殿中的石人石马栩栩如生，披挂整齐：油漆的马鞍、特制的踏蹬、绣花的马汗搭，捆得紧紧扎扎；双马足踏彩云，势欲昂首奔天，幸有两员得力卫士，头戴金盔，身穿银甲，佩雨伞，执宝剑，横眉怒目把住缰绳，勒住骏马。客人望着石人石马，赞不绝口。

土王见众人看得入迷，忘记入座，只得高喊一声：“各执其事，落座入席。”照古规，众人入席后，先请掌墨师陈大仙说福事，接着众绅说一套奉承话，文武官员大吹大擂，争先恐后为土王敬高功酒。不到半个时辰，土王昏昏大醉，摸不到东南西北了。土王恍惚中走下座位，在殿上乱窜，时而摸摸石马哈哈大笑，时而摸摸石人做一个大指拇翻腰。土王走到这里，这里说他功劳大；走到那里，那里说他德行高。他一下窜到陈大仙面前，粗声粗气地问：“这石马打得可好？”陈大仙谦虚地说：“这石马打得不见得好，我手艺不好，望大人恕罪！”

恰好土王旁边站着一个歪嘴灵官，最爱搬弄是非。陈师傅话音刚落，他就附到土王耳边说：“你看这老狗，不识抬举，他还说这石马打得不见得好，意思是说他在别处比这里做得还好些，他哪里把你放在眼里啰！”醉醺醺的土王，哪里经得起挑拨。只听他冷笑一声，一把抓住陈师傅，大吼道：“你好大狗胆！还不真心给我做！来人啊，绑去沉水。”士兵一拥而上，把陈师傅绑起来。老人被捆得话都讲不出来。众绅士和一些士兵赶忙跪下求情。土王反而大声乱叫：“快将那老狗拖出马殿，丢进唐崖河。”士兵不敢违抗，只得遵命行事。可怜一个名师，就这样含着冤屈，被活活抛进激流中。

事情也怪，陈师傅的尸体浮而不沉，翻滩越潭，徐徐顺流而下。当尸体飘至铁鼻寺下的绿荫塘时，久久盘旋，不再下漂。一老渔翁路过，见是陈师傅的尸体，急速告知土王。土王大惊失色，急忙吩咐备马，带领侍从，疑神疑鬼地赶往绿荫塘边。只见岩上松柏苍翠，山中红枫挺拔，两岸修竹垂首，悬崖陡壁格外险峻。土王心里发虚。再前进几步，见尸体有鲤鱼拱托，更加害怕。那谗言灵官见状，战战兢兢向土王禀道：“陈师傅为你修建石人石马，历时三年，在功成圆满之时，我主理应给足工钱，莫不是他……”土王如梦初醒，忙喊总管：“快去存钱坝，找人抬两箩金银来。”稍许，总管奉令抬来金银。土王命官兵手捧金银，向陈师傅身上撒去。金银撒尽，陈师傅尸体徐徐下沉。此后，这口塘叫“金银塘”。

（朱忠海收集整理）

夫妻杉的传说

在唐崖土司城后的玄武山上，有两颗相距约 7 米的大杉树，民间称“夫妻杉”。

很早以前，玄武山山脚下有户姓田的员外，家中有十女一子，平时重男轻女，但家教甚严。虽是员外之家，却出奇吝啬。有一天，门外来个要饭的小伙子。员外见小伙子人高马大，是干活的好手，于是把小伙子叫到屋里问，才知是被后娘撵出家门。员外留下小伙子干活，供他吃穿，一年给 1 块大洋。小伙子留下来后，干活时从不偷懒。有一年正值插秧季节，牛又下崽，小伙子就在前面拉犁耙，后面一个长工掌犁耙，把所有田块平整好。收谷时节，别人挑一担箩筐，他把两担箩筐叠起来挑。员外很高兴，给他加工钱，时常让他与家人一起吃饭。

员外家十女当中，四姐最精，见小伙子非同一般，就偷偷在夜里去柴屋看他睡觉，一看吓一大跳，小伙子睁着眼睛打呼噜。四姐回屋告诉母亲，被母亲痛骂。在看管更严的情况下，四姐叫最小的十妹从吊脚楼上扔下一床旧被，小伙子稀里糊涂的以为是员外的赏赐。不久，又发现柴屋里有一条绣着鸳鸯的枕帕，这时小伙子开始注意员外家中的十个女孩，唯独不见四姐出入。一次，四姐在姐妹们的帮助下，悄悄来到小伙子干活的地方，对小伙子说："你偷看我穿衣，见我肤者必是我夫，看你怎么着……"小伙子一听傻了眼，跪在四姐前恳求发落，四姐扶起小伙子要他提亲。世上没有不透风的墙，很快员外就知道这些事了，认为把小姐许配给他，太不门当户对了，赶走这位年轻人又太难找到这样的大力士，最后要小伙子住在唐崖河上游的一个岩洞里，白天来给他家干活，晚上回山洞里住。小伙子心甘情愿，因为他爱上了四姐。

一天，员外发现四姐不见了。来到山洞一看，只有小伙子一人躺着。大家都认为四姐投河自尽，却没想到洞中有洞，有人来了就藏在里面。一年以后，四姐怀孕，双双来到员外面前求婚。生米已经煮成熟饭，虎不食儿肉，加上小伙子与四姐情深义重，员外只好答应。

后来，员外嫌贫爱富，小伙子忍气吞声。一天夜里，小伙子对四姐说："我想出去闯一闯，好男儿志在四方。等我凯旋时，让你做一个堂堂正正的夫人。"四姐拉着小伙子的衣衫，流着泪说："我们到后山种上两棵树吧！人去树留，落叶归根，盼你早点回来！"两人趁月光来到山垭口种上两棵杉树，双双在树前许下心愿。

如今，两棵大杉树已挂牌保护。据说，当年小伙子和四姐就是唐崖土司王覃鼎和他的夫人。他出门闯天下，学得一身武艺，充军当教头，带兵打仗屡建战功，受到当朝皇帝封赏。回到故里，当了土司王，四姐成为第一夫人。

女儿寨

传说明朝初年，朝廷派邓愈驱兵到西南平土司。唐崖土司覃启处送率领兵将抵御官兵，受了伤，回宫中疗养。覃启处送躺在病床上，忧虑自己年老体弱又受伤，家业一天天衰败，儿子不争气，哪个来继位呢？这天，女儿覃瑛来到床前，他心中一亮：女儿足智多谋、勇敢果断，何不立她为王？随后，覃瑛继承王位。不久覃启处送去世，接着官兵又来讨伐。覃瑛率领兵将、侍女100多人，带着家产往西南撤到柳城街，在一座山安营扎寨。这座山，顶上平坦宽阔，三面万丈悬崖，只有一面有一条路能上。覃瑛在山上囤积粮草，操练军队，立志重整旗鼓，复兴土王基业。后来，这座山称为女儿寨。

驻扎在蜀东的武德将军孙旺，率兵将攻打女儿寨。覃瑛据险把守，孙旺好几次攻打都失败了。孙旺命兵士砍几棵大泡桐树，挖空做成炮筒，找铁匠打了许多铁箍箍住，然后装上火药、碎犁头块、坡锅片，点燃引线，朝女儿寨轰去。不料土炮怎么也轰不着女儿寨，只把寨子边的山梁轰了一个缺口。这个缺口，后来叫“炮缺”。射过去的碎铁块，落在女儿寨前面的山岭上，这山岭后来叫“砂子岭”。“炮打女儿寨，子落砂子岭”流传至今。

孙旺一计不成，又生一计：把覃瑛哄下山来捉住。这天，他站在女儿寨对面山上喊话，说要和覃瑛讲和。覃瑛回答：“要讲和，得先定两条规矩，一是两方都不准带人；二是到居中的马家沟谈。”孙旺同意了。双方同时往马家沟去。覃瑛边走边注意对方，突然看见孙旺身后尾随一个彪形大汉，躲躲闪闪。那人穿的衣服特别肥大，分明暗藏着兵器。她心里骂道：“这老家伙居心不良，想暗算我，真是瞎了眼！你也休想讨到便宜！”她当机拉弓搭箭，“嗖”的一声向孙旺射去，正中孙旺喉管，倒地死了。

朝廷哪肯罢休？很快又派好多兵马，把女儿寨团团围住，要把覃瑛困死在山上。覃瑛宁愿饿死，也不投降。九九八十一天过去，寨子里粮食吃光了，草料吃完了，就把马匹杀了吃。马吃完了，就刮树皮、挖草根填肚子。后来什么都吃光了，士兵饿死了许多。覃瑛决定放弃死守，要突围出去。她吩咐侍女们，把金银细软收拾妥当，又让每人带一把雨伞，乘夜来到万丈悬崖边。她说：“官兵想把我们困死在这里，我们一定要死里逃生，卷土重来。”她打开雨伞，双手抓住，回头又说：“都照我的样子做，跟上！”说罢，纵身跳下悬崖。将士、侍女们前脚跟后脚，紧紧相随，像鱼群下滩，似百花飘落，纷纷落到崖底。说来也怪，100 多人都平稳着地，没有一人受伤。她们连夜赶路，奔往四川。相传，覃瑛后来在石柱县扎下根来，那里还有她的子孙呢。

落马滩

唐崖土司城张王庙的母马的屁股上有个小洞，好像枪眼。

原来，张王庙这对石马因为跟着张王老爷享香客之烟火，吸天地之灵气、日月之精华，竟然超凡入神，活哒！夜深人静时，“夫妻”俩一前一后，出了庙门，信步西行，来到唐崖河边的一个滩头。这里地势开阔，金风送爽，稻谷飘香。“夫妻”俩饱餐一顿，竟无人知晓。第二天夜里，这对石马又到昨夜那个刈口，美美地饱餐一顿。牲畜也晓得，金黄的稻谷草籽籽和稻谷草相比，味道好多了。

稻田的主人突然间发现，自家那齐整的稻谷，突然间像马啃的一样。于是第三晚上就带了枪，躲在附近的小树林里侦察。果不其然，那对马儿再次出发，一双“钉子皮鞋”踢踏在古老的砂岩方砖上，发出清脆的“蹄壳儿蹄壳儿”的声音，在寂静的夜空传得很远。农户端起枪，守株待马。这对“夫妻”却浑然不知，径直走向稻田，大口吃起稻谷来。

农夫“咚”地一枪，“夫妻”俩被枪声吓得屁滚尿流，掉头就跑。母马怀了男马的宝宝，掉在后面。农夫瞄准后面一匹马屁股上又是一枪，随后提枪，顺着血迹，一直追到张王庙外，就不见踪迹了。农夫踏上庙门台阶，只见台阶上满是血迹，他闯进庙里，从两匹石马中间经过。这时天刚开亮。只见两匹马身上大汗淋淋。农夫这才明白是怎么回事，连忙退出庙外。农夫心痛他的谷子，又到稻田里查看，却看到一匹小马驹死在稻田里。原来，那匹母马被农夫一枪打流产了，当地人称“落了”。这地方，后来就叫落马滩。

（讲述：丁德美；记录整理：丁德煜）

散文选录

没落的土司皇城——唐崖土司城

张良皋[①]

不到唐崖土司城，不容易设想中华民族之缔造曾是何等艰辛。唐崖位于湖北省咸丰县尖山乡唐崖河畔，是土家族的中心地带；而土家地域，除西南一隅与西南少数民族地区接壤之外，其余周边都是汉族。就这样一座孤岛，汉代属于“巴人”之地，唐、宋是

① 张良皋，华中科技大学教授，建筑专家。此文发表于《中国国家地理》杂志（2008 年 4 月刊），收录时有删减和改动。

“羁縻州”，元、明、清是土司领地，直到清雍正十三年才“改土归流”，纳入华夏“正统”。直到民国时期，土司制度在某些地方还有残存，红军长征中就跟一些西南土司打过交道。

土司品级，“宣慰为上，宣抚次之，长官又次之”。唐崖司在这些品级上几经升降，最后以“唐崖长官司”终场。不论品级如何，唐崖司实际是保持半独立状态，对朝廷承担一定义务，得到朝廷加封，就成了一方“土皇帝”，连土司城也历来被民间尊称为“土司皇城”。唐崖土司在这一方称王称霸，相继十八代，历时460余年，比东西两汉加起来还长。

土王墓（俗称皇坟）在土司城后山坡，有隆起约4米左右的圆形土墩，墓室即在其中。墓分前中后三部分，前呈等腰梯形的小坝，全石铺成，两侧浮雕花墙；中为墓厅走廊，厅前壁还有8扇石门；后为灵寝，并排4间，均有棺床，亦有8扇石门，整座墓全石仿木结构，檐柱楼斗拱，各种几何图案、花卉、鸟兽浮雕近60幅，属咸丰地区土王墓之冠。在土王墓周围有类似构造墓数座，传说埋葬土王时用了48口同样的棺材，同一规模和同一葬祭仪式，在同一时间出殡，混淆真伪，以防盗墓。土王墓后的覃夫人田氏之墓也保存完好，墓前立有石碑，碑上有桌几花纹图案，墓之建筑构架、民族特点、工艺水平，都充分反映了土家人的勤劳和智慧。

石牌坊是全石仿木结构，亭阁式斗拱建筑，飞檐翘角。明朝天启年间，土王覃鼎奉调出征，功勋卓著。朝廷赐建的功德牌坊，正面书“荆南雄镇”，背面书“楚蜀屏翰”，正反面还有“土王巡游”“渔樵耕读”“云吞雨雾”“哪吒闹海”“槐荫送子”等浮雕图案。大门上两角有象鼻对峙，两侧基石柱各有撑鼓，石柱两侧配有石狮，典雅庄重，古朴壮观，至今保存完好。有专家认为，在整个武陵土家地区所存石牌坊中，此牌坊堪称第一，置于全国所有明代石坊中，也毫不逊色。

河畔高台上的罩马亭是司城遗址中的精华。这里原是桓侯庙（张飞庙），多次遭受劫难，殿毁庙坍，只有这一对石人石马保存完好。石人石马是雕刻大师陈大仙用巨石凿成，栩栩如生，展示着土家族人较高的雕刻艺术造诣。明朝万历辛亥岁，印官田氏夫人和钦依峒主覃杰，为纪念覃鼎出征功绩，在张王庙（即桓侯庙）内建造两石马，左右并立。有诗赞：“石人石马在浪舟，大仙留下几千秋，青草齐眉难开口，黄尘满面起兜鍪。狂风呼呼无毛动，细雨霏霏似汗流，牧童有绳牵不走，狂鞭怒打不回头。”

土司城的面积甚至比明清紫禁城还大。明清紫禁城南北长约960米，东西阔约760

米，面积不超过 73 公顷。唐崖土司城纵横 1 公里，面积超过 100 公顷。土司城尽管不到明清北京都城的 1/40，但就“个人享受”而言，土皇帝并不亚于北京的大皇帝。土司城濒临唐崖河，此河下游汇入乌江。由土家先民建立的巴子国，有一路是沿唐崖河“倒流三千八百里”而下向川东发展的，所以后世唐崖土司与川东的关系颇为密切。我们甚至在峨眉、青城都能在建筑上看见唐崖土司城的做法也就不足为奇了。

唐崖土司城的选址十分高明。东面是唐崖河，西面倚玄武山，南北两面都有溪沟，天然形成一整片向东倾斜的缓坡；四周有充沛的水源，排污也不成问题。城墙沿山脊和河沟的内岸砌置，可谓深沟高垒。翻过玄武山，便可见相当辽阔的良田平坝，使人相信这片“附廓”（指外城）农耕有足够的粮食供应土司城，即使遭到围困，也可长期固守。唐崖河东岸“崖岸高峻”，当年自必首先考虑城防，但观瞻上也令人感到雄秀两兼，心驰神往。近年注意保护，四周林木逐渐葱郁，正在恢复往昔“王城”气象。占据缓坡，本是鄂西人民聚落的传统规矩，唐崖土司城不过放大了规模。缓坡不占良田，便于引泉排水，而且有利防洪。土司城选取了大方向朝东，值得深考。全世界的许多民族都有“崇东”的原始信仰，中国到两汉六朝还以“东向坐”为尊位，最近报道的西汉景帝阳陵方位坐西向东，完全证实了这一点。

唐崖土司城的遗存本来十分丰富，但也与全国其他地区的生态同命运，“农业学大寨”为唐崖带来毁灭性灾难：到处开田整地，把许多遗迹来了个“扫穴犁庭”。但，巍峨耸立的土司衙门牌坊，形态生动的张飞庙前石人石马，精雕细刻、透着神秘的土司陵和田氏夫人墓，仍然是唐崖的骄傲。湖北境内，除武当山的“治世玄岳”牌坊外，再无一座能超越唐崖的“荆南雄镇、楚蜀屏翰”牌坊。土司陵更可能是全国的唯一。“三街”石板依然完整，“十八巷”历历可数。城墙多有遗迹可寻，贾家沟一带墙垣更为清晰。其余城内建置，本地父老都可一一指出其位置。主要建筑都讲究风水、轴线、对景，不难精确定位。在原址作出一些标志，能让游人易于想象，发思古之幽情。甚至把一部分作出考古复建，也并非绝无可能。近年为了弘扬土家文化，开展旅游事业，有振兴唐崖之议。这当然须得从长计议，讨论其可行性，详加规划。有人主张将各地有价值而又难于保护的土家吊脚楼迁到唐崖，形成土家民俗村，这是值得郑重考虑的建议。

中国土司制度，不但历史悠久，而且分布广泛，是一个巨大的“存在”，唐崖土司便是这巨大存在最为鲜活的例证“之一”。按照《清史稿》的总结，外藩二国，内地七省，都曾遍布土司。雍正十二年四月，湖广容美土司（中心在今鹤峰县），首先“改土归流”。紧接其后，五月，“施南宣抚司改设流官”，唐崖属施南，唐崖土司的“气数”到此终结。六月，“湖广忠冈等十五土司改设流官”，整个湖广（湖南、湖北）的土司制度被彻底“廓清”（以上引文并见《清史稿·世宗纪》）。清政府之所以先对容美、施南迅猛下手，实在因为这一地带深入内地，久为清朝的心腹之患。各土司都曾为“前明”出兵效命，唐崖土司城的牌坊就是明廷对唐崖战功的褒赏。入清之后，大量“不逞之徒”，包括前明遗老，涌入土司领域避难，伺机“蠢动”。李自成余部在这一带建立根据地，打了二十几年游击。吴三桂造反之日，势力也到达湖广诸土司；近年出土的一方“唐崖长官司印”，竟是吴三桂“伪周”所颁。这一切不能不令清廷寝食难安。

区区一个土司制度，竟有如此顽强的生命力，长期地、大范围地与流官制并行，自然形成“一国两制”，这是值得注意的政治现象，更是值得思索的文化现象。《清史稿》所列土司分布的七省，恰恰是广义的巴域或曰“泛巴”。土司制度正可认为是“泛巴文化”表现之一端。游人到了唐崖，自必惊叹其山川之壮丽，文物之丰赡，民风土俗之缤纷多彩，或许更将透过浅表，陷入沉思，引发对我们民族的怀古之情，潜入历史的深层去探索隐秘。

两个人的“皇城”[①]

吴运辉

沿着山间平坦的砂岩石径，如果没有人提醒，这就是几百年前唐崖土司城的街道，你一定不会想到自己正行走在一座古城池里。左右环顾，但见青山环抱，绿水缠绕，农舍庄稼，炊烟缭绕，哪有什么城郭痕迹？

然而，这里就是真真切切的唐崖土司城遗址。

唐崖土司城在咸丰县城西北 30 公里处，始建于元末，至今近 600 年。曾有新华社记者将它描述为“比北京紫禁城还要大的土司王城”。鼎盛时期的唐崖土司城，规模宏大，气势恢宏，整个司城占地 100 余公顷，的确比紫禁城（故宫）面积（72 公顷）还大。但用“保存最完好”来介绍唐崖土司城遗址不知是否准确，毕竟当年的“三街十八巷”如今只能依稀可辨，而史料上所述的衙署、官言堂、钱库、书院、跑马场、靶场、

① 该文发表于 2007 年 3 月 6 日《恩施日报》，后收入作者散文集《品读咸丰》，2018 年 7 月团结出版社出版。作者系中国散文学会学员，咸丰县文联主席、作协主席。

左右营房、牢房、月台、御花园、万兽园以及 8 大寺院、36 口井等，几乎是找不到踪影了。当然，遗址内尚有几口古井，依然有水。

尽管如此，只要你置身土司城遗址，亲手抚摸石人石马和石牌坊，用心注目土王墓和夫妻杉，这些历经岁月磨砺的人文和自然景观，依然闪烁着清幽的年轮之光，一定会使你流连忘返。

作为全国第六批重点文物保护单位，唐崖土司城遗址的“镇城之宝”当属“荆南雄镇”石牌坊。牌坊高 6.8 米、宽 6.3 米，四柱矗立，前后为高 2 米多的石鼓护柱，石鼓前有一对石狮。牌坊系明朝天启三年（1623）熹宗皇帝赐建，完工于天启四年（1624）。有证可查的是：明天启年间，覃鼎奉命率兵征讨重庆地区的樊龙、樊虎、奢崇明、奢崇辉，战功卓著，凯旋而归。熹宗朱由校因此颁布皇令两道：敕建平西将军“帅府”，建功德牌坊一座，并授书“荆南雄镇、楚蜀屏翰”八个大字以示嘉奖。覃鼎因此成为唐崖土司的一代天骄。“三街十八巷三十六院”的雍容华贵，与覃鼎的名字紧紧连在一起。细观石牌坊的正反两面，可见上面刻有具有本土特色的“土王出巡”，也有“渔樵耕读”“哪吒闹海”“槐荫送子”等汉文化的浮雕图案，既体现了中原文化的渗透影响，又保留着土家文化固有的特色，反映出汉、土文化的完美结合。

土司城遗址的东面，是碧波荡漾的唐崖河，河畔建有桓侯庙（俗称张王庙）。真正的桓侯庙早已坍毁，如今的桓侯庙其实是 1979 年由省政府拨款修建的一个“罩马亭”，但它仍不失为唐崖土司城遗址中的又一精华。桓侯庙本是供奉张飞的地方，当地百姓至今仍有到此祭拜的习俗（尽管没有了庙宇，也没有了张飞的神像），这与当地悠久的生猪饲养传统有关。因张飞的出身系一介屠夫，把他请到唐崖河畔镇守司城，驱除猪瘟，保佑畜业兴旺，实在是土王覃鼎和夫人田氏的明智之举。但随着桓侯庙的坍毁，石人石马取代张飞，成了被当地人至今仍称为张王庙的主角。可以肯定的是，由土王覃鼎之妻田氏亲自策划塑造的这对石人石马，从一开始就进驻了桓侯庙，应当是田氏率众多奴婢赴四川朝奉峨眉山归来之后主持修建桓侯庙时而同步打造的。如今，石人石马仍基本保存完好（可惜其中一石人的头不知去向）。石马系“公母二马”，肥壮却不算高大，二马提腿欲行，左右各有一名执辔的石人侍立马旁。石马“傥权奇，势如腾骧”，石人“执辔其旁，如控驭状”，栩栩如生，显示了土家族工匠高超的雕刻技艺。

为什么要雕刻一对石人石马来作为桓侯庙的重要陈设？只能猜测，桓侯庙供奉的张飞戎马一生，请他来镇守唐崖，不可能不为他配备马匹吧？或者，这对石人石马其实是田氏为自己和夫君覃鼎定制的权力象征。我们不妨想象一下当初的盛况：覃鼎与田氏分别骑坐在这公母二马之上，那种君临天下的王者风范定会显露无遗。难怪当地人一直称土王为“土皇帝”。

如今的唐崖司村民，仍称土司城为“皇城”，称土王墓为“皇坟”。漫步整个土司城遗址，总会有两个人的身影闪现在土司城遗址中的每一个角落，他们就是土王覃鼎和他的妻子田氏。可以说，现存的唐崖土司城遗址，其实就是这两个人的“皇城”。

在土司城北面高地上，有一座建筑技艺高超的全石仿木石墓，气势恢宏，而且保存完好。石墓分三部分，前为墓前小坝，两侧为浮雕花墙；中部为墓厅走廊，曾设 8 扇转轴式的大石门；后部为灵寝，并列四间，也有八扇石门。石墓还设计有檐柱斗拱，雕刻着各种花鸟鱼虫，工艺堪称一流。然而，这座壮观的土王墓却是一座无名墓，石碑上无任何文字记载。窃以为这应该就是覃鼎的陵墓，尽管没有碑刻说明。传说覃鼎去世后，同时以 48 副棺材出殡，故意混淆是非。但在另一片土王墓葬地中，又有“覃鼎之墓”字样赫然出现在墓葬群中。虚实之间，估计覃鼎最终还是睡进他精心打造的“皇坟”中去了，不然田氏的坟墓为何能紧紧靠在这“石头城”的后部呢？一座无字碑，其实无声地讲述了很多耐人寻味的故事。

不敢在墓碑上留名，最直接的原因是害怕后人盗墓。然而覃鼎之妻田氏的墓葬却是立了石碑和牌坊的，碑刻“明显妣诰封武略将军覃太夫人田氏之墓”。这或许缘于田氏在唐崖司圣母般的地位，或许缘于对母亲人格魅力的一种自信。田氏之子覃宗尧，毅然将母亲的墓碑昭然明示，想必也是为了让世人膜拜敬奉。

如果说覃鼎的军功是由功德牌坊来彰显，田氏的贤良则是通过世代子民的口碑相传。田氏是龙潭安抚使之女，才智超群，精明能干，乃女中佼佼者。当年唐崖覃氏土司与龙潭田氏土司之间常年为争夺地盘而兵戎相见。为平息战乱，龙潭安抚使提出“和亲”之策，将爱女作为和平大使，与唐崖土司覃鼎结为夫妇。土司之间的战争因此偃旗息鼓。

田氏是一位难得的开明女子。在与外界的接触之中，尤其是峨眉山的朝拜之行，让田氏看到了汉人先进的文化和生产力。去峨眉山朝圣期间，她专门派人在成都等地学习养猪、种茶、种桑、养蚕、刺绣等技术，回来后传授给当地百姓。唐崖司一带养猪的传统就此流传下来。如今唐崖司所在地的尖山乡（今唐崖镇），已是全省闻名的“仔猪第一乡”。田氏在土司内务管理上，也有其独到之处。覃鼎去世后，其子宗尧颇行不道，田氏绳之以礼法，并亲自主持一段时间的政务。田氏主政期间，“内则地方安谧，外则转输无乏”。传说，田氏最终将王位传给了覃鼎的侄子覃宗禹。这是唐崖土司史上子袭父位的一个例外，它反映了田氏的远见卓识和公正无私。

玄武山上，生长着一对苍翠挺拔的杉树，相传系覃鼎、田氏于明朝天启年间共同栽植，至今已有390余年。树高44米，冠幅面积225平方米，两树枝干连理，如夫妻携手，因此被后人称为“夫妻杉”。夫妻杉成了唐崖土司王朝夫荣妻贵的象征，也反映出覃鼎、田氏彼此间的互敬互爱。而在唐崖司村北面有一“妃子泉”，传说覃鼎的宫妃们常常到此沐浴嬉戏。难道覃鼎真有三宫六院七十二妃？从田氏的精明和强势来看，应该不太可能。这对参天挺拔的夫妻杉，每一阵清风掠过，讲述的都是一代土司枭雄覃鼎与夫人田氏的忠贞爱情故事。它让我们相信，覃鼎、田氏这一对土王夫妻有着浪漫而笃深的感情生活。

唐崖土司城遗址像一幅陈年的历史画面，呈现的却只是几个蒙太奇式的故事片段，我们只能展开想象的翅膀去俯瞰唐崖土司鼎盛时期的辉煌。然而唐崖土司的历史，其实是几经兴衰沉浮的：元建制时，功授宣慰使司；明洪武四年（1371），因“过”降为长官司；永乐二年（1404）升授宣抚司，并颁授西坪、菖蒲二副司；天启年间复为宣慰司；清康熙十八年（1679）又降为长官司，直到改土归流。历代土司对所辖的土民，“杀人不请旨”，可以任施酷刑。纵使覃鼎时期的繁荣，也抹不去百姓的痛苦。

唐崖土司城遗址内的重要文物，虽然都打上了覃鼎、田氏夫妇的烙印，但唐崖土司自元至正十五年（1355）首位土司首领覃启处送镇守唐崖始，世袭王位，延续18世，至清雍正十三年（1735）改土归流设咸丰县时结束，历时381年。清道光年间咸丰县拔贡冯永旭有《唐崖司》一诗，记载了唐崖土司城的没落：“烟树苍茫望里分，当年歌鼓寂无闻。唯留废苑埋芳草，但见空山走白云。古木寒鸦元武寺，斜阳衰柳土司坟。千秋凭吊情何极，况听哀猿又叫群。”从冯诗中可以看到，改土归流之后，唐崖土司城便已被废弃，变成了一座荒城。然而区区一个蛮夷土司，它曾经拥有的旺盛生命力，与中国封建主流社会所形成的区域自治，是值得注意的政治现象，更是值得思索的文化现象。走进唐崖土司城遗址，不仅可以引发悠远的怀古之情，也能沿着三街十八巷的幽幽石径，走进一个充满传奇和神秘的土司王朝。

荒凉的土司城[①]

周仕华

去唐崖，看土司城，若非心到、情到、意到，绝对欣赏不到最迷人的风景。阳光有些不解风情，赤裸裸地置孤独的土司城于光天化日之下。站在高处远眺，山峦、道路、屋舍、河流、树林、沟壑，与别处毫无二致。

历史湮没于时光的尘土，文化隐匿于岁月的丛林。时间，成就了价值，也毁掉了价值。青山依旧，绿水长流。大地无言，树不语，默默见证一切。旧时的晨钟暮鼓，街巷闹市，院落古井，皆一寸寸化为乌有。不要刻意地还原记忆，繁华喧嚣过后的荒凉，才更能引起人们沉思。有蝉噪，有水声，有鸟鸣，有行人，足够了。

四百多年的风雨，好好的一座城，变成了古木参天，故道荒芜，井水干涸的荒山野岭。唯有唐崖河长流不绝，罩马亭容颜沧桑，土王墓空穴山林，石牌坊孤苦伶仃。

缄默唐崖河　一条河，无声无息，偎依在大山的脚下。静静的唐崖河，究竟流了多少年，谁也不知道。河见证了人类的第一缕炊烟，而人，对河的身世却完全不了解，也无从了解，这往往是人类简单的幸福或者隐秘的悲哀。

河水清且静，犹如一个人澄澈的品质。没有激流，没有险滩，没有浪花，平淡地流着，流到下游的乌江。润物无声，偶泛微澜，不见“大江东去浪淘尽”的豪迈，却从不失温婉、贤淑、文静，似一个穿着旗袍的古典美女，款款漫步，深情而怡然。

有水，便有涵养，有灵气，有生命。

也因了一湾秀水，突兀起一个庄园，一座城。

也许是因为水孕育了生命，毫无疑问，水便成了文化的发端。无论是世界文明，还是中华文化，无不是在大江大河亿万年的滋养下，才得以萌芽、发展、壮大。

静静地站在唐崖河边，河水缄默不语，也许她曾看到过风光无限的土王巡游，看到过土司王征战凯旋的背影，看到过田氏夫人娇好的面容。而这一切，都已随水而逝，没什么好说，河不言语是对的，正如厚实的大地见证了一切而从不言语一样。

古人不见此时河，今河曾经润古人。欣喜、哀伤、惆怅、无奈，英雄气短，儿女情长，都能用一条河诠释。农耕、渔猎、运输，哪一样能离得开一条能承载，有担当的河流。

---

① 此文选自《何处觅乡愁》，黄河出版社，2015年版。作者周仕华，湖北宣恩人，中国散文学会会员，曾任宣恩县作家协会主席。

划船优游，或垂钓河畔。寻访先民的足迹，唯余“逝者如斯”的感叹，世间之事莫过如此。好一条能容、缄默、谦卑的河流。

沧桑罩马亭 一座亭，专为石人石马而设，罩住的又是什么？躬身进入亭内，心虔诚而宁谧。绝不是对彼时名利的崇拜，而是因人们对艺术和文化的觉醒意识而心存敬意。

在那个年代，偏居一隅的蛮荒之地，能有这般高超的雕刻艺术水准，实属难得。试问：三街十八巷三十六院落四十八口水井，如今安在？唯留石人石马威武雄姿不减，以此可以想见土司城的繁华。不管是追名逐利者，或是权力向往者，能拥有一颗对文化的敬畏之心，特别让人敬重。

石人与石马均为整块巨石雕刻而成，勃勃英姿，栩栩如生。征战，是为了和平。打仗是为了不打仗，用石雕艺术留住一世的英武形象，不是尚武，而是武者对文化艺术的尊崇。有一颗艺术之心的人，内心是柔软的，让土司王不再那么可怕，而更显得有些可爱。

石头，也是一种语言，讲述着数百年前的生动故事。

诗曰：“石人石马在浪舟，大仙留下几千秋，青草齐眉难开口，黄尘满面起兜鍪。狂风呼呼无毛动，细雨霏霏似汗流，牧童有绳牵不走，狂鞭怒打不回头。”可惜，此等珍贵的艺术珍品，却屡经浩劫，或头颅尽失，或耳郭不全，残缺的美，凸显忧郁沧桑气质。

在这里，石人石马是一种精神之域。勇往直前的意志，坚定不移的气度，青史留名的追求，谁敢说不值得人去景仰？观瞻良久，无敢言语。

劫难土王墓 石墓，不是人最后的归宿。一切名利，都与石头无关。

土王们的墓穴，就在山坡上，掩蔽在丛林中。有单独的，双墓的，四墓的，规模大小不一，却无一例外全是空墓。土王们生前万万没有料想到，豪华的墓葬会被掏空，而惨遭抛尸荒野。陪葬品，成了罪魁祸首。为什么要选择厚葬？生不带来，死不带去的财富，毕竟只是身外之物。

杂草丛生的墓地，空空的墓穴如骷髅一般，凝视着荒凉的土司城。繁华与荒凉，幸福与劫难，恍若隔夜之间。

厚葬，是身份使然。生前职位不同，墓葬大小各异，石刻雕花图案有别，奇怪的是留下的文字甚少，只能按规模格局猜测墓的主人。

丧葬习俗是一种观念。土家先民轻生重死，切合的正是死后留名的儒家内敛特质。土司王们生前就把墓造好，建得大气、结实、精致，从选址到设计，均煞费苦心，无半点马虎。浮雕图案清晰，花卉、鸟兽等活灵活现。装饰如此精美，葬品价值不菲，导致了灾祸。正是陪葬物品遭人觊觎，才注定有此劫难。

薄葬，是对的。曹操为了墓不被盗取，竭力主张薄葬，曹丕也一样。曹氏父子均是文化人，区区土司王哪有此等远见？吃了亏，也是理所当然。遭受劫难的岂止是土司墓，整个土司城也在时间的烟尘中灰飞烟灭。若不是几个空空的墓穴，也许大家早已忘却，这里曾经有过一座显赫一时的城池。

悲壮石牌坊　功德，要拿什么来记述和表彰？金石、竹片、绢帛、白纸，都不足以将事迹一成不变地表达，唯有浸入岁月深处，沉淀成一种文化，方具超强的穿透力。

唐崖土司城三维复原鸟瞰图　　唐崖土司城遗址管理处　提供

为了赢得生前身后名，多少无辜的百姓死于非命。为朝廷效忠，皇权背后却是家天下的巨大阴影，怎能荫庇得了一方布衣百姓？宏伟的石牌坊，实际上只是一个悲壮的符号。

不过，牌坊尚能完好保存，着实让人感到欣慰。从牌坊设计的诸多元素上，可以读出土司制度管辖之下，土家族先民们的生存状态和精神追求。

走近牌坊，仔细打量。石牌坊为仿木飞檐翘角亭阁式斗拱建筑。正面和背面分别书写“荆南雄镇”“楚蜀屏翰”几个大字。两面“土王巡游”“渔樵耕读”“云吞雨雾”“哪吒闹海”“槐荫送子”的浮雕图案生动逼真。大门上两角有象鼻对峙，两侧基石柱各有撑鼓，石柱两侧配有石狮，典雅庄重，古朴壮观。据专家考证，在整个武陵土家地区所存石牌坊中，此牌坊堪称第一。

如今看来，留得此牌坊，确为功德一件。土司城内，城墙踪迹隐约可寻，纵横阡陌依稀可辨，零星的房舍民居，散落丛林山间。唯有牌坊独存，悲壮地屹立于山间平地，标识出几百年前的豪壮。

大事纪略

唐崖历史悠久，发生过许多重大事件，对唐崖的发展进程产生重大影响。特选取部分较大事件，以展示唐崖发展脉络。

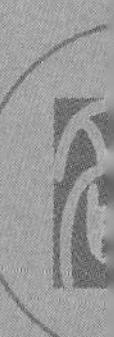

元至正十五年（1355）设立唐崖土司

元至正十五年（1355），中央政府置唐崖司，覃氏世袭其爵，覃启处送任首任长官。在鄂西十八个土司中以武功著称。鼎盛时期，辖唐崖镇、活龙坪乡、大路坝区和小村乡的一部分，面积约600平方千米。唐崖土司历经元、明、清三个朝代，清雍正十三年（1735）废止，传承17代18任，计381年。唐崖土司存续期间，历长官司、安抚司、宣抚司等多个等级，以长官司为主，属于较低级别的土司。

雍正十三年，清政府撤大田千户所，废唐崖、金峒、龙潭等土司，将上述诸地并设一县，定名咸丰县。设咸丰县后，土司地区长官由土官世袭改为委派流官治理，史称“改土归流”。在唐崖土司驻地先后设唐崖汛、通判署、把总署。

清同治元年（1862）石达开率部扎营唐崖

清咸丰七年（1857），太平天国翼王石达开率10万将士离开天京（今江苏南京），转战江西、湖南、广西、贵州等省。咸丰十一年（1861）九月，石达开部由四川黔江进入咸丰，九月十三日击败施南协副将惠春和咸丰守兵700余人。清同治元年（1862）正月，石达开率部曾在咸丰县境丁寨、唐崖等地连营100千米，休整补充后入川。

1934年鄂川边区红军独立团游击唐崖

1934年1月，红三军撤离活龙坪，留下某团书记长冯义发与刘汉卿、花顺涛等领导鄂川边区农民游击战争，建立鄂川边区红军独立团，在活龙坪、水坝建立根据地，在咸丰县西北部、利川县西南部和黔江县东北部游击，其中在唐崖镇的游击区域包括钟塘、尖山、龙潭坝、小水坪、燕子嵌等地。独立团在没有主力支援又得不到上级指导的情况下，与敌周旋，坚持在鄂川边区活动一年两个月。1935年2月，刘汉卿率独立团突出重围，转战湘西与主力红军会师，编入红2军团5师13团。其间，唐崖境内发生两次较大战斗。

大水坪战斗。1934年7月25日，独立团获悉新三旅薛某某团一部100余人驻扎大水坪场上，连夜向大水坪附近集结。第二天，部分战士扮成赶场的农民混进场里，内外夹击，独立团大胜，毙敌5人，俘7人，缴枪10余支。

尖山寺战斗。1934年7月28日黄昏，独立团抵尖山寺大坪宿营，敌保安一、二团和县保安中队1000余人，向独立团逼近。半夜，保安一、二团从手扒岩涉唐崖河冲过来，县保安中队从马家坡用火力封锁退路。独立团仓促应战，被逼上撒石坡的猴子槽，前面是近百米高的悬崖，后有大股追兵，情况十分危急。独立团战士撕衣作绳，滑下悬崖，突出重围。

1935 年红 18 师突围长征

1935 年 11 月 19 日，红二方面军红 2、6 军团主力在刘家坪、水獭铺突围长征时，红 18 师 3000 将士在师长张正坤率领下，奉命留根据地，声东击西牵制敌军，掩护主力部队突围长征。任务完成后，向湘黔边转移追赶主力长征，12 月 28 日来到咸丰小村乡，在小村集镇、土地溪、石龙溪宿营。老区群众箪食壶浆，热烈欢迎，拿出粮食、食盐、草鞋等物资，使部队得到及时休整与补充。31 日离开，经小村乡李子溪和唐崖镇的钟塘、卷洞门，抵达大水坪。1936 年 1 月 1 日，天降大雪，滴水成冰。红 18 师 1000 余人经大水坪、曾沟，遭遇川军保安团约 400 人，遂折向朝阳寺渡唐崖河。唐崖河对岸山上驻着敌某团一部。敌人凭借有利地形和工事封锁河面，阻止红军前进。师长张正坤率一个营先行强渡，河水齐腰深，冰凉刺骨。上岸立足未稳，敌人一个营的兵力横冲过来，红军队伍被冲散。张正坤沉着镇定，组织反击，驱散敌人，接应后续部队渡河。红 18 师避开敌人锋芒，迂回前进，经新场、沙子场出湖北，进入川黔。1936 年 1 月 9 日，在贵州江口与红 6 军团主力会合，红 18 师归还 6 军团建制，缩编为一个团，600 余人，与主力一道长征。

1950 年开展清匪反霸斗争

1950 年春，咸丰县委组织干部深入农村发动群众，开展清匪反霸、减租退押和镇压反革命运动，巩固新生的人民政权。唐崖广大民兵利用人熟、地熟等有利条件，配合人民解放军和公安部门，开展剿匪斗争。三区小大乡五村（现唐崖镇小水坪村）民兵中队队长吴世梦，先后带领民兵单独与土匪作战 7 次，打死土匪 10 余人，捕捉恶霸 4 人、匪首数人，解围小水坪、伏击滴水岩、三抓袁某某、两擒刘某某等剿匪反霸的英勇事迹，传遍县内外。

同年 3 月以三区尖山乡为点，带动反霸斗争全面铺开。以尖山乡农民协会名义，通知一批国民党乡保人员到区政府集训，宣传政策，动员主动交代罪行，弃暗投明，改恶图新；重点打击罪大恶极、民愤很大的顽固分子。随后召开尖山乡第一届农民代表会议，县长肖继何到会作报告。农民代表带头上台诉苦，控诉国民党拉兵抓夫、压迫人民的罪行。恶霸地主马某某曾任国民党钟茅乡、尖山乡的乡队副（辅佐乡长管理地方武装的一种职务），任职期间抓兵拉夫 300 余人，导致不少农民妻离子散，家破人亡。8 个保（相当于现在的村）千余群众主动参会，苦主纷纷上台诉苦。1951 年夏，反霸斗争结束，广大人民的阶级觉悟空前提高，为土地改革扫清了障碍。

1996 年朝阳寺水电站建成投产

1992 年 10 月 8 日，朝阳寺水电站开工建设。1996 年 8 月首台机组并网发电，12 月第三台机组投入运行，1997 年 6 月主体工程完工。总装机 3×1.5 万千瓦，设计发电量 2.55 亿千瓦时，工程总投资 4.7 亿元（含扩机增容），为恩施州内最大的水电站。

朝阳寺水电站　　咸丰县档案馆　提供

朝阳寺水库主要位于朝阳寺和唐崖镇境内，为峡谷型水库。水库全长33.5千米，库容1.34亿立方米。水库淹没区西至唐崖镇南河与青狮河交汇处的屯浦坝；北至大河边大桥；南到朝阳寺镇周家坝。淹没影响涉及尖山、高乐山、杨洞、丁寨、朝阳寺5个乡镇，20个村、104个村民小组，3378户11162人。其中，尖山乡涉及6个村、26个村民小组，521户1216人，淹没耕地907.44亩，搬迁农户45户。

1998年获“湖北仔猪第一乡”称号

唐崖镇是恩施黑猪的中心产区，有“八卦狮子头”“大眉猪”“二眉猪”等优良猪种。1992年，尖山区仔猪因其产量居全省区（镇）榜首而被列入湖北乡镇明星录。至1998年，全乡建成养猪专业村20个、专业组131个、专业户2500余户，养殖大户128户，户均养母猪3.5头，年外销仔猪20万头以上，营销额1800万元。1998年12月，在湖北省农业厅全年工作总结会上，尖山乡被授予“湖北仔猪第一乡”称号。

湖北仔猪第一乡（照片来源于2005年刊印的《咸丰县畜牧志》）

2004 年唐崖镇考古新发现

2004 年 2 月，在唐崖镇燕子嵌村四组胡子轩家发现一块长约 3 米、宽 1.5 米的寿匾，上书“荣满香山”4 个大字，匾右侧写有“恭为恩赐登仕郎胡昌仁老先生八秩荣寿”，匾左侧书写“道光二六年仲秋月”“武廉严道行、贡生严道重、文廉常文辞、父廉向印彦同赠”字样。据考，此匾已有 170 多年历史。唐崖镇燕朝胡氏现有 115 人，系江西华林胡氏后裔，明崇祯九年（1636）由江西奉新迁至湖北境内。

2012 年以来，唐崖土司城考古发掘中，出土系列遗物。第一类为陶器、瓷器残片，出土于道路两旁的排水沟和衙署区，瓷片时代由明代至民国持续分布（明代成化、宣德、万历年号，清雍正印记）；第二类为砖瓦建筑构件，出土于衙署区，为明代官式建筑的滴水、瓦当、筒瓦等，上有莲花、鱼鳞、草叶等图案。此前，曾出土两枚土司印以及一枚四川永宁地区的军官印章。

“荣满香山”寿匾　　秦兴武　摄

2011 年严氏眼科中医疗法入选湖北省非遗名录

2011 年 6 月，严氏眼科中医疗法入选湖北省第三批非物质文化遗产保护名录。传承人严一福是唐崖镇龙洞严氏眼科第五代传人，从小受家庭环境影响，15 岁开始随父行医。1978 年考取恩施医专，毕业后长期致力于病毒性角膜炎课题研究。1995 年，辞去咸丰县中医院门诊部主任职务，到中国中医研究院进修学习，研发中医药产品。1996 年，治愈卫生部原部长崔月犁的眼疾，崔部长为其题词：“发扬中医特长，诊治疑难病症”。在此期间，严一福得到国家药监局中国药品生物制品鉴定所林瑞超教授、北京中医药大学李先谷教授等中医名家的指导和支持。1999 年，应邀到香港参加世界中医学会年会，其论文《中药治疗病毒性角膜炎》获世界中医学会临床新药研究课题金奖。

2003 年，严一福回到咸丰，注册成立中华中医学会咸丰国医国药研究馆，将眼病、皮肤病、肝病等五类疾病作为研究课题和主攻方向。经过多年研究实验，完成“一种抗菌剂及其加工方法”（鲜植物药结晶体系列抗菌剂）课题，2006 年获国家创新发明专利，2007 年 7 月被湖北省科学技术厅评为湖北省重大科技成果。

2016 年唐崖土司后裔覃勇巴巴多斯赛马会夺冠

2016 年 3 月 6 日，咸丰唐崖土司后裔覃勇，在巴巴多斯年度最大的赛事“桑迪莱恩金杯赛”（Sandy Lane Gold Cup）上，战胜众多国际骑师，获 1100 米“绿猴赛”杯（the Green Monkey Trophy）冠军。这是巴巴多斯赛马会成立 171 年以来，中国骑师首次参赛，并获得冠军。

覃勇出生于唐崖镇三角庄村，2008 年考取武汉商学院社会体育专业，主攻赛马，是中国培养的首批大学生骑师之一。2014 年，覃勇在全国速度赛马锦标赛中，获 1000 米组比赛冠军。2015 年，覃勇代表湖北省参加全国第十届少数民族传统体育运动会，获 2 枚金牌、1 枚银牌，这也是湖北省选手在该项比赛中首次夺牌。

覃勇参加巴巴多斯赛马会　　咸丰县融媒体中心　提供

唐崖河流域的黑翅长脚鹬　　吴运辉　摄

附录

严氏家训（选录）

宗祠规序

闻之：治莫严於朝廷，体莫备于宗庙。朝廷理阳者也，宗庙理阴者也。朝廷之意取诸涣，宗庙之意取诸萃萃者，幽以聚祖宗之灵，明以聚子孙之气。其礼先序昭穆，昭穆序而后序爵，以辨贵贱，序事以辨贤否，序齿以辨长幼。祖训宗铭，班班金石。中者赏，而过者罚，此宗庙之所以重于朝廷也。祠堂私庙也，虽无国政而有家政。在以吾家自黔迁楚，论世代已八叶，论烟火近百家，论身口殆将千计。其中巧拙不一，强弱不一，富贵贫贱不一，究之涣之不一，而萃之则一也。聚七世于一堂，问谁无高祖一体乎！以高祖之一体而涣而为巧、为强、为富贵，此高祖之所欢也；而涣而为拙、为弱、为贫贱则高祖所必忧。为慈孙者将欲追承高祖之所欢，必先代慰高祖之所忧。涣之所以不可不萃也。然百其身者百其心，若无赏罚以一之，则萃者将仍涣。窃恐巧拙、强弱、富贵、贫贱不相弃而即相凌。夫相弃则拙者、弱者、贫贱者难立；相凌则巧者、强者、富贵者难保。势将合巧拙、强弱、富贵、贫贱而沦，胥以丧矣。收族敬宗以尊祖之义何存乎！故萃之道在赏罚，此非余等创也。为先人固一本即为九族，固身家富贵恒于斯，福寿恒于斯，其在朝廷举而涣之可耳敬之哉。各恭尔事，各守尔典，无坏我高祖寡命。

（恩赐耆员钦加五品衔候补清军贡士　族长道明、道培、道美、道贞会族议立）

增美奖章六条

一、值年首士公而忘私者，讵可家食，当从重议奖。

二、祠中公事认真办理者，照事议奖。

三、祠中学馆总以师之才、德、学兼优，勤于功课，不贪私事者为主。除此无论亲、族、友三党并不准请。

四、在馆文武诸生逐月一课，一二等量给膏火，以示鼓励，庶几人文蔚起。

五、祠中子孙能光前裕后者，无论文武并亦量力补助，若能奋发有为者更亦从优给，亦不得徇私增减。

六、族中有尽致尽伦可为一族楷模者，富贵者当破格尊崇，贫穷者当破格周恤，以为一家表率。

释回惩章十二条

一、祠中公事办事者不可从中图利，违者议罚。

二、祠内有犯十恶不赦者请国法议处。

三、祠中家政或有不修者，当首士者无论内外尊卑，皆亦先谕，不从从公议处。

四、祠中钱谷有限，祠内人不得以些小微嫌，便央首士兴事，违者首士及兴事人归公议罚，盗用钱谷者追赔。

五、首士公直，族中忌妒或明行排挤，阴行陷害者归族公议究办。其不赴公者即以妒忌党论，若兴讼端酌用公款。

六、祠中无事之时不得因别事而用祠中酒食，违者追赔。

七、祠中有力之家，人少事简，务要从重踊跃以匡不逮。如有庇私误公者，该首士议损，无后者更从重罚，其勤俭无妄费者不拘此例。

八、尊卑贵贱，长幼次序，祠内祠外都来要循分，举凡坐、作、进、退、应、对总要中礼，舞蹈倨慢者重责，临祭时尤重。

九、祠内人有嫖、赌、盗窃、包揽词讼、会匪土豪，一切不务正业者，皆宜改过自新。如怙恶不悛，因而滋事者或国法或家法，家长与首士毋得姑贷。

十、祠中钱谷有余之时或卖或借不得徇私增减，至于赊拨断然不准。违者无论取与皆罚。

十一、祠内人等或有过失，见闻者当面相劝戒，庶几虚实洽心，实者即薄责罚，虚者责及见闻，如当面不相劝戒而私行谤讪、刁唆者首士即请家长议处。

十二、祠内人犯规当自跪神祖前诉罪，首士及家长、知事人等侧坐代先人议处。

首士戒规六条

一、值年首士除经始二人外，务要公正廉直，合族信服者为之，不得徇情私相推代。若无公正廉直之人，则于有力之人众议当之，无力之人决不可任。其假托贤劳，阴图锥刀者亦不得议举。

二、首士不可好事。祠内人与外姓争讼及与祠内人争讼，不投鸣者俱不必管。如祠内人与外姓争讼投鸣而理直者即为帮理，理屈者即令与外人说息。祠内人自相争讼，投鸣后务要平中剖决，亦不得挟私武断。

三、首士不可犯规，犯者合族议处。

四、首士於族中议事，不许私行贿赂，违者一经查出，取与一归公议罚。

五、祠中田土、钱谷或稞或顶或借或赊无论亲疏要画一，徇私者归首士贴出。

六、祠中出入账目务于次年新正协同祠中知事者清算，如有模糊不明归首士赔补。

唐崖土司城叩开“世遗”之门

（《湖北日报》2015.7.5）

北京时间7月4日下午，德国波恩，第39届世界遗产大会“申遗”投票环节。

当“中国土司遗址”的申遗陈述完毕，17个拥有投票权的国家代表先后要求发言。

这一出乎意料的情况，让中国代表团的成员们呼吸都急迫起来。菲律宾、韩国、土耳其……17个国家的代表语气里含着激动，原来他们纷纷对中国土司遗址表示赞赏，甚至认为这是中国文化对世界文明的又一大贡献。

下午4时，大会当场宣布：中国申报的土司遗址获准列入《世界遗产名录》!

喜讯传回咸丰县唐崖镇，当地群众放飞了3000多只气球，舞狮舞龙，跳起摆手舞，欢庆这一历史时刻。

我国第48处世界遗产 由湖北唐崖土司城遗址、湖南永顺老司城遗址和贵州播州海龙屯遗址联合代表的中国土司遗址，在第39届世界遗产大会上通过表决，获准列入《世界遗产名录》，成为我国第34项世界文化遗产。至此，中国已拥有48处世界遗产，总数仅次于意大利，居世界第二。

去年 3 月，中国土司遗址正式向世界遗产中心提交申遗文本，国家文物局确定，在我国现存 101 处与土司制度相关的遗存当中，湖北、湖南和贵州三省现存的土司遗址最具代表性。三处遗址分布于多民族聚居的湘鄂黔交界地区，是现存具有大型规模、完整格局、丰富遗存的土司城遗址。

国际业内专家进行现场考察后认为，土司遗产的系列遗存有历史时空、社会背景、文化内涵、物质遗存属性，完全符合列入《世界遗产名录》标准。

申遗成功之后，国家文物局副局长童明康在大会发言中说，“中国土司遗址”申遗成功，使生活在中国西南山区的土家族、苗族和仡佬族第一次拥有了自己的世界文化遗产，世界遗产保护理念在中国更广大区域和更多民族间得到传播，中国政府在文化多样性保护方面的努力在全世界范围内得到了肯定。

据了解，随着《世界遗产名录》已超过 1000 处大关，世界遗产委员会对各国申报的控制将会愈加苛刻。这意味着，从下届开始，申遗难度将越来越大。

会前让人捏一把汗　6 月 28 日，第 39 届世界遗产大会在德国西部城市波恩开幕，为期 10 天的会议对包括“中国土司遗址”在内的 38 个世界自然和文化遗产候选项目进行最后评定。

在亚洲，中国、日本、新加坡和泰国此次都提出了各自的世界遗产申请。值得注意的是，日本此次对 23 处包含钢铁冶炼、造船、煤炭等行业设施在内的“明治工业革命遗产”提出的申请，遭到韩国方面的强烈反对。韩国外交部今年 3 月称，日本明治工业革命期间曾从韩国强征大量劳工，韩国将通过外交手段阻止相关设施被列入《世界遗产名录》。

大会还未开，硝烟已燃起，这不由不让人紧张起来。

业内人士告诉记者，这种会前反对意见的出现，有可能会让 21 个有投票权的国家出现纷争失衡，是否会对中国土司遗产投票产生一定程度影响，让人不能不捏一把汗。

两国项目主动退出　6 月 29 日，在世界遗产大会上，奥地利和罗马尼亚各有一个申遗项目宣布退出。随着这两个申遗项目的退出，本次大会的审议项目由原定的 38 个减为 36 个。

2015 年世界遗产大会的 21 个有投票权的国家为：阿尔及利亚、哥伦比亚、克罗地亚、芬兰、德国、印度、牙买加、日本、哈萨克斯坦、黎巴嫩、马来西亚、秘鲁、菲律宾、波兰、葡萄牙、卡塔尔、韩国、塞内加尔、塞尔维亚、土耳其、越南。所有项目想要申遗成功，需要得到其中至少 14 个以上国家代表的赞成票，条件极为严苛。

而根据申遗规则，一旦落选，该项目将失去再次申报机会，这让申报国压力倍增，主动退出还有再次准备、再次申报的机会。而且，联合国教科文组织对世界遗产保护要求严格，如果不符合标准，将执行黄牌警告，甚至摘牌。专家介绍，这让一些申遗项目压力较大，选择退出不乏这个原因。

唐崖申遗创下最快纪录 唐崖申遗，始于 2012 年。当年 11 月，国家文物局公布《中国世界文化遗产预备名单》，湖北唐崖土司城遗址在全国 45 处项目中列第 26 位，具备了申遗的前提和基础条件。

2013 年 9 月，湖北唐崖土司城等"中国土司遗址"，确定成为中国 2015 年申遗的唯一项目。

3 年以后，"中国土司遗址"申遗成功。除了申遗过程较简化的 80 年代中期，这样的申遗成功速度，可谓创下了中国项目成功申报世界文化遗产的最快纪录。

按照常规的流程，文化遗址申遗首先应当进入国家文物局的"世界文化遗产备选名单"，国家文物局每年从备选名单中选择一个项目前往联合国进行角逐，这个周期下来常需要 10 年左右。

在联合国专家看来，创纪录的速度源于土司遗址本身价值：土司制度是世界上少有且实施时间最长（近 700 年）的专门针对少数民族管理的国家行政制度，其职官体系、管理内容等系统记录于国家正史中并完整留存至今。土司遗产申报，关注少数民族的文化多样性传承，创造了一种新的遗产申报范例。

咸丰唐崖土司城遗址申遗工作，关乎湖北文化大省建设，申报时间紧，任务重。湖北省、恩施州分别成立了省、州申遗工作领导小组，各级为唐崖土司城址申遗工作解决专项资金近 2 亿元，同时，省、州相关部门也在申遗相关的项目上予以了倾斜和支持。文物保护单位对土司城外城、内城、宫城的城墙进行全面清理、加固，核心区进行了征地搬迁。

尤其是，《唐崖土司城址保护管理办法》以湖北省人民政府令的形式正式出台，于 2013 年 12 月 1 日起施行，是我省第一部单体文化遗产保护专项法规。

最具代表性的土司遗址 石人、石马，盐茶古道，"荆南雄镇、楚蜀屏翰"石牌坊。位于咸丰县玄武山下的唐崖土司城遗址，在唐崖河畔，孤独了 400 多年。《咸丰县志》

记载：明万历天启年间，土王覃鼎屡建战功，声威显赫，夫人田氏精明能干，治理有方，土司城修整一新，3 街 18 巷 36 院纵横交错……

唐崖土司城遗址始建于元代初期，历时 470 余年。鼎盛时期占地 57.57 万平方米，拥有 3 街、18 巷、36 院，建有衙署、官言堂、大小衙门、存钱库、牢房、书院、靶场、左右营房、御花园、万兽园等设施。

自“改土归流”260 余年来，虽几经兵燹，又遭“文化大革命”浩劫，但至今街道墙垣仍清晰可辨，石人、石马、石牌坊等大型石雕，土王墓葬及古墓葬群，夫妻杉、妃子泉等数十处遗迹尚保存完好。2012 年 3 月，中国考古学会理事长、故宫博物院原院长张忠培到唐崖土司城遗址考察，称其为“小故宫”。

土司制度始于元朝，官名则在明嘉靖年间才正式出现，其余绪一直绵延至 20 世纪初叶。在清中期“改土归流”、废除土司之前，这项制度一直是中原政府管理西南少数民族的重要制度。据统计，中国现存 101 处与土司制度相关的遗存，海龙屯遗址、永顺老司城以及唐崖土司城最具代表性。湖南老司城与湖北唐崖土司城均是土司治所（衙门）所在地，海龙屯则是土司囤积军队与粮草的地方。

“打包”申遗的遗珠之憾 中国土司遗址项目由三个遗址打包而成，这种项目已经不陌生了，如去年的“丝绸之路”项目就是和哈萨克斯坦、吉尔吉斯斯坦联合申报的。

世界遗产大会规定一个国家可提名两项遗产，但其中有一项必须是自然遗产项目。也就是说，一个国家只能提名一项自然遗产和一项文化遗产。据了解，“丝绸之路”因为是和哈萨克斯坦、吉尔吉斯斯坦联合申报，领衔申报的是哈萨克斯坦，没有占用我国的名额。

更重要的是，某一个类别的文化遗产申遗成功之后，往往意味着同一类别的遗存可能在十几年内都不会再有申请的机会。这种捆绑式打包申请，有利于同类项目能同时申请。所以，目前我国已形成将具有线性、同类关系的文化遗产项目捆绑在一起申遗的策略。

中国土司遗址项目成功申遗，让湖北省稍显遗憾的是，恩施地区另一个土司遗址——鹤峰县容美土司遗址并未被纳入申遗项目中。据了解，容美土司遗址由于保存状况、区域分布等多种原因，专家此次没有选择它为终评项目之一。但是，容美土司遗址目前仍然位居《中国世界文化遗产预备名单》，也就是说它仍然有将来作为扩展项目、通过大会表决成为世界文化遗产的可能。

成为世界遗产能带来什么 世界文化遗产号称“皇冠上最耀眼的宝石”，入选名额少，角逐十分激烈。

成为世界遗产能使项目得到全世界的关注，受到全世界的保护，而所在国更应该责无旁贷地加强对该遗产的保护和展示。在成功申遗之后，项目可以向联合国教科文组织世界遗产委员会申请技术支持和补助金或无息贷款等资金支持，最关键的是，世界遗产的称号，将为项目甚至周边区域带来巨大的旅游业开发价值。

文化遗址申遗对经济的拉动作用不言而喻，以外省文化遗址申遗为例，云南丽江1997年申遗成功，3年后旅游综合收入就达到13.44亿元；洛阳龙门石窟2000年底申报成功，2年后洛阳市全年旅游总收入达68.3亿元。

唐崖土司城遗址申遗成功，不仅成为湖北省第3处世界文化遗产，同时对于湖北打造文化高端品牌、提升全省文化遗迹知名度，对鄂西生态文化旅游圈、武陵山少数民族经济社会发展试验区建设，都将产生巨大的支持作用。

（记者：别鸣、李彦睿、费力）

主要参考文献

张光杰编著:《咸丰县志》，清同治四年（1865）版。

徐大煜编著:《咸丰县志》，1914 年版。

李享善主编:《咸丰县志》，武汉大学出版社，1990 年。

陆显大、杨懋之、杨适之:《咸丰民间歌谣集》，湖北人民出版社，2007 年。

陈学军、秦雪松主编:《咸丰县志（1986—2005）》，方志出版社，2011 年。

谢一琼:《土家族吊脚楼：以咸丰土家族吊脚楼为例》，湖北人民出版社，2014 年。

谢一琼:《咸丰县非物质文化遗产概观》，黄河出版社，2015 年。

陈飞、张大东主编:《唐崖土司城址》，湖北人民出版社，2015 年。

编纂始末

中共咸丰县委、咸丰县人民政府高度重视地方志编纂工作。县委书记郑东来指出：《唐崖镇志》的编纂发行，是提高咸丰美誉度和影响力的亮丽名片，是增强文化自信的重要抓手。并两次召开县委常委会，专题研究《唐崖镇志》编纂工作。县委副书记、县长杨皓到咸丰县档案局（县史志办）调研，为志书编纂排忧解难。2018 年 2 月，成立唐崖镇志编纂委员会，同时申报中国名镇志文化工程。3 月上旬，《唐崖镇志》编纂纲目上报湖北省地方志办公室审核修改。4 月 1 日，县史志办派员参加在西藏林芝举办的“中国名镇（村）志丛书编纂业务培训会”，认真听取中国地方志指导小组办公室（以下简称中指办）领导及各位专家的授课，进一步明确中国名镇志丛书的编纂体例和质量要求。5 月起，唐崖镇志编纂委员会根据湖北省地方志办公室核定的篇目广搜资料，并试写初稿。至 10 月中旬，共搜集相关资料 100 余万字，完成分纂稿约 40 万字。

与此同时，积极争取省、州地方志办公室的指导。9 月 7 日，恩施州史志办公室在咸丰举办“中国名镇（村）志编纂经验交流培训会”；10 月 14 日至 15 日，湖北省地方志办公室原副主任司念堂、处长卢申涛一行到咸丰县调研，深入唐崖镇唐崖司村实地考察，就《唐崖镇志》编纂工作进行现场指导。并与县委书记郑东来交流沟通，使定位更加精准，特色更加鲜明。

2019 年 2 月，《唐崖镇志》初稿全面完成，提交湖北省地方志办公室工作评审小组审阅。3—4 月，按照省专家组的意见，进一步优化结构，去粗取精，去伪存真，以增强志书的生命力，增加可读性。5 月中旬，《唐崖镇志》修订稿报送中指办初审。7—8 月，依照中指办专家“评审意见”，再次精简内容、压缩篇幅，使纲目结构更加优化，语言文字更加精炼。《唐崖镇志》初具雏形，全书设 12 篇，共 45 余万字。9 月再次修改，全书定稿 40 万字。

《唐崖镇志》的编纂出版工作，得到中国地方志指导小组办公室、方志出版社、湖北省文化和旅游厅、恩施州档案馆（州史志研究中心）的大力支持。湖北省地方志办公室原副主任司念堂，四级调研员张静，咸丰县委常委、县委办公室主任梁爱民进行精心指导，政协咸丰县委员会、唐崖土司城遗址管理处、咸丰县文化和旅游局等单位有关人员为采集资料和编写工作付出大量心血。在此，表示衷心感谢和诚挚的敬意！

编纂《唐崖镇志》，是咸丰县地方志工作的一项创新工程。由于水平有限，加之时间紧迫、经验不足，仍有诸多不尽人意之处，敬请专家和读者批评指正。

编　者

2019 年 10 月